카테고리	강의 주제	월	화
1인 생활자	자존감의 뿌리를 찾아서	시대적 사명, 자존감	무수리 씨와 나잘난 씨, 정신과에 가다
	내 길은 내가 간다	스스로 아웃사이더가 되다	일생을 추위에 떨어도 향기를 팔지 않는다
	다름의 심리학	'다름'에 대한 건강한 이해	무엇이 우리를 다르게 만드나
	1인 가구 보고서	통계로 보는 1인 가구 변천사	가치 소비를 지향합니다
개인과 사회	과식사회	과식, 굶주린 조상이 물려준 유산	다이어트는 내일부터
	똑똑한 사람들이 가족에게는 왜 그럴까	가족은 유기체	아버지, 두 얼굴의 사나이
	콤플렉스의 시대, 신화와 비극에서 위로를 찾다	콤플렉스는 인간의 본질	팜므 파탈의 비애, 페드르
	노동인권: 이건 제 권리입니다	참아가며 일하는 세상 아니잖아요	너와 나의 일상, 노동 그리고 노동인권
소확행	취향의 발견	자유와 관용	위장과 전치
	뇌로 인간을 보다	성격과 행동을 좌우하는 뇌	우울할 때는 뇌를 자극하세요
	현대인을 위한 여행인문학	사람들은 왜 떠나려고 하는 걸까	유통기한을 늘리는 인문여행법
	키워드로 알아보는 북유럽	휘게를 아세요?	신화의 땅, 북유럽

퇴 근 길
인 문 학
수 업 ●

일러두기

- 외래어 표기는 국립국어원 외래어 표기법을 따르되 일부 널리 쓰이는 관용적 표현에는 예외를 두었습니다.
- 본문에 삽입된 QR코드를 스캔하시면 관련 그림을 보실 수 있습니다.

퇴근길 인문학 수업 : 관계

초판 1쇄 발행 2019년 6월 10일
초판 4쇄 발행 2020년 10월 30일

편저 백상경제연구원

펴낸이 조기흠
편집이사 이홍 / **책임편집** 최진 / **기획편집** 이수동, 박종훈 / **기획** 장선화
마케팅 정재훈, 박태규, 김선영, 홍태형, 배태욱 / **디자인** 석운디자인 / **제작** 박성우, 김정우

펴낸곳 한빛비즈(주) / **주소** 서울시 서대문구 연희로2길 62 4층
전화 02-325-5506 / **팩스** 02-326-1566
등록 2008년 1월 14일 제 25100-2017-000062호

ISBN 979-11-5784-339-8 03300

이 책에 대한 의견이나 오탈자 및 잘못된 내용에 대한 수정 정보는 한빛비즈의 홈페이지나
이메일(hanbitbiz@hanbit.co.kr)로 알려주십시오. 잘못된 책은 구입하신 서점에서 교환해드립니다.
책값은 뒤표지에 표시되어 있습니다.

⌂ hanbitbiz.com f facebook.com/hanbitbiz N post.naver.com/hanbit_biz
▶ youtube.com/한빛비즈 ◉ instagram.com/hanbitbiz

지금 하지 않으면 할 수 없는 일이 있습니다.
책으로 펴내고 싶은 아이디어나 원고를 메일(hanbitbiz@hanbit.co.kr)로 보내주세요.
한빛비즈는 여러분의 소중한 경험과 지식을 기다리고 있습니다.

퇴근길
인문학
수업 관계

나를 바라보고
상대방을 이해하는 심리의 첫걸음

백상경제연구원

HB 한빛비즈
Hanbit Biz, Inc.

꿈을 꾸게 만드는 별빛, 인문학

별 하나에 추억과

별 하나에 사랑과

별 하나에 쓸쓸함과

별 하나에 동경과

별 하나에 시와

별 하나에 어머니, 어머니

어머님, 나는 별 하나에 아름다운 말 한마디씩 불러봅니다.

윤동주의 시 〈별 헤는 밤〉의 한 구절이다. 식민지의 비극 속에서 꿋꿋이 저항하다 삶을 마감한 젊은 시인의 시처럼 별은 누구에게나 아름다운 추억이고 희망이다. 불행한 천재의 표본인 빈센트 반 고흐의 작품에 별이 자주 등장하는 것도 그래서다. 그중 대표작인 〈별이 빛나는 밤〉은 반강제로 정신병원에 격리돼 그린 작품이다. 다행히 의사로부터 허락을 받아 병원에서 그림을 그릴 수 있었던 고흐는 "별을 보면 항상 꿈

을 꾼다"라고 말했다. 〈론강의 별이 빛나는 밤〉〈밤의 카페 테라스〉 등
도 그런 작품이다.

그런데 언젠가부터 도시의 불빛이 화려해지면서 별을 보며 추억을 찾
는다는 게 생뚱맞은 낭만이 되고 말았다. 인공조명에 의한 빛도 공해
라는 사실을 인식하지 못하고 무작정 밤하늘을 밝힌 탓이다. 우리나라
가 특히 심하다. 우리나라가 세계에서 두 번째로 '빛 공해'가 심한 나라
라는 연구결과가 나왔을 정도다. 2016년 국제 연구팀이 지구 관측 위성
으로 찍은 사진을 토대로 세계 빛 공해 실태를 분석한 결과다.

이 글은 몇 년 전 필자가 〈서울경제신문〉에 쓴 칼럼 〈사라진 '별 헤
는 밤'〉 내용 중 일부다. 이를 뜬금없이 다시 들춰낸 것은 인문학이 별
과 같다는 생각이 들어서다. 별이 그렇듯 인문학도 누구에게나 추억이
면서 희망이기도 하지만, 생활에 직접적인 필요가 덜하다는 인식 때문
에 갈수록 그 중요성을 잊어가는 게 아닌가 해서다. 화려한 불빛을 내뿜
는 첨단과학기술에 밀려 외곽으로 멀어져가는 대학가의 '문사철文史哲(문
학·역사·철학)'과도 오버랩된다.

하지만 인문학은 자존감을 되찾고 타인과의 관계를 성찰하기 위해 반
드시 필요한 학문이다. 노숙자에서 대통령에 이르기까지 인간의 모든 행
위를 윤리의 이름으로 돌아볼 수 있게도 한다. 여기서 우리는 공존과 공
생, 소통과 화합의 방식을 배운다. 공공도서관에서 열리는 수많은 인문
학 강좌에 시민들이 넘쳐나고, 인공지능 등의 4차 산업이 인간의 감성

을 다루는 인문학을 담아내려고 노력하는 것도 바로 이런 이유에서가 아닌가 싶다.

《퇴근길 인문학 수업 1~3권(멈춤/전환/전진)》에 대한 독자의 성원에 힘입어 《퇴근길 인문학 수업》 시즌2(4~5권)를 출간하기로 결정했다. 그러면서 전체 주제를 '인문학은 어떻게 삶이 되는가'로 잡은 것은 인문학이 단순히 어렵고 추상적인 학문이 아니라 모든 이의 삶에 필요한 학문이라는 판단에서다.

앞서 언급했듯 인문학은 근본적으로 '성찰의 학문'이다. 삶의 의미와 목표를 잃고 헤매는 우리로 하여금 스스로를 돌아보게 만든다. 그 과정에서 '나 자신과의 관계' '나와 사회의 관계'를 되짚어보게 된다. 4권에 '관계'라는 부제를 붙인 배경이다.

4권을 여는 강좌의 첫 테마는 '자존감'이다. 자신을 존중하는 자존감은 나를 일으켜 세우는 힘이다. 무수리 씨와 나잘난 씨의 얘기를 통해 자연스럽게 내 인생의 주인공은 결국 나라는 결론에 도달할 수 있도록 했다. 아울러 '가짜 허기'를 부추기는 과식사회의 문제점을 심리학자의 눈으로 풀어냈고, 신화와 비극에서 위로를 찾고 콤플렉스를 극복할 수 있는 방안을 제시했다.

우리가 무심코 저지르는 행위에 대한 고민거리도 제시했다. '당신은 부모입니까, 학부모입니까?'라는 질문은 새삼 우리를 되돌아보게 만든다. 1인화, 개인주의화되는 세상에서 '다름'을 이해하고 건강한 관계를 형성해가는 데 도움을 줄 수 있는 글도 실었다. 모두 우리가 삶을 영위하면서 겪어야 하는 '관계'에 관한 얘기들이다.

5권(2019년 9월 출간 예정)은 인문학이 우리 삶에 어떻게 스며들고 있는지를 구체적으로 보여주는 내용으로 꾸몄다. 산업과 문화 전반에 알게 모르게 스며든 인문정신을 살펴봤다. 영화계의 거장 스필버그 감독과 페이스북, 일본의 아사히야마 동물원 등이 어떻게 인문학을 접목해 성공적인 마케팅을 펼치고 있는지, 영화·연극·애니메이션·오페라 등에서 수백 년 동안 꾸준히 다른 모습으로 재탄생하고 있는 러시아 문학의 생명력이 무엇인지 찾아봤다.

한 조직의 리더라면 최소한 알고 있어야 할 영화감독과 그 바탕에 흐르는 상상력과 공존, 미덕에 대해서도 느껴볼 수 있도록 기획했다. 르네상스 미술과 바로크 양식, 낭만주의와 인상주의 등 예술사 전체에서 큰 획을 그은 사조와 시대적 배경도 소개했다. 그런 사조가 어떻게 우리 삶에 들어와 자리 잡고 있는지 설명하기 위해서다.

최근 꽤 오랜만에 〈눈이 부시게〉라는 드라마를 보고 감동을 받았다. 단순히 시공을 넘나드는 젊은이들의 아름다운 사랑 얘기로 생각했다가 치매로 주제를 급반전하는 구성 때문에 작가가 누구인지 직접 찾아보기까지 했다. 국가적 문제로 떠오르고 있는 노인들의 치매 문제를 어둡지 않게 터치한 것도 좋았다. 인문학의 힘이 절로 느껴졌다. 주인공을 맡은 배우 김혜자 씨는 이 드라마로 2019 백상예술대상에서

TV 부문 대상을 받은 뒤 드라마 엔딩 내레이션으로 수상 소감을 대신해 한 번 더 감동을 줬다.

> "후회만 가득한 과거와 불안하기만 한 미래 때문에 지금을 망치지 마세요. 오늘을 살아가세요. 눈이 부시게. 당신은 그럴 자격이 있습니다."

정신건강의학과 전문의, 한문학자, 심리학자, 연극연출가, 경제학자, 인류학자, 한의학 박사 등 각 분야 전문가들이 참여해 인문학과 삶의 문제를 풀어낸 〈퇴근길 인문학 수업 4~5권〉이 독자들의 삶을 좀 더 밝게 만들어주는 밤하늘의 별빛이 될 수 있기를 소망한다.

백상경제연구원장
이용택

PART 1

1인 생활자

자존감의 뿌리를 찾아서

전미경

마음이 아파 병원을 찾는 환자들의 불안을 덜어주는 든든한 의학적 조력자. 단국대 의과대학 의학과를 졸업하고, 성안드레아신경정신병원 전공의를 수료한 뒤 열린성애병원, 제주한라병원 등을 거쳐 현재 굿모닝정신건강의학과의원 원장 겸 단국대 정신건강의학과 외래교수로 활동하고 있다. SBS 〈긴급출동 SOS 24〉, SBS CNBC 〈건강플러스〉 등에서 자문 역할을 했다.

시대적 사명, 자존감

웰빙, 힐링 등 '슬로라이프'를 꿈꾸며 화려하게 떠올랐던 몇몇 단어가 수명을 다한 듯 수면 아래로 가라앉더니 '자존감'이 그 자리를 대신하고 있다. 자존감의 급부상에 앞서 '흙수저' '헬조선' 'N포 세대' 등 부정적인 신조어가 잇따라 등장하는 현상은 그저 우연의 일치일까. 우리 사회의 많은 사람들이 행복하지 않다고 항변한다. 하지만 실상을 들여다보면 행복을 찾지 못하는 이유가 다른 데 있음을 알 수 있다.

자존감의 유래와 개념, 핵심은 자기 존중

진료실을 찾아오는 사람 중에는 우울증, 공황장애 등 정신건강의학적 치료가 필요한 환자들이 왕왕 있다. 그런데 치료를 하면서 우울증, 공황장애 증상이 호전되어도 행복하지 않은 사람들이 많다. 그들에게서 찾을 수 있는 공통점은 낮은 자존감이다. 자존감^{self} 은 무엇이고, 왜 유독 지금 우리 사회에서 문제가 되는 것일까.

자존감은 1980년대 미국에서 유행한 용어다. 학자마다 정의가 조금씩 다르지만, 핵심은 자기 존중^{self respect}에 있다. 자신의 가치와 능력에 대해 자기 확신을 갖고 이를 자기 개념화하는 것을 말한다. 자존감은 다시 두 가지로 나눠 설명할 수 있다. 첫째, 모든 인간은 존중받을 권리가 있고, 나 또한 인간이므로 나는 존중받을 만한 존재라는 자기 확신을 의미한다. 둘째, 인생을 살면서 맞닥뜨리는 여러 문제를 해결하고 도전에 응전하기 위해 노력하는 자세를 갖추고 대처할 수 있다는 자신의 능력에 대한 믿음을 의미한다.

마치 스스로를 향한 자기 종교^{self religion}와 같은 개념이다. 신의 존재를 믿고 신을 사랑하며 신을 위해서라면 무엇이든 할 수 있고, 어떤 어려움이 닥치더라도 이겨낼 각오가 되어 있으며, 언제 어디서든 신이 나의 길을 인도할 것이며, 신을 믿고 따르면 영원한 행복을 보장해준다는 것이 지구상에 존재하는 모든 종교의 기본 개념 아니던가? 여기에 신 대신 '나'를 넣어보자. 자존감의 개념이 더욱 쉽게 다가올 것이다.

자존감은 과거에는 주목받지 못한 개념이었다. 단순 반복적인 육체노동 중심의 농업사회와 산업사회에서는 복종과 순응이 중요한 덕목이었던 탓에 자신을 드러내기 어려웠다. 중세 서양에서 독특하거나 범상한 개인은 '마녀사냥' 혹은 '종교재판'에 휘말려 화형을 면치 못했고, 동양에서 지배체제에 반기를 든 개인은 능지처참 혹은 부관참시를 당했으며, 심하게는 멸문지화로 대가 끊기는 재앙을 입기도 했다.

이처럼 엄혹한 시절에는 개인이 존재의 개별성individuality을 주장할 수 없었다. 또 서양에서는 종교적으로 원죄를 짓고 태어난 인간은 신의 품 안에서만 용서받을 수 있고, 국가적으로 왕이라는 절대자 아래 매여 있으며 계급체제에 의문을 품어서는 안 되는 존재였다. 종교적 권위주의와 계급이 지배하는 사회에서 자존감은 오히려 자신을 해치는 독이 될 수 있었다.

근대자본주의 이후의 가치관이 '개인'을 만들다

자존감은 15세기 르네상스, 16세기 종교개혁, 18세기 계몽주의, 18세기 이후 산업혁명과 자본주의를 거치면서 싹트기 시작한 '인권' '지성' '정치·사상적 자유' '창의성' '개별성'과 비슷한 시기에 탄생했다.

우리나라도 예외는 아니다. 우리나라에서 자존감이 관심을 끌기 시작한 시기는 1997년 IMF 외환위기 이후, 그러니까 신자유주의가 우리 사회를 지배하면서부터다. 보편적인 인간 중심의 가치관 대신 물질만능주의가 대세로 자리 잡으면서 '나'는 사라지고 '물질'이 평가 대상이 되었다. 개인의 존재가 왜소해지면서 사람의 가치가 땅에 떨어져버렸다. 여기에 전통적인 권위주의가 덧대어져 사람들을 옥죄었다.

500여 년을 이어온 조선의 절대가치, 충과 효의 유교적 가르침은 아직도 사람들의 마음을 지배하고 있다. 하지만 충과 효에 대한 잘못된 해석과 일방적인 주장은 자존감이 높은 개개인을 옥죄는 올가미로 전락했다.

전래동화 중 〈효녀 심청〉을 예로 들어보자. 효심을 몸소 실천한 아름다운 이야기지만, 요즈음 기준으로 보면 영락없는 막장 드라마다. 만약 동화 속 이야기가 현실에서 벌어졌다면 '자신의 안구 매수를 위해 인신매매단에 친딸을 팔아넘긴 비정한 부정' 같은 자극적인 제목이 달린 채 인터넷을 타고 순식간에 퍼져나갔을 것이다.

신비스럽기까지 한 설화 〈바리데기〉는 또 어떤가. '버려진 아기'라는 뜻을 지닌 '바리데기'는 〈효녀 심청〉을 뛰어넘는 막장 드라마의 정수로 자리매김할 것이다. 아들이 아니라는 이유로 일곱 번째 딸인 바리데기를 버린 것이 1차 막장이다. 게다가 부왕이 병에 걸리자 이를 고치기 위해 버린 딸을 다시 찾는다. 인간으로서도 부모로서도 부끄럽고 수치스러운 상황이니 2차 막장이다. 바리데기가 신선을 만나 나무하기 3년, 물 긷기 3년, 불 때기 3년, 모두 9년 동안 일을 한 거야 그렇다 치더라도 아들을 일곱씩이나 낳은 것이 3차 막장이다. 약을 가지고 인간 세계로 돌아가니 이미 죽은 부왕이 약을 먹고 살아났다는 4차 막장, 효심에 감동한 부왕이 바리데기를 만신의 왕으로 만들었다는 5차 막장으로 이야기는 마무리된다.

여기서 심청과 바리데기의 인권과 자존감은 어디에 있는가? 심 봉사의 눈과 심청의 목숨이 등가교환에 합당한 것인가? 도대체 바리데기는 왜 부왕의 불사약 따위를 위해 노비 생활과 성노예 생활을 자처한 것인가? 태어나자마자 자신을 버린 부왕인데 말이다. 도대체 효가 뭐기에 막장 스토리가 아름다운 미담으로 전해 내려오는 것일까? 실제로 심청과 바리데기는 자존감이 바닥을 친 주인공들이다. 부모에게 인정받기 위해 살신성인 수준의 과도한 희생을 치러야 했으니 말이다.

자존감의 가치를 떠올릴 수 없던 사회문화적 분위기

자존감이 낮은 사람들은 대체로 가치 판단의 기준을 자신의 내면이 아닌 외부 세계에 두고 타인의 인정과 사랑을 갈구한다. 자신의 감정, 욕구, 생각 등은 효라는 미명 아래 꾹꾹 눌러 절대 드러나지 않게 하면서 말이다.

심청은 공양미 3백 석 따위에 인신 제물로 팔려가서는 안 되는 것이었다. 대신 열심히 일해서 10년 뒤에 노동의 가치로 3백 석을 모았어야 했다. 바리데기는 불사약을 구해달라는 부왕의 부탁을 받았을 때 인간은 어차피 불사의 존재가 아니라고 아버지를 설득했어야 했다. 불사약이 있는지 없는지도 명확하지 않으니 그런 무모한 일에 내 미래를 투자할 수 없고, 나는 지금껏 닦아놓은 내 인생의 목표를 향해 달려가야 하니 불사약을 구하러 떠날 수 없다고 단호하게 말해야 했다. 태어나자마자 버려놓고 지금에서야 이런 막무가내 부탁을 하는 부왕이 내 친부모라는 게 참 속상하다는 말도 했어야 한다. 내가 이따위 만신의 왕 자리를 바라고 불사약을 구해온 것은 아니니 지금이라도 부왕의 진심 어린 사과와 함께 상처 난 내 마음을 어루만져주면 안 되겠냐고, 말이라도 꺼내봤어야 한다.

물론 과거 우리나라의 가부장적인 가족문화와 권위주의적인 사회 분위기 속에서 개인 자존감의 가치는 싹트기 어려웠을 것이다. 하지만 오늘날의 시각으로 두 이야기를 곱씹어보면 다른 해석이 가능할 수 있다는 의미다.

세상은 변했다. 자존감이 경제적 가치만큼이나 중요하게 떠올랐다. 20세기 들어 앤드류 카네기, 헨리 포드 같은 사람은 명석한 두뇌와 불타는 야망으로 기존의 세습 부자들, 즉 '올드 머니'에 도전했다. 그렇게 사회의 패러다임을 바꾸고 큰 부자가 되었다. 21세기 정보화사회에 들어와서는 빌 게이츠, 스티브 잡스, 에반 스피겔, 마크 저커버그처럼 도전정신을 가진 기업가들이 세상을 바꾸며 중심에 섰다.

그들은 자기 확신을 가지고 기존의 가치에 도전장을 내밀었다. 불확실한 미래에 대한 탐구심과 열정을 가지고 끊임없이 노력한 시대의 선구자이자 혁신가들이다. 공통점은 모두 자존감이 높은 사람들이라는 것이다. 지금의 정보화사회는 자존감이 높은 사람들이 필요한 세상이다. 기업마다 인재상이 조금씩 다르겠지만, 마냥 순응적이고 수동적인 사람, 시키는 일만 충실히 하는 사람을 원하지는 않는다. 4차 산업혁명 시대에는 로봇이 육체노동을 대체할 거라는 전망이 나온 지 오래다. 정신노동의 가치는 그만큼 급부상할 것이다.

자존감은 개인 차원 넘어
사회적 가치로 확장

정신노동의 결과가 세상을 이롭게 하는 시대가 되었다. 정신노동은 스스로 생각하고, 자신의 행동에 적극적인 책임을 지며, 기존의 틀을 벗어나는 아이디어로 창의성을 발휘하며, 끊임없이 미래를 향해 도전하는 과정이다. 결국 정신노동에서 훌륭한 성과를 낼 수 있는 사람이야말로 기업이 원하는 인재상 아니겠는가. 오늘날의 방탄소년단을 만든 우리나라의 기획사, 넷플릭스 같은 플랫폼 기반의 콘텐츠 전문 기업, 구글이나 카카오 같은 인터넷 기반 기업을 생각해보자. 수동적인 머슴 스타일이 아니라 시시각각 변하는 트렌드에 민감하고 자기 주도적이면서 창의성 뛰어난 인재가 이 시대에 어울리지 않을까.

자고로 정신노동은 자유로운 사고, 합리적 이성, 열려 있는 유연성, 새로운 시도에 대한 확신, 불확실한 미래에 대한 도전 등을 바탕으로 한 자존감이 없다면 실현 불가능하다. 특히 이때의 자존감은 개인적 가치에서 직업·사회적 가치로 확장되어 사회적 패러다임을 바꿔놓는다.

　세상은 변하고 있는데, 이른바 '공무원 고시'에 매달리는 20대 청년들의 소식을 접할 때면 안타까운 마음이 앞선다. 서울대를 졸업한 청년이 '저녁 있는 삶'을 꿈꾼다며 9급 공무원을 선택했다는 뉴스, 최고의 신랑감이 5천만 원대 연봉의 공무원이라는 기사가 나오면 우리 사회 젊은이들의 현주소를 보는 것 같아 씁쓸하다.

　국가에 헌신하고 국민을 위해 일하는 공무원을 폄훼하려는 마음은 없다. 안정적인 철밥통을 삶의 1순위에 두고, 자신의 적성이나 흥미 그리고 장단점을 외면하는 모습이 마치 컨베이어벨트 위에 놓인 생닭을 보는 것 같아 걱정이 앞설 뿐이다. 외교관이나 통상 전문가가 되겠다는 꿈을 꾸며 준비하다 보니 나도 모르게 공무원이 되었다는 스토리라면 또 모르겠다. 하지만 어떤 업무든 좋으니 오직 공무원이면 된다는 목표를 바라보고 살아가면 자신의 자존감을 갉아먹기 마련이다. 자신이 바라는 행복과 점점 멀어질 수밖에 없다.

무수리 씨와 나잘난 씨,
정신과에 가다

자존감을 회복하지 못하고 정신건강의학과를 전전하는 젊은이들이 늘고 있다. 우울증이나 공황장애를 진단받고 치료를 받으면서 좋아졌다 나빠졌다 하기를 반복하고 있다. 이런 증상과 자존감 사이에는 어떤 상관관계가 있을까. 진료를 받으러 온 20대 여성과 40대 남성의 이야기를 한번 들어보자.

남의 시선과 평가에 매달려
나를 잃어버린 무수리 씨

　　　　　　　　무수리 씨와 나잘난 씨가 병원을 찾았다. 무수리 씨는 20대 후반의 미혼 여성으로 우울증 진단을 받았고, 40대 중반의 기혼 남성인 나잘난 씨는 공황장애 진단을 받았다.

무수리는 가명의 환자 이름이기도 하지만, 실제로 존재하는 용어.

고려와 조선시대에 청소 일을 맡은 여자 종을 일컫는다. 고려 말기 원나라의 속국 정책에 따라 원나라와 고려 왕실이 통혼通婚을 하고, 원나라 공주가 고려 왕실에 들어오면서 몽골 풍습과 몽골어가 사용됐다. 이때 몽골어로 '소녀'라는 뜻의 무수리가 고려로 건너와서 여자 종을 뜻하는 단어가 됐다.

피지배계급 여성을 대표하는 용어로 사용되어온 무수리는 우리에게 익숙하다. 영조 대왕의 생모가 천출인 무수리 출신인지라 평생 콤플렉스를 가지고 살았다는 이야기를 들어봤을 것이다. 무수리는 자신의 생사를 주인이 좌지우지하는 까닭에 과도하게 주인의 눈치를 볼 수밖에 없다. 어려서부터 천한 출신이라는 심정적 낙인이 찍혀 취향과 감정, 욕구 등을 깊이 생각해볼 틈이 없다. 번뜩이는 이성을 동원해 세상 돌아가는 이치를 판단해서도 안 된다. 오로지 주인의 소유물이라는 정체성 하나로 살면서, 시키는 일만 군소리 없이 해야 하는 게 무수리의 팔자다.

무수리 씨는 어려서부터 남동생과 차별을 당한 게 속상했다. 어머니는 감정 기복이 심한 사람이어서 어린 무수리 씨를 때리며 스트레스를 풀었다. 회초리로 때리다가 성에 안 차면 뺨을 올려붙이기까지 했다. 돌 사진과 백일 사진은 남동생 것만 보관되어 있다. 무수리 씨의 어린 시절 사진은 찾기 어려울 정도다.

무수리 씨는 초등학교 이후로 공부 잘하는 사촌들과 끊임없이 비교당했다. 대학에 들어간 뒤에는 학비를 벌기 위해 아르바이트를 해야 했지만, 남동생은 부모에게 용돈과 학비를 받아 부잣집 아들내미 소리를 들으며 풍족한 생활을 했다. 수학능력시험 성적이 좋지 않았던 무수리 씨는 모 대학의 지방 캠퍼스를 다녔는데, 엄마는 친척들 앞에서 무수리 씨가 서울 캠퍼스에 다닌다고 거짓말을 했다. 무수리 씨의 직장은 내실 있고 탄탄한 중견기업이었는데, 엄마는 무수리 씨가 대기업에 다닌다고 자랑했다. 무수리 씨의 과거와 현재는 참으로 서글프다.

무수리 씨는 외래 진료를 받을 때면 엄마에게 겪었던 일을 풀어놓기 시작했다. 그 과정에서 드러나는 트라우마의 스펙트럼도 다양했다. "너는 덜떨어진 애야, 누구를 닮아 공부를 이리 못하냐"라는 말이 지금까지도 살아 숨쉬는 자기 충족적 예언self-fulfillment prophecy이 되었다. 그래서 무수리 씨는 뭔가 안 좋은 일이 있으면 '그럼 그렇지. 내 주제에 무슨 좋은 일이 있겠어?'라고 생각하며 자기혐오에 빠지는 때가 잦았다.

무수리 씨는 우울할 때면 몸에 작은 문신을 새기거나 귀를 여러 군데 뚫어 귀걸이로 장식하기도 했다. 자신이 초라해 보일 때나 남들에게 강한 모습으로 비치고 싶다는 감정이 들 때마다 몸에 흔적을 새겼다. 맛집을 찾거나 새로운 화장품을 살 때마다 SNS에 게시물을 올리면서 팔로어 수와 댓글을 체크하는 게 유일한 낙이었다. 댓글이 없으면 불안해지고, 댓글 수나 팔로어 수가 많아지면 본인의 존재감을 느끼면서 뿌듯해했다. 외모를 고치면 자신의 가치가 높아질까 싶어 2년 전 여름휴가 때 쌍꺼풀 수술을 했다. 아무래도 코가 좀 낮은 것 같아 작년 여름휴가에는 코도 살짝 높였다. 연예인처럼 오뚝하게 세우지 않아 티가 별로 안 나서 그런지 알아봐주는 사람도 없었다. 쌍꺼풀은 만족스러운데 코를 보면 괜히 돈

버리고 고생만 했다는 생각이 들었다.

　무수리 씨를 지배하고 있는 기본 감정은 '불안'이다. 물론 엄마에 대한 원망과 분노, 서운함, 우울감, 슬픔, 무기력 등 복합적인 감정이 뒤섞여 있지만, 어린 시절부터 자신을 지배한 주된 정서는 불안이었다. 엄마 눈치를 보면서 오늘은 안 맞고 넘어갈 수 있으려나 불안해했고, 성적표를 가지고 집에 가는 날은 몇 대나 맞을까 싶어서 불안에 떨어야 했다. 직장에서 상사가 업무상 실수를 지적하면 엄마에게 막말을 듣는 어린 시절의 경험이 떠올라 얼어붙곤 했다.

　이성이 다가와 호감을 표시해도 불안했으며, 팔로어 수가 생각보다 적어도 불안했고, 옷을 사거나 미용실에서 머리를 할 때도 자신과 잘 어울리지 않을까 봐 불안했다. 심지어 좋은 일이 생겨도 '왜 나에게 이런 일이 생기나' 하며 불안했다. 휴일에 친구들이 만나자고 제안하면 피곤함을 무릅쓰고 장단을 맞춰주었다. 직장에서도 얌체 같은 사람들의 부탁을 거절하지 못해 늘 지나치게 많은 업무를 끌어안고 있었다.

　꼬박꼬박 교회에 나가고는 있지만, 엄마에게 혼날까 봐 어릴 때부터 습관적으로 다녔을 뿐이지 진정한 신앙심이 우러나와 느끼는 기쁨이 뭔지는 잘 몰랐다. 가끔 소개팅을 나가긴 하지만 상대방이 나와 어울리는 사람인지 알 수 없었다. 어려서부터 스스로 무엇인가를 선택해본 경험이 없으니 당연한 일이었다. 항상 엄마의 결정에 순종하는 삶이었다.

　나 자신이 어떤 사람인지 모르는데, 어떤 남자가 나에게 어울릴지는 아예 감도 잡을 수 없었다. 오히려 누군가 자신을 좋아한다고 호감을 표시하면 두렵기까지 했다. '우리 엄마도 안 좋아해준 나를 잘 모르는 남자가 왜 좋아해줄까?'라는 생각이 먼저 들었다. 무수리 씨는 '나'와 '미래' 그리고 '세상'에 대해 부정적인 생각으로 가득했다.

외톨이로 성공하며 늘 분노에 찬 나잘난 씨

부장 나잘난 씨는 평사원 무수리 씨와 같은 회사에 다니고 있다. 두 사람은 서로 병원에 다니는 것을 모르며 혹시라도 병원에서 아는 사람을 만나는 불편한 상황이 일어날까 봐 철저히 예약제를 지키고 있다. 둘은 지금까지 병원에서 마주친 적이 없고, 앞으로도 만나는 일이 없을 것이다.

나잘난 씨가 갓난아기일 때 친어머니가 돌아가셨다. 아버지가 재혼을 해 새어머니가 키워주셨지만, 새어머니는 전처 자식에 정을 주지 않았다. 새어머니는 예민하고 까칠한 성격이었다. 새어머니가 자식을 낳자 나잘난 씨는 곧장 찬밥 신세가 되었고, 아버지는 이를 모르는 체했다. 나잘난 씨는 어려서부터 인생은 혼자라는 사실을 뼈저리게 느꼈다. 그래서 《무소의 뿔처럼 혼자서 가라》라는 유명 소설가의 책 제목을 인생의 모토로 삼았다. 그 뒤 이 악물고 공부해 이른바 명문 대학을 졸업했으며, 지금의 회사에 입사해 기술 부문 전문가로 차근차근 승진하고 있다.

나잘난 씨의 기본 정서는 '분노'다. 겉으로 봐서는 냉정하고 이성적인 사람이라는 느낌이 들지만, 내면은 고집불통이다. 모든 인간관계를 수직 관계로 보며 매사 냉소적인 태도를 보인다. 어렸을 때 어머니가 돌아가신 뒤 처음에는 아버지와 새어머니에게 본인을 돌봐달라며 애착을 갈구하는 어린아이로서 나름 '저항'을 시도했다. 하지만 욕구가 좌절되자 '절망'했고, 결국 너무 어린 나이에 부모로부터 '분리'되는 경험을 한 것이다.

이 같은 인간관계는 다른 사람들과 관계를 맺을 때도 영향을 주었다. 쉽사리 상대에게 공감하지 못하고, 오히려 경쟁적이고 착취적인 관계를 맺어왔다. '보살핌'이란 그의 사전에 없는 단어다. 자라면서 보살핌을 받아본 적이 없으니 보살핌을 주는 법도 몰랐던 것이다. 이때 가장 힘든 사람은 배우자이기 마련이다. 나잘난 씨도 아내와 심각한 갈등을 빚어왔으며, 아내는 이혼을 진지하게 고려하고 있었다.

나잘난 씨는 아내를 이해할 수 없었다. "바람을 피운 적도 없고, 가족들에게 손찌검을 한 적도 없고, 술 먹고 주사를 심하게 부린 적도 없어요. 아내가 제게 원하는 게 뭔지 모르겠어요." 정신과 진료는 아내의 권유로 마지못해 온 것이다. 가끔 가슴이 답답하고 숨쉬기 어려울 때가 있지만 30분 정도 지나면 정상으로 돌아오니 굳이 병원에 올 필요는 없다고 생각한다. 나잘난 씨는 평소 정신과 진료는 정신력이 약하거나 먹고살기 편해서 팔자가 늘어진 사람이나 오는 곳이라고 생각했다. 부인이 이혼 운운하며 협박하지 않았다면 이렇게 진료를 받으러 올 일도 없었다.

열등감의 갑옷 뒤에 숨은
불행한 삶

무수리 씨와 나잘난 씨는 열등감의 갑옷을 입고 과거의 상자에 갇힌 상태다. 두 사람을 공통적으로 지배하고 있는 핵심 개념은 '나는 사랑받을 수 없다'와 '나는 무능하다' 두 가지로 압축할 수 있다. 이 개념은 어려서부터 기질과 양육방식, 생활환경 그리고 개인적 역사성에 의해 여실히 증명되고 굳어졌다. 그리고 어느덧 마음속 중심부에 자리 잡아 자신의 일부가 되었다.

열등감의 갑옷은 인간관계에서 드러난다. 자존감이 자신의 가치와 능력에 대한 자기 확신이라면 열등감은 반대 개념이다. 즉, 자존감이 내 인생을 행복하게 해준다면 열등감은 내 인생을 불행하게 한다.

무수리 씨와 나잘난 씨는 현재 객관적으로 꽤 괜찮은 외적 조건을 갖추었다. 그런데도 어린 시절 정서적으로 힘들었던 경험에 사로잡혀 열등감으로 두툼한 갑옷을 해 입은 격이다. 무수리 씨는 자신과 엄마를 '피해자'와 '가해자'의 구도에 놓고 과거의 이야기를 풀어놓기 위해 병원을 찾는다. 나잘난 씨는 자신을 '좋은 사람'으로 부인을 '나쁜 사람'으로 설정하고 진료 내내 부인의 단점을 한참 얘기한다. 여느 부부간에 흔히 있을 수 있는 소소한 문제에도, 핏대를 올리며 분노를 표출한다. 요리 솜씨가 좋지 않다거나 정리정돈이 미숙하다는 등 주부로서의 능력을 타박하거나, 명절에 시댁에 다녀오면서 뾰로통해진 아내가 밉다는 등의 수준이다. 나잘난 씨는 현재에 살고 있는 듯 보이지만 실은 과거에 살고 있다. 과거에 상처받은 작은 아이가 어릴 적 자신을 돌봐주지 않았던 부모에 대한 분노를 아내에게 투사함으로써 부모와 아내를 동일시하는 것이다.

무수리 씨와 나잘난 씨는 인생이 행복하지 않다. 그래서 자의든 타의든 병원을 찾아와 본인들의 과거를 곱씹고 있다.

합리적으로 의심하며 살고 있나요?

나잘난 씨와 무수리 씨가 다니는 회사에 어느 날 20대 후반의 신입사원 자존이 씨가 입사했다. 두 사람이 보기에 자존이 씨는 외계 생물만큼이나 별종이었다. 자존이 씨는 나잘난 씨의 직속 부하로 신규 공채 선발에서 30 대 1의 경쟁을 뚫고 들어온 신입사원이다. 신입사원으로 15명 정도가 입사했는데 자존이 씨는 그중에서 단연 눈에 띄는 존재였다. 얼굴이 뛰어나게 잘생긴 건 아닌데 잡티 없는 흰 피부에 누가 봐도 매력적인 외모를 지녔다. 운동으로 다져진 다부진 몸매에 180센티미터의 훤칠한 키, 단정하고 깔끔한 옷매무새가 돋보였다. 게다가 시간과 장소, 상황에 맞춰 향수로 패션을 마무리할 줄 아는 사람이었다.

사실 자존이 씨는 지구 이주 프로젝트에 지원해 이웃 행성에서 이주한 사람이었다. 심각한 미세먼지와 황사 그리고 급격한 기후변화가 자존이 씨를 지구로 이주하게 만들었다.

독설에도 흔들리지 않고
늘 명쾌한 자존이 씨

자존이 씨는 시간이 지나면서 동료들에게 긍정적인 평가를 받으며 신뢰를 쌓아나갔다. 업무 이해도가 빨라 일을 척척 해냈으며 사소한 일이라도 일일이 메모하면서 본인의 업무를 꼼꼼히 파악해나갔다. 모르는 게 있으면 선임자에게 곧장 물어 확인했다. 거래처 관련 업무도 마찬가지였다. 상대 회사에 전화해 신입사원임을 밝히며, 잘 모르는 내용은 겸손하고 정확히 확인했다.

무수리 씨 입장에서는 너무나 신기했다. 5년 전 신입사원 시절 선임자에게 업무를 물어볼 때도 '나를 바보로 생각하면 어떡하지?' 하는 생각에 전전긍긍했던 모습이 떠올랐다. 잘 모르는 업무라도 혼자 해결하려고 노력했고, 당연히 결과가 좋지 않아 지적받는 일이 잦았다. 무수리 씨는 뒤돌아서면서 늘 '역시 나는 무능해' 하고 체념했다. 상사에게 언짢은 지적을 받은 날에는 며칠이고 되새김질하며 '그때 왜 그렇게 했지? 나는 왜 이렇게 미련한 거야'라며 자책했다. 그런 자신과 달리 자존이 씨는 같은 상황에서 무척이나 명쾌했다. "죄송합니다. 다음부터 주의하겠습니다." 단호한 사과 한마디면 끝이었다. 별다른 고민도 하지 않는 듯했다. 실제로 같은 실수는 두 번 다시 하지 않았다. 무수리 씨는 회의에 들어가서도 '실수하면 어떡하지?'라는 생각에 사로잡혀 다른 사람들의 발표에는 집중하지 못하고 자기 차례만 기다리며 식은땀을 흘렸다. 자존이 씨는 신입임에도 불구하고 동료들의 발표를 적극적으로 듣고 자신의 차례가 돌아오면 당당히 발표했다.

가끔 자존이 씨는 나잘난 부장이 내뱉는 독설의 표적이 되기도 했다. 현실성 떨어지는 기획이라며 "머리가 나빠서 이따위 생각밖에 못 하냐"라는 등 인신공격성 발언을 퍼부어도 자존이 씨는 괘념치 않았다. 사실 나잘난 부장은 자신의 독설에도 꿈쩍하지 않는 신입사원이 얄미웠다. 감정의 근원에는 질투심이 섞여 있었다.

무수리 씨는 기발한 아이디어를 담은 기획안을 냈다가 나잘난 부장의 무지막지한 공격을 받으면 멘탈이 붕괴될 것 같아 늘 무난한 아이디어를 제안했다. 크게 색다른 게 없어 박수를 받기 어려웠지만, 그렇다고 아주 나쁘지도 않다는 평가를 받았다. 어릴 때부터 엄마가 "모난 돌이 정 맞는다" "가만히 있으면 중간은 간다"고 주입시킨 게 고맙기까지 했다. 하지만 엄마는 항상 무수리 씨에게 "왜 남들 다 하는 중간도 못 하냐"라며 야단치기는 했다. 그래서 무수리 씨의 목표는 학창 시절부터 더도 말고 덜도 말고 중간만 하자였다.

자존이 씨는 아무래도 지구에 온 지 얼마 안 되어 지구의 속담이나 격언을 잘 모르는 걸까? 왜 자존이 씨는 나잘난 부장의 편잔에도 뜻을 굽히지 않고 참신한 아이디어를 내놓는 것일까? 왜 매번 혼신의 힘을 다해 기획안에 피와 살과 영혼을 갈아 넣는 것일까? 때로는 자존이 씨가 미련해 보이기도 한다. 왜 자존이 씨는 '시간을 때우는 적당함'과 '중간의 미학'을 모르는 것일까?

아픈 과거 떠올리게 만드는
자존이 씨,
질투를 부르다

무수리 씨는 자존이 씨가 부럽고 질투가 났다. 입고 다니는 옷도 꽤 값나가는 명품에다가 자가용까지 몰고 다니는 걸 보니 부잣집 아들인 것 같았다. 사람을 처음 만날 때 어색해서 쩔쩔매는 자신과 달리 자존이 씨는 자연스러운 화제로 대화를 이끌어나갔다. 그래서일까, 회사에서 자존이 씨는 인기가 많았다.

아마도 자존이 씨는 아들이라는 이유로 편애를 받은 남동생과 같은 세계에 속한 사람인 듯했다. 엄마는 남동생이 고추를 달고 태어났다는 사실만으로도 떠받들며 귀하게 여겼다. 무수리 씨에게는 공부를 못한다고 구박만 하더니 남동생에게는 '무럭무럭 튼튼하게만 자라달라'고 주문을 외웠다. 무수리 씨는 대학 졸업 후 고시원에 살면서 월급을 모아 겨우 월세방을 얻었지만, 남동생은 대학에 입학하자 엄마가 학교 근처에 오피스텔을 얻어줬다. 무수리 씨 마음에 큰 상처가 된 사건이었다.

무수리 씨는 직장을 다니면서 기본 생활비를 제외하고는 엄마에게 모두 송금했다. "내가 돈을 모아줄 테니 번 돈은 모두 보내라"라는 엄마의 지시가 있었기 때문이다. 남동생은 1년 정도 직장을 다니다 지금은 그만두고 집에서 놀고 있었다. 엄마가 프랜차이즈 아이스크림 가게를 차려주네 어쩌네 하면서 고민 중이다.

무수리 씨는 직접 일을 가르쳐주는 선임자는 아니었지만 자존이 씨에게 업무와 관련된 질문을 받으면 괜히 툴툴거렸다. 비싸 보이는 새 재킷을 입고 회사에 오는 자존이 씨와 남동생의 모습이 겹쳐지면서 돈이 부족해 제대로 쇼핑도 하지 못하는 자신의 처지가 떠올라 기분이 나빴다. 자존이 씨처럼 튀는 사람이 같은 부서에 온 걸 보면 '내 인생은 항상 재수가 없었고, 앞으로도 그럴 것'이라는 자조 섞인 예측이 들어맞는 것 같아 서글펐다. 무수리 씨는 "자존이 씨는 나 같은 사람과 같은 부서에서 일해서 짜증이 날 거야. 분명히 나를 싫어할 거야"라면서 한숨을 쉬었다.

모난 데 없는 성격에 자상하기까지 해 여직원들은 자존이 씨한테 여자친구가 있는지 없는지 궁금해했다. 그러던 어느 날 왼손 약지에 커플링을 끼고 회식 자리에 나타난 자존이 씨가 여자친구가 있다는 말을 하자 회사 여직원들은 닭 쫓던 개 지붕 쳐다보는 표정을 지었다.

지구로 이주하고 새 직장에 취직해 바쁠 텐데 어떻게 여자친구를 사귀었는지 궁금했는데 새벽 6시 반 수업을 듣는 영어학원에서 여자친구를 만났단다. 언젠가 회사 앞에서 우연히 본 적이 있는데 예쁘고 싹싹하고 세련된 스타일의 여성이었다. 자존이 씨와 잘 어울리는 듯했다.

나잘난 씨는 자존이 씨에게 질투심이 발동했다. 자신은 결혼 전에 배우자를 고르는 기준이 '착하고 순한 여자'였다. 어떤 성향인지, 삶을 대하는 태도와 철학은 무엇인지 따져볼 생각을 하지 않았다. 그래서 예민하고 까칠했던 새엄마와 달리 말 잘 듣고 애 잘 키우고 자기주장 안 하는 여자를 배우자로 골랐다.

그런데 요즈음은 생각이 달라졌다. 아내가 전업주부라는 사실도 짜증이 나고, 자기를 이해하지 못한다며 이혼 운운하는 것도 우스웠다. 자존이 씨의 여자친구는 능력 있는 커리어 우먼에 외모도 훌륭해서 남자들이 좋아할 스타일이었다. 새벽에 영어학원에 다니고, 저녁에는 경영전문대학원에 다니면서 자기계발에 매진하는 모습을 보고 멋진 여자라는 생각이 들어 자존이 씨가 먼저 다가가 사귀게 되었다는 얘기를 들었다. 나잘난 씨는 퇴근 후 집에 들어서며 마누라를 보면 괜히 짜증이 났다. 학벌로 봐도 자존이 씨에게 밀리는 게 없는데 왜 배우자는 이렇게 차이가 날까 싶었다. 인생 초반에 너무 쉽게 배우자를 골라 이번 생은 망했다는 생각마저 들었다.

사무실에서도 나잘난 씨의 심기는 불편했다. 자존이 씨의 존재 때문이었다. 신입사원 주제에 건방졌다. 부장인 자신이 일을 하고 있는데 6시가 되면 "먼저 가보겠습니다"라고 인사하고 사무실을 나갔다. 그러면 눈치를 보던 직원들이 여기저기서 먼저 가보겠다며 퇴근을 재촉했다.

자신이 17년 전 처음 입사했을 때 자존이 씨와 같은 행동은 있을 수 없는 일이었다. "어디 새파랗게 피도 안 마른 신입이 과장, 부장 다 제치고 먼저 퇴근을 해?"라고 말하고 싶지만 꼰대로 낙인찍힐까 봐 꾹 참았다. 하지만 진짜 속내는 이랬다. '저거 또 나를 무시하는 거 아냐? 저렇게 행동하는 걸 보면 저놈 분명 인성도 별로야. 언젠가 화장실에서 날 힐끗 보고 혼자 키득거리는 것 같았는데, 이제 보니 속으로 나를 비웃는가 보군.

그리고 좋은 기획안이 있으면 자기가 나서서 발표하기 전에 미리 나한테 귀띔을 해서 양보해야 하는 거 아냐? 나는 신입 때 그랬는데 말이야. 저 혼자 고속 승진해서 이사로 남으려고 발악하나 보지? 흠, 아무튼 저놈은 경계 대상이야. 어휴, 이놈이나 저놈이나 요새 젊은 것들은 대체적으로 버르장머리가 없어.'

자존감을 억누르는 인지 왜곡 그리고 사회 분위기

무수리 씨와 나잘난 씨는 '인지 왜곡cognitive distortion'이라는 색안경을 끼고 자존이 씨를 자신의 관점에서 바라보고 있다. 인지 왜곡이란, 잘못된 생각을 단정적으로 판단해 상대방에게 부정적인 감정을 갖게 되고, 그 감정을 실제 행동에 반영해 자신과 타인 모두의 불행을 초래하는 현상이다. 인지 왜곡의 유형 몇 가지를 소개하면 다음과 같다.

하나, 충분한 증거가 없는데도 특정 결론을 내리는 임의적 추론arbitrary inference이다. 객관적인 증거를 고려하지 않고 상대방의 생각을 아는 것처럼 판단하는 '독심술 사고'와 증거도 없이 나쁜 일이 일어날 것이라고 믿는 '부정적 예측'이 있다.

둘, 전체적인 맥락을 파악하지 않고 미세한 부정적인 장면을 확대해 결론을 내리는 선택적 추상selective abstraction이다.

셋, 과잉 일반화over generalization다. 한두 번의 미미한 경험이나 사건에 근거해 결론을 도출하고 관련 없는 상황에서도 광범위하게 적용하는 현상을 뜻한다. 한 번 시험을 망치고 "난 공부에 재주가 없나 봐"라고 단정 짓는 경우가 대표적이다.

넷, 과장과 축소magnification and minimization다. 어떤 사건의 중요성이나 정도를 심하게 왜곡해 평가하는 현상을 말한다. 자신의 장점은 축소하고 단점이나 부정적 측면을 과장하는 인지 왜곡은 타인보다 자신이 열등하다는 생각을 불러오고, 이는 우울증의 원인이 될 수 있다.

다섯, 개인화personalization다. 인과적 관계가 있다는 증거가 없는데도 어떤 사건을 자신과 연결 짓는 현상을 말한다. 주로 부정적 사건이 벌어지면 근거가 없는데도 자신의 책임이라 생각하는 경우다. 예를 들어 교실에서 손을 들었는데 선생님이 자신을 호명하지 않으면, 선생님이 자신을 무가치한 사람이라고 여기거나 지겨워하기 때문이라고 결론짓는 것이다.

여섯, 이분법적 사고absolutistic, dichotomous thinking다. 극단적인 사고라고 부르기도 하는데, 중간이 없고 '모 아니면 도'라는 식으로 평가하는 경향이다.

자존감이 낮은 사람들은 세상을 객관적으로 바라보는 힘이 부족하다. 합리적 이성의 힘이 떨어진다는 말이다. 비판적 이성을 근거로 판단하지 못하고 사상적 광신주의(나치 독일이나 일본의 가미가제)나 종교적 맹신주의

(이단 종교, 이슬람 과격주의)에 빠지기 쉽다.

우리나라에서 예를 찾자면 정치인이나 연예인 등 대중적인 인물을 우상화하는 '빠'문화, 그리고 남편에게 매 맞는 아내나 알코올의존증 환자인 남편을 뒷바라지하는 아내 등 공동 의존co-dependence* 상태, 일방적으로 며느리에게 복종을 강요하는 가부장적 문화의 잔재 등이 여기에 해당한다. 폭행을 당한 후 남편이 사과하는 모습을 보고는 "내가 노력하면 남편이 변할 거야"라는 비이성적 감정에 인생을 맡기면서 병적인 관계를 이어가는 아내가 있고, "우리 어머니가 살면 얼마나 사시겠어?"라는 논리 탓에 시어머니의 불합리한 갑질을 감수해야 하는 며느리도 있다.

이 모든 게 이성이 깨어 있지 않고 자존감이 낮기 때문이다. 이런 사람들은 자신만 깨어 있지 않은 데 그치지 않고 남들도 깨어 있지 못하게 강요한다. 불안이나 분노 같은 감정, 합리적 이성이 뇌에서 발동해도 튀어나오지 못하게 스스로 누른다. 좋은 게 좋은 거 아니냐며 두 눈 질끈 감고 살라고 요구하는 사회에서 개인의 자존감은 지켜내기 어렵다.

───────────────────────

* '공동 의존'의 개념은 1940년대 알코올의존증 환자와 동거하는 배우자 모임에서 유래했다. 당시 알코올의존증을 치료하던 전문가들은 각 가족 구성원이 알코올의존증을 지속시키거나 강화하는 독특한 역할을 수행하고 있음을 발견했다. 남편은 아내가 바가지를 긁어 술을 마신다고 하고, 아내는 남편이 술을 마시기 때문에 바가지를 긁는 것이 정당하다고 말한다. 이 같은 정당성은 상대방의 행동을 더 강화하는 역할을 하여 서로의 행동을 조장한다. 폭식증이나 거식증, 도박 중독 등의 정신적 문제 또는 장애가 있는 사람과 관련된 주변 사람, 장기간 병을 앓고 있는 환자의 가족, 행동 발달에 문제가 있는 자녀의 부모 등에서 발견되는 병적인 관계 양상을 말하기도 한다.

자존감을 싹 틔우는
합리적 고민

자존감은 나를 둘러싼 모든 것을 합리적으로 의심하는 데서 시작한다. 신은 존재하는가? 나에게 종교의 의미는 무엇인가? 이 회사는 내 발전에 도움이 되는 곳인가? 지금 하는 일은 내 적성에 맞는가? 나는 업무에 최선을 다하고 있는가? 우리 가정의 의사소통은 합리적이고, 가족 구성원의 다양한 가치를 존중하고 있는가? 나와 배우자는 서로의 성장에 도움을 주고받는 관계인가? 나의 현재 욕구와 감정은 무엇인가? 감정과 이성과 행동이 늘 일치하는 삶을 살고 있는가? 나는 어떤 개인적, 사회적 가치를 추구하고 사는가? 내 선택에 대한 책임은 내가 지고 있는가? 불의를 보고 잘못된 일이라고 자기주장을 할 수 있는가?

이 같은 물음과 고민의 싹이 자존감의 시작이다. 고민의 싹을 틔우지 못하고 엄마가 씌워준 색안경을 낀 채 살면서 과거의 엄마에게 지금 내 삶에 대한 책임을 전가하는 무수리 씨는 자존감이 낮을 수밖에 없다. 색안경을 벗고 자신이 가진 이성의 힘으로 스스로 인생을 돌아보는 성찰이 시작되어야 자존감을 논할 수 있다.

나잘난 씨처럼 돈이나 명예 등 물질적 가치를 추구하는 것은 가짜 자존감의 허상이다. 물질은 늘 부족할 수밖에 없다. 물질적 가치가 본인의 존재를 근본적으로 채워주지는 못한다. 자존감은 물질이 아닌 정신적 가

치에 깨어 있음을 뜻한다. 물질에 사로잡혀 노예로 살지 않고 내 인생의
주인으로 사는 것을 말한다.

존중의 문화가 없는 별

요즘 무수리 씨와 나잘난 씨는 개명을 고려 중이다. 아무래도 인생이 불만족스러운 원인이 이름을 잘못 지은 것과 관련이 있는 것 같아서다.

무수리 씨는 인터넷 작명소에서 '무의미' '무책임' '무신뢰' '무주장' 등의 이름 후보 몇 개를 받았다. 인터넷 작명소는 자신의 성격, 생활태도, 생활방식을 체크해 설문에 답하면 어울리는 이름을 찾아준다. 엄마는 무수리가 좋은 이름이라고 했다. 착한 무수리, 엄마 말 잘 듣는 무수리, 일 열심히 하는 무수리, 순종적인 무수리 등등 얼마나 좋은 뜻이 많은 줄 아느냐며 개명은 생각조차 못 하게 한다.

나잘난 씨는 작명소 세 곳을 찾아갔다. 현재의 모습을 그대로 담은 '나만잘난', 성까지 바꿔버리는 '너는못난', 미래지향적인 '나너잘난' 등의 이름 후보를 받았다. 나잘난 씨는 그중에서 '나만잘난'이 제일 마음에 든다. '나너잘난'은 왠지 "I am okay, You are okay"라는 태도로 일하는 자존이 씨를 떠올리게 만든다. 곧 '나만잘난'으로 개명할 계획이다.

자존이 씨의
지구별 성장기

　　　　　　　자존이 씨는 하루 일과가 빠듯하다. 새벽에 영어학원에 다니고, 직장에서 업무를 마치고 퇴근한 뒤에는 헬스장에서 체력을 다진다. 경영전문대학원에서 공부하는 여자친구에게 자극을 받아 평소 관심이 있던 마케팅 공부를 하러 대학원을 갈까도 생각 중이다.

　주말에 만나는 여자친구는 지구로 이주한 뒤 외롭게 지내던 자존이 씨에게 아주 소중한 존재다. 처음 만나 교제를 시작할 때, 부모 없는 혈혈단신에 지구에서는 2류 시민 취급을 받는 이웃 행성 주민이라는 사실을 털어놓았지만 여자친구는 "그게 뭐 어때서? 그게 네 탓은 아니잖아. 그동안 열심히 사느라 애썼네"라고 위로해주었다. 자존이 씨는 마치 자신의 행성에 살던 동지를 만난 기분이었다.

　무수리 씨의 예상과 달리 자존이 씨는 부잣집 아들이 아니었다. 다정다감한 부모 아래 외동아들로 자란 자존이 씨는 정서적으로 남부러울 것이 없었다. 그러나 10살 무렵에 부모님이 교통사고로 돌아가시는 바람에 보육원 시설에서 자랐다. 유일한 친척인 이모는 자녀가 셋이나 되어 자존이 씨를 책임질 수 없었다. 하지만 시간 나는 대로 틈틈이 찾아와 보살펴주었으며 생일이나 명절, 어린이날에는 꼭 집으로 데리고 가 함께 지내면서 외롭지 않게 챙겨주었다.

　이모는 대학을 갈 때에도 자존이의 적성을 고려해 하고 싶은 공부를

해야 한다고 응원해주었다. 그래서 의대와 컴퓨터공학과 두 곳에 모두
합격했지만, 적성에 좀 더 맞는 컴퓨터공학과를 선택했다.

보육원에서 자란 자존이 씨는 지구 행성의 기준으로 보면 애초 자존감
이 높을 수 없었을지도 모른다. 그러나 10살 이전에 부모로부터 받은 아
낌없는 사랑과 안정된 애착은 튼튼한 자존감의 뿌리가 되어주었다. 이후
에도 비록 같이 살지는 못했지만 든든한 멘토가 되어준 이모가 있어 외
롭지 않았다. 자존이 씨가 자란 보육원은 훌륭한 인품을 가진 원장님과
선생님들이 사랑으로 아이들을 돌봐주는 곳이었다. 그 덕분에 보육원에
서 자란 원생들은 대부분 적성에 맞는 일을 선택해 열심히 일하고 있으
며, 사랑하는 사람과 결혼해 행복하게 지내고 있다.

어떻게 그럴 수 있느냐고 묻는 사람이 있을 수 있다. 부모 없이 지구에
서 자랐다면 일반적으로 애착에 대한 손상이 심할 수밖에 없다. 제대로
된 교육도 받기 힘들고 원하는 직업을 구하기 어려워 경제적으로 궁핍했
을 것이다. 더구나 고아 출신이라 좋은 배우자를 만나기도 어려웠을 것
이다.

인격이 자라는 곳,
'존중'이라는 이름의 행성

나 자존이가 나고 자란 이웃 행성의 이름을 아
직 밝히지 않은 것 같다. 지구와 달 사이에 놓인 우리 행성의 이름은 '존

중'이다. 존중 행성에서 대학을 졸업하고 지구로 이주한 나는 문화적 환경이 너무 달라 처음에는 적응하기 힘들었다. 처음 만나는 사람마다 "부모님은 뭐 하시느냐" "고향이 어디냐" "직업이 뭐냐" 등 비슷한 질문을 잇따라 퍼부었다. 여자를 만날 때도 고아라서 부모님이 싫어하신다며 이별을 통보받는 상황을 몇 번 겪었다.

부모님이 어린 시절에 돌아가신 것이 내 탓은 아니고, 성인이 된 사람들이 부모 뜻에 따라 교우관계나 이성 교제를 허락받는 것도 이상했다. 사는 곳이 아파트인지 오피스텔인지가 왜 궁금한지 알 수 없었다. 아파트 면적이나 전세인지 월세인지 묻는 질문에는 어떻게 대답해야 할지 난감했다. 존중 행성에서는 무례하게 느껴질 질문이 여기서는 당연한 듯했다.

존중 행성에서는 사람을 만나면 취미가 뭔지, 좋아하는 음식이 뭔지, 어떤 반려동물을 키우는지, 봉사활동하는 단체는 어딘지, 무슨 음악을 좋아하는지, 이번 여름에 휴가는 어디로 가는지 등을 묻는다. 부모님이 안 계시다고 하면 그냥 그런가 보다 하고 넘어갔고, 괜찮으면 이번 명절에 우리 집에 오라면서 여기저기서 초대하곤 했다. 그런데 지구 행성에서는 뭐랄까, 좀 불쌍하게 보는 분위기가 있었다. 연애 단계에서 교제까지 막을 줄은 몰랐다.

더 재미있는 게 있다. 현재 살고 있는 아파트가 땅값 비싼 동네에 있고, 30평대 자가 소유라고 하면 사람들의 시선이 달라졌다. 부모님에게 물려받은 유산이 좀 있었고, 대학생 시절에 친한 선배와 의기투합해 만든 게임이 성공해 또래에서는 만져보기 어려운 큰돈을 모을 수 있었다.

일부러 알린 적이 없는데 내가 존중 행성의 수도에 있는 명문 국립대 출신이고, 유명 게임 개발자라는 사실이 알려졌다. 한 직장 동료는 내가 결혼 상대로 상당히 괜찮은 스펙을 가진 편이라고 귀띔해주었다. 지구는 이상한 곳이다. 상품의 사양을 가리키는 '스펙'이란 단어를 어떻게 사람에게 갖다 붙일 수 있단 말인가.

회사 생활도 처음에는 힘들었다. 나잘난 부장님은 화낼 일이 아닌데도 자주 폭발해 소리를 질렀다. 뭘 잘못했는지도 모르지만 나잘난 부장을 잠재우기 위해 남들처럼 무조건 잘못했다고 말한 적도 몇 번 있었다.

무수리 씨는 좋은 사람인 것 같은데 뭔가 안타까웠다. 충분히 매력 있고 능력도 뛰어난데 항상 '귀찮은 일 안 만들기'를 추구했다. 적극적으로 회사에 공헌하고, 스스로 자아실현을 한다는 생각은 못 하는 사람 같았다. 존중 행성에는 이렇게 안일하고 무책임한 태도로 직장에 다니는 사람이 없다. 그래서 처음에는 좀 이상했지만 지금은 그러려니 한다.

나를 사랑하지 못하는 사람은 남도 사랑할 수 없다. 자기 존중의 가치를 실현하지 못하는 사람은 타인도 존중할 수 없다. 타인 존중의 가치가 지켜지지 않는 세상에서는 자존감이 중요한 가치로 인정받기 어렵다. 자존감이 높은 자존이 씨도 소리를 지르는 나잘난 부장에게 이유도 모른 채 잘못했다고 사과하곤 했다. 이런 회사에서 어떻게 자존감을 지킬 수 있겠는가.

물질적 가치가 팽배한 곳에서 정신적 가치를 고고히 지키며 홀로 살아가기란 쉽지 않다. 인간은 혼자 살아가기 어려운 사회적 존재이기 때문이다. 자존감의 요소 가운데 대인관계 능력을 우선으로 꼽는 이유도 이런 인간의 사회적 속성에 근거하기 때문이다.

존중 행성은 다르다. 어른이 아이를 존중하며 아이도 어른을 존중한다. 잘못을 꾸짖을 때도 행위가 기준이 될 뿐, 인간 자체에 대한 모욕은 없다. 아파트 면적이 사람을 평가하는 기준이 되지 못한다. 존중 행성에서는 '정의와 신뢰'라는 가치가 실현되고 있다. 인간의 존엄을 지킬 수 있고, 그 분위기 속에서 개인의 존엄과 품격이 보호된다.

내 인생의 주인공은 나다

복도에서 만난 무수리 씨가 자존이 씨에게 물어볼 게 있다며 친한 척을 했다. 얼마 전 나잘난 부장이 무수리 씨를 혼내면서 연필꽂이를 집어 던지려 한 적이 있었다. 사람들은 못 본 척했다. 그런데 자존이 씨가 달려나가 나잘난 부장의 팔을 잡아 말렸고, 그러던 와중에 그만 얼굴을 얻어맞고 말았다. 고개를 숙이고 모른 체하던 사람들이 그제야 나잘난 부장을 말리면서 사태는 진정되었다. 무수리 씨는 자존이 씨에게 고마움을 느꼈다. 이번 여름휴가에 1주일간 존중 행성 투어를 하기로 했다는 말과 함께 정식으로 고맙다는 인사를 건넸다. 그런데 그 말을 듣는 자존이 씨의 표정이 뭔가 묘하다.

아직 부족한
자기 존중의 감수성

'헉! 존중 행성에 가겠다고? 지구에서 살던 방식으로 존중 행성에 가는 건 쉽지 않은데…….' 300여 년 전쯤 존중 행성에 놀러 온 지구인이 있었다. 그런데 그 사람이 한차례 행패를 부리고 간 뒤, 존중 행성에서는 일정 테스트에 합격한 지구인만 존중 행성에 들여보냈다. 존중 행성 투어를 신청한 지구인 가운데 평균 10퍼센트 정도만 출입이 허락되는 수준이었다.

나잘난 부장님의 '연필꽂이 투척 사건' 이후 무수리 씨는 내 책상 위에 슬쩍 달콤한 커피를 올려놓곤 한다. 나잘난 부장님은 지구에서 태어난 걸 행운이라고 생각해야 한다. 존중 행성에서는 사람에게 물건을 던지는 행위는 범죄다. 설사 미수에 그친다 해도 징역 1개월을 선고받는다. 지구와 존중 행성의 법은 많이 다르다. 아무튼 오늘 퇴근하고 나서 무수리 씨를 만나 테스트 통과 비법을 알려주기로 했다.

업무가 끝나고 근처 호프집에서 무수리 씨와 만났다.

"무수리 선배님, 존중 행성에 가려면 테스트를 받아야 합니다. 그렇게 어렵지는 않아요. 높이 190센티미터에 둘레 100센티미터 정도 되는 캡슐에 들어가서 10분 정도 앉았다가 나오는 거예요."

"아, 저도 알아요. 존중 행성에 미세먼지가 심해서 그곳 환경을 견딜 만한 건강 상태인지 측정하는 거잖아요."

"꼭 그 이유만은 아니고요. 존중 행성에 입성할 수 있는 감수성도 함께 측정해요. 자기 존중과 타인 존중을 동시에 측정합니다. 자기 존중과 타인 존중 감수성이 모두 낮은 사람은 들어갈 수 없고요. 자기 존중 감수성만 떨어지는 경우라면 입국 보류 처분을 받습니다. 기분 나쁘게 듣지는 마세요. 제 생각에 선배님은 아마 입국 보류 처분을 받을 가능성이 큽니다. 그러니 이번 휴가 말고 내년에 가시는 게 어떨까요? 한 달 만에 자기 존중 감수성을 키우는 건 어렵습니다. 원하시면 제가 도와드릴게요. 대학 다닐 때 지구 이주를 고민하면서 자존감 코치 1급 자격증을 받았거든요. 어디 써먹을 데가 있을까 싶었는데 무수리 선배님을 도와드릴 수 있겠네요."

"자존이 씨, 고마워요. 그럼 1년 동안 자존감 높이는 연습을 해볼게요. 후배님, 잘 부탁드립니다."

여름이 지나고 가을이 되었다. 무수리 씨는 사촌언니 결혼식에 참석하라는 엄마의 연락을 받았다. 하지만 무수리 씨는 결혼식에 가기 싫다. 친척들은 마음에도 없으면서 무수리 씨의 결혼 문제를 걱정하는 척 한 입씩 보탤 것이고, 내 딸이 대기업에 다닌다는 엄마의 거짓말은 무수리 씨에게 또 한 번 자괴감을 안겨줄 것이다. 집에 돌아와서는 사촌들과 비교하면서 무수리 씨를 또 구박할 테고, 결국 "아이고, 딸 복 없는 내 팔자야"로 이어지는 레퍼토리가 지나갈 것이다.

그런데 자존감 코칭을 해주고 있는 자존이 씨가 무수리 씨를 말린다.

"결혼식에 가실 건가요?"

"안 가면 엄마가 뭐라 할 거예요. 친척들도 마찬가지일 거고요."

"뭐라 하시는데요?"

"친척들이 저는 왜 안 왔냐고 엄마에게 물을 거고 엄마는 나중에 저한테 온갖 성질을 부릴 거예요."

"어머님이 어떻게 성질을 부리시는데요?"

"잘하는 것도 없는 주제에 사촌 결혼식에는 왜 안 와서 나를 망신 주냐는 식이죠. 공부도 못하는 게 예의범절도 없다고 하겠죠."

"사촌 결혼식에 참석 안 하는 게 그리 예의에 어긋나는 행동인가요?"

"그렇지는 않아요. 그 사촌과 저는 서로 얼굴도 잘 몰라요. 제가 오든 말든 관심도 없을 거예요."

"어머니의 구박과 막말을 견디면서 친하지도 않은 사촌 결혼식에 가려는 이유가 저는 이해가 안 되네요."

"저는 엄마가 무서워요. 엄마가 화를 내면 또 때릴 것 같아 불안해져요. 그래서 어지간하면 엄마 비위를 맞추는 편이예요."

과거에서 벗어나 현재를 살라

자존감 낮은 사람이 자존감을 끌어 올리려면 먼

저 자신이 살아오면서 겪었던 감정, 이성, 행동의 정형화된 패턴을 깨뜨려야 한다. 무수리 씨에게는 반복되는 엄마와의 대인관계 패턴을 깨부술 용기가 필요하다.

무수리 씨와 나잘난 씨 모두 과거 부모에게 받은 상처가 현재 자존감을 키우는 데 걸림돌이다. 그들은 과거로 돌아가 다시 살 수 없다. 부모의 생각과 행동을 바꿀 수도 없다. 우리가 바꿀 수 있는 것은 나 자신뿐이다. 특히 현재를 살아가는 나 자신 말이다. 현재의 작은 변화는 나의 미래를 바꾸게 될 것이다. 마치 내 인생의 셀프 나비효과butterfly effect처럼 말이다.

심리학자 아들러는 '미움받을 용기'가 필요하다고 말했다. 성인이 된 뒤에도 엄마를 무서워하는 무수리 씨에게 자존이 씨는 조언 하나를 더 보탠다.

"먼저 타인과 세상을 보는 안경은 맑고 투명해야 합니다. 그동안 자신이 왜곡해놓은 필터를 끼고 세상을 봐서는 안 돼요. 자신만의 경험과 지식이라는 색을 입힌 안경을 쓴 채 세상은 위험한 곳, 타인은 못 믿을 사람이라고 판단해서는 안 돼요. 무수리 선배님은 아직도 어머니를 무서운 사람으로 인식하고 있잖아요. 그리고 또 하나. 지금 입고 있는 열등감의 갑옷이 너무 두꺼워요. 조금 가볍게 덜어내보세요. 물론 쉽지는 않아요. 무수리 선배님은 존재 그 자체로 충분히 가치가 있는 사람입니다. 이제 그만 과거의 상자에서 나오세요. 밖으로 나와 예전에 느끼지 못했던 주변을 둘러보세요. 길가에 핀 꽃이 눈에 들어올 거예요. 갓 구운 빵 냄새가 나는 카페에서 커피를 마시며 음악을 들어보는 건 어때요. 그동안 상자에 갇혀 보지 못했던 것들을 느껴보세요. 과거에서 벗어나 현재를 살아보세요."

결국 무수리 씨는 축의금만 보내고 사촌 결혼식에 참석하지 않았다. 예상했던 대로 엄마는 무수리 씨에게 전화를 걸어 한바탕 비난을 퍼부었다. 난생처음 해보는 반항이었는데 막상 해보니 별거 아닌 듯했다. 전화를 끊고 그냥 웃었다. 그리고 엄마에게 보내던 월급도 스스로 관리하기로 마음먹었다. 은행을 찾아가 재테크 관련 정보를 수집했다.

직장에서도 누군가 무리한 부탁을 해오면 '노'라고 대답하는 횟수가 늘어났다. 자존감을 되찾는 건 어렵고도 힘든 과정이었다. 그동안 무수리로 살았던 자신의 정체성을 파악하고, 이를 바꾸기 위해 과거와 다른 결정을 해야 했기 때문에 고통스럽고 불안한 적도 많았다. 그러나 필요한 과정이었다.

부모와 자식은 수직적 관계에서 벗어나 서로를 존중하는 수평적 관계에서 바라보고 재평가해야 한다. 그런 객관적 평가를 거쳐 부모와 자식 사이의 관계를 새롭게 정립해야 한다. 자상한 인품을 기대하기 어려운 부모라는 객관적 평가에 이른다면, 부모에게 사랑받으려고 노력하는 대신 상처받지 않을 만큼 거리를 두는 '건강한 냉정함'을 유지하는 것도 하나의 방법이 될 수 있다. 부모도 그렇게밖에 살 수 없었던 과거사를 지닌 또 다른 희생자일 수도 있다고 이해해보려는 관점도 필요하다.

궁극적으로 내 인생을 경영하는 최고경영자는 나다. 나를 이루는 여러 물리적 장치와 내적 감수성을 리셋하는 용기가 필요하다. 최근 무수리 씨는 '무열등감'으로 개명했고, 이름에 어울리게 살려고 노력하는 중이다.

나잘난 씨는 아내와 합의이혼에 실패하고, 현재 이혼소송 중이다. '나만 옳고 너는 틀렸다'는 나르시시스트적 태도는 가장 가까운 사람들을 힘들게 한다. 사실 나잘난 씨의 속마음은 '나도 틀리고 너도 틀리다'에 가깝다. 내가 나를 사랑하지 못하는 속마음을 감추기 위해 정반대 행동을 하게 되는 것이다. 이를 '반동형성reaction formation'이라고 한다. 그동안 솔직하지 못한 방어기제로 인간관계를 형성해온 나잘난 씨는 배려나 공감의 가치를 모르는 사람이 되었다. 자신과 가장 가까운 사람에게 상처를 줬으며, 결국 '나는 사랑받지 못한다. 나는 무능하다'라는 생각으로 본인의 정서적 갑옷을 더욱 두껍게 만들고 그 속에서 충실히 살게 된 것이다.

나잘난 씨는 자아성찰의 태도가 필요하다. 정신의학적 용어로 '병식insight'을 갖는 것이다. 병식은 '안in + 보다sight'로 이루어진 단어다. 내 안을 들여다본다는 의미다. 머리로 하는 지적 병식intellectual insight으로 시작해 가슴 절절히 느끼면서 나를 바꾸는 행동의 단계로 들어가는 감정적 병식emotional insight을 갖는 것이 수순이다. 그러나 나잘난 씨는 결국 이혼했다. 이혼 후 새 마음으로 새 출발하겠다며 '나만잘난'으로 개명했다.

오늘도 병원에는 또 다른 무수리 씨와 나잘난 씨가 진료를 기다리고 있다. 나는 그들에게 질문을 던진다.

"그래서 앞으로는 어떻게 살고 싶으신 거예요? 계속 부모를 원망하면서 과거에 사로잡혀 살고 싶으세요? 아니면 지금이라도 용기를 한번 내보시겠습니까? 세상에 단 한 권밖에 없는 내 인생이라는 책의 주인공이 되어 새로운 스토리텔링을 한번 만들어보시겠습니까?"

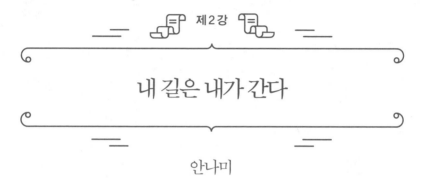

제2강

내 길은 내가 간다

안나미

수학과 과학을 좋아하는 한문학자. 10여 년의 방송작가 경력을 접고 성균관대에서 다시 공부를 시작해 한문학 박사를 마친 후 성균관대 초빙교수로 학생들을 가르치고 있다. 국립중앙도서관 고서해제위원으로 조선시대 과학, 수학, 천문학 등에 관련된 사료를 해석하고 있다. 저서로 《교양 있는 어린이를 위한 별자리와 우리 천문학의 역사》가 있고, 역서로 조선시대 천문 기록인 《성변측후단자》(강희 3년, 강희 7년, 순치 18년), 조선시대 수학서인 《국역 주서관견》 등이 있다.

스스로 아웃사이더가 되다

전쟁과 당쟁으로 어지러웠던 조선 후기. 선비들은 불운이 다가와도 쉽게 좌절하지 않았다. 일찍이 수준 높은 학문의 경지에 올라 천재적인 실력을 갖추고 있으면서도 뜻을 꺾지 않기 위해 일체의 타협을 거부하고 스스로를 돌보며 삶을 영위해나갔다. 어려운 처지에 놓일수록 세상과 타협하지 않고 마음먹은 대로 자신의 길을 걸었다. 선비들의 당당한 기개는 어디서 나오는 것일까.

굽혀야 한다면
타협하지 않겠다

권필이 친척집에 가서 술을 마시고 고주망태가 되어 드러누워 있는데 마침 유희분이 찾아왔다. 주인이 권필을 툭툭 차면서 "문창 대감

이 왔소" 하니 권필이 눈을 부릅뜨고 한참을 쳐다보다가 "네가 유
희분인가. 네가 부귀를 누리면서 국사를 이 지경에 이르게 하였느
냐. 나라가 망하면 네 집도 망할 것이니 도끼가 네 목에는 이르지
않겠느냐" 하였다. 유희분은 기가 막혀 말을 더 잇지 못하고 돌아
가버렸다.

정재륜이 궁중이나 항간에서 일어난 일을 듣고 본 대로 적은 책 《공사
문견록公私聞見錄》에 나오는 이야기의 한 대목이다. 유희분은 광해군의 처
남으로 당시 세도가였던 광창부원군 이이첨, 밀창부원군 박승종과 함께
'삼창三昌'이라고 불렀다. 외척 세력을 대표한 권세가로 유명한 인물이다.
인목대비를 폐위하려 했고 임해군, 영창대군, 능창대군 등을 무고해 죽
이는 데 가담했다. 그 공으로 문창부원군이라는 작위를 받아 '문창 대감'
이라고 불린 것이다.

권필이 어떤 지위에 있었기에 권세 등등한 세도가를 함부로 대하는 것
일까. 권필은 대학자 권근의 6대손이며, 그의 집안은 학문과 문장으로 이
름을 날린 명문가였다. 권필 스스로도 선대의 자취와 가문의 영예를 실
추시키지 않겠다고 다짐할 정도였다. 권필은 어려서부터 영특해 9세에
글을 지을 줄 알았다. 당시 문인들은 권필의 시를 두고 백 년 이래 없던
명문장이라고 극찬하기도 했다.

권필은 1587년 19세에 초시에서 장원을 하고, 복시에서도 장원을 했
다. 그러나 글자 한 자를 잘못 쓴 게 밝혀져 합격이 취소되었다. 이후 권

필은 다시는 과거시험을 보지 않았다. 초시와 복시에 연이어 합격하는 것도 쉬운 일이 아니다. 하물며 연속으로 장원을 했는데도 과거시험을 포기했다니 믿기 어려운 일이다.

권필이 과거를 포기한 이유는 1591년 왕세자 책봉을 둘러싸고 일어난 신묘당사辛卯黨事*와 관련이 있다. 《조선왕조실록》 광해 4년 4월 기사에 따르면, 권필이 "신묘당사 이후로는 세상일에 뜻이 없어 과거에 나아가지도 않고 산해山海 간을 떠돌며 시와 술로써 스스로 즐겼다"라고 했다.

불의를 보고 참지 못하는 강직한 성품 탓에 의롭지 못한 세상에서 굳이 벼슬길에 오르고 싶지 않았던 것이다. 권필은 평생 벼슬하지 않고 꼿꼿하게 살면서 당시의 세도가들에게 비굴하게 굽히지 않았다. 추측하건대 권세가에게 비굴하지 않으려면 그 권력의 내부에 있어서는 안 되었고, 그래서 벼슬길을 포기한 게 아닐까.

당시 유희분과 함께 최고의 권력을 휘둘렀던 인물이 이이첨이다. 이이첨은 권필과 간절히 교제하고 싶었으나, 권필은 그의 청을 거절하고 절대 만나주지 않았다. 하루는 다른 사람의 집에 있다가 이이첨이 오는 것을 보고는 갑자기 담을 뛰어넘어 피했는데, 이 소식이 이이첨의 귀에 들

---

* 1591년 선조에게 왕세자의 책봉을 건의할 때 이산해가 선조의 총애를 입은 김빈의 오빠 김공량과 결탁해 정철 등을 모함해 정철이 파직당하고 유배를 가게 되었다. 선조 22년(1589)에 정철이 정여립의 모반 사건으로 야기된 기축옥사 때 동인을 박해했는데, 이에 원한을 품은 동인이 서인에 대해 보복과 반격의 수단으로 신묘당사를 이용했다.

어간 뒤 이이첨은 권필에게 원한을 품었다고 한다.

세도가 이이첨이 벼슬도 없는 권필과 사귀고자 한 이유는 무엇일까? 선조 시기에는 문학이 크게 융성해 목릉성세穆陵盛世*라 했다. 권필은 이 시기에 이안눌과 함께 시의 양대 산맥으로 불렸다. 전국적으로 명성이 자자했다. 이이첨은 당대 최고의 시인 권필을 사모해 친하게 지내고 싶어 한 것이다. 그러나 권필은 그의 청을 단호히 거절했다. 출세를 위해 힘 있는 사람과 친해지고 싶어 하는 사람들이 보면 도저히 이해할 수 없는 일이다.

1601년 겨울에 중국 사신 고천준과 최정건이 조선을 방문했을 때 원접사 이정귀가 권필을 제술관으로 추천했다. 중국 사신 고천준이 워낙 유명한 문인이었기 때문에 조선에서도 이에 버금가는 뛰어난 문인을 내세워 사신단을 맞이하기 위해서였다. 그러나 이정귀의 적극 추천에도 불구하고 벼슬 없는 권필이 제술관이 되는 건 쉽지 않았다. 권필을 제술관으로 뽑기 위해 이정귀는 권필의 시를 모아 선조에게 바쳤다. 그의 시를 본 선조가 크게 칭찬하고는 순릉참봉이라는 벼슬을 주어 제술관직을 맡게 했다. 하지만 권필은 이마저 거절하고, 아무 벼슬 없이 제술관을 맡아 업무를 수행했다. 일평생 벼슬하지 않겠다는 의지를 강력하게 드러

---

* 목릉은 선조를 말한다. 조선시대를 통틀어 선조 대에 문학이 가장 융성했는데 이 시기를 '목릉성세'라고 부른다. 한문사대가인 이정귀, 신흠, 장유, 이식을 비롯해 이항복, 이덕형, 차천로, 권필, 이안눌 등의 문인들이 활약했던 시기다.

낸 셈이다.

한번은 예조판서 이정귀가 권필의 궁핍한 살림살이를 걱정해 아이들을 가르치는 동몽교관에 추천했지만, 옷을 갖춰 입고 예조에 나아가 절차를 밟아야 한다는 애기를 듣고 또 거절했다. 약간의 곡식을 얻기 위해 허리를 굽히는 것은 자신의 뜻이 아니라고 하며 강화도로 들어가 초당을 짓고 글을 가르치며 살았다. 이정귀뿐만 아니라 윤근수 등 높은 자리에 있는 사람들이 권필의 재능을 아깝게 여겨 여러 차례 벼슬을 권했지만, 권필은 끝내 거절하고 아예 문밖으로 나오지 않은 채 세상과 절교했다.

뜻을 세우고
길을 가다

세상과 절교하고 지냈지만, 권필은 그저 은둔하고 소일한 것이 아니라 많은 유생을 가르치고 작품을 썼다. 문인으로서 자신의 위치를 굳건히 한 것이다. 세상과 아주 조금만 타협하면 훨씬 편한 삶을 살 수 있었겠지만, 그건 권필이 추구하는 인생이 아니었다. 그래서 털끝만큼의 타협도 없이 자신의 의지대로 자신의 길을 갔다.

권필이 과거도 보지 않고 벼슬도 하지 않으려 한 데는 이유가 있다. 광해군 3년(1611)에 별시문과에 응시했던 임숙영이 당시 정사를 풍자하고 비판하는 대책문을 써서 합격했다. 그런데 광해군이 이를 괘씸하게 여겨 합격자 명단에서 임숙영의 이름을 빼라고 지시했다. 이를 부당하게 여긴 권필은 〈임숙영의 삭과 소식을 듣고^{聞任叔英削科}〉라는 시를 지었다.

궁궐 버들 푸르고 꽃은 어지러이 나는데	宮柳靑靑花亂飛
성안 가득 벼슬아치들 봄볕에 아양 떤다	滿城冠蓋媚春暉
조정에서는 다 같이 태평성대 축하하거늘	朝家共賀昇平樂
누가 벼슬 없는 선비에게서 위태로운 말 나오게 했나	誰遣危言出布衣

　여기에서 궁궐 버들^{宮柳}의 '유^柳'가 임금의 처남 유희분을 지적한 거라는 말이 돌기 시작했다. 강개한 성품을 지닌 권필이 당시 정치를 어지럽히는 외척 세력의 전횡을 풍자하고 비판한 것이라는 말이 돌았지만 당시에는 무사히 넘어갔다.

　1612년 2월에 김직재의 무옥^{誣獄}이 일어났다. 권필은 이 옥사와 관계가 없었지만 사건에 연루된 조수륜의 문서 상자에서 이 시가 발견되었다. 평소 권필에게 원한을 품었던 이이첨은 일을 크게 벌여 권필을 벌하게 만들었다. 좌의정 이항복이 직접 심문에 나선 광해군에게 종일 몇 번이나 울며 간청한 덕분에 권필은 경원으로 유배 가는 정도로 형을 덜었다.

　심한 고문으로 들것에 실려 유배길을 나선 권필은 동대문 밖 민가에 머물렀는데, 사람들이 권하는 막걸리를 마시고 장독이 솟구쳐 그만 세상을 떠나고 말았다. 주인이 집의 문짝을 떼어 시신을 눕혔는데, 문짝 위에 이런 시가 있었다고 한다.

그대에게 다시 술 한 잔을 권하니	勸君更進一盃酒
술이 유령劉伶*의 무덤 위 흙에 이르지 않네	酒不到劉伶墳上土
3월은 거의 다 가고 4월이 오는데	三月將盡四月來
복사꽃 어지러이 떨어져 붉은 비 같네	桃花亂落如紅雨

시의 마지막 구절처럼 그때 민가 담장 밖에는 복사꽃이 반쯤 떨어졌다고 한다. 이튿날 권필의 죽음을 전해들은 광해군은 "하룻밤 사이에 어찌 갑자기 죽었는가"라고 물으며 얼굴에는 후회하는 기색이 역력했다고 한다. 이항복은 늘 "우리가 정승 자리에 있으면서 권필 한 사람을 살리지 못했다"고 가슴 아파했다고 한다.

타고난 문학적 재능을 불의에 저항하는 데 쓴 권필. 작은 벼슬조차 하지 않으려고 세상과 인연을 끊고 지냈으면서도 결국 자신의 시로 삶의 마지막을 재촉했다. 그렇지만 권필이 지금 다시 살아난다 해도 다르게 살 것 같지는 않다. 그에게 시란 글재주를 뽐내는 수단이 아니라 불의에 맞서 세상을 정의롭게 만드는 원천이었을 테니.

---

* 유령은 진晉나라 죽림칠현의 한 사람이다. 술을 좋아하여 언제나 술병을 차고 다니면서 종자에게 삽을 메고 자기 뒤를 따라오게 하며 자기가 죽으면 바로 묻어달라고 부탁했다. 유령이 한번 술을 마시면 한 섬이요, 해장할 땐 다섯 말의 술을 마셨다는 '오두해정五斗解醒'의 고사가 있다.

일생을 추위에 떨어도 향기를 팔지 않는다

산촌에 눈이 오니 돌길이 묻혔구나

사립문 열지 마라, 날 찾을 이 뉘 있으리

밤중의 한 조각 밝은 달이 그 벗인가 하노라

고등학교 국어 교과서에 나오는 이 시조는 신흠의 작품이다. 1613년 인목대비 폐위 사건인 계축옥사로 벼슬에서 물러나 1614년 고향 춘천에 유배되었을 때 지은 시조다. 산골에 눈이 와 길마저 사라졌는데 사립문까지 닫아걸고 아무도 만나지 않으면서 오직 밤하늘의 달을 친구 삼겠다는 심정이 그려져 있다. 철저하게 혼자 있고 싶어 하는 마음을 읽을 수 있다.

억울한 심정 떨치고 있는 그대로 누리다

　　조선시대 한문사대가의 한 사람인 신흠은 문장으로 이름을 날렸다. 어릴 때부터 글을 잘 지어 13세 때는 신흠의 글을 본 유성룡이 직접 그를 찾아올 정도였다. 21세에 문과에 급제해 일찍 벼슬길에 올랐고, 장남 신익성이 선조의 부마가 되었다. 명문가 출신에 이른 나이의 문과 급제, 출중한 실력, 그리고 왕실의 인척까지 되었는데 신흠은 어쩌다 유배를 가게 되었을까.

　　1607년 선조가 세상을 떠나면서 신임하던 신하 일곱에게 영창대군을 부탁했는데, 신흠이 그 유교칠신遺敎七臣의 한 사람이다. 선조가 신흠을 얼마나 특별하게 신임했는지 알 수 있다. 1608년 10월 대사헌이 되었을 때 임해군의 옥사獄事가 일어나자 신흠은 계속 사직을 청했다. 11월에 광해군이 "이같이 연거푸 사직을 청하니 그 직책을 다른 사람으로 바꾸도록 하라" 하여 결국 대사헌을 사임하게 되었다. 이 일로 광해군에게 미움을 사게 되었다고 한다.

　　그러다 1613년에 계축옥사가 일어나자 이에 연루되어 조사를 받았다. 아무 죄가 밝혀지지 않아 벌은 면할 수 있었지만, 벼슬을 빼앗긴 채 김포로 가게 되었다. 이때 신흠은 "20년 동안 근신해온 사람으로서 이런 오명을 입었으니 차라리 가혹한 형벌을 받고 죽고 싶다"라고 했다. 신흠은 아들이 부마였기 때문에 더욱더 조심하며 살았다. 지나칠 정도로 조심하고 청렴하게 살았던 그가 억울하게 관직을 박탈당하고 쫓겨난 것이다. 얼마나 억울했으면 차라리 혹독한 형벌을 받아 죽고 싶다고 했을까. 이름을 더럽히느니 죽음을 택하겠다는 심정이었을 것이다.

신흠은 서울을 떠나 김포에 있는 농장에서 지내면서 '하루암阿陋菴'이라는 편액을 걸었다. 이듬해에 동자산 아래 집을 지었을 때는 건물 용도에 따라 '감지와坎止窩' '수심당睡心堂' '해월헌海月軒' '초연재超然齋'라는 이름을 붙이고 각각 그에 관한 글을 지었다. 어찌 누추하겠느냐는 '하루', 구덩이에 물이 쉬고 있는 상태의 '감지', 현실에 아랑곳하지 않고 의젓하다는 '초연' 등 자신이 머물러 사는 곳에 자신의 마음가짐으로 이름을 붙여놓은 것이다.

높은 벼슬에 올라 영화롭게 살아도 벼슬 밖에서 초연하고
속박 속에 곤욕을 당해도 속박 가운데서 초연하고
생사에 위협을 느껴도 생사의 갈림길에서 초연하고
초야로 내쫓겨도 초야에서 초연하므로
사물이 얽어매지 못하고 사람들이 훼손하지 못한다.
주어진 천명에 만족하며 즐겁게 지내므로
몸은 어려움 속에 좌절하지만 도는 트여 있다.
이것은 옛날 대인들의 행실이었는데,
이렇게 해보려고 힘쓴 자는 이 집 주인 늙은이다.

이 글은 신흠이 초연재를 짓고 쓴 〈초연재설超然齋說〉이다. 신흠은 모든 일에 초연하다면 무엇도 자신을 얽어매지 못하고 누구도 훼손하지 못할 거라 믿었다. 스스로 어려운 시간을 받아들이며 즐겁게 지내려고 했다. 또 감지정을 짓고 쓴 〈감지정 상량문〉에서도 "욕심 없이 보아 이미 만물의 묘리를 다 알고, 액운을 만나서 머물러 마침내 한 골짜기에 노닐자던 맹서를 이행했다. 현실에 완전히 만족하면 어디에 처한들 무엇이 누추할 것인가"라며 자신의 현실을 부정하거나 탓하지 않았다.

천년 늙은 오동나무
곡조를 간직하듯

김포에서 보낸 곤궁한 시간에 책을 읽고 철학하며 유유자적하게 지낸 신흠은 '방옹放翁'이라는 호를 쓰기 시작했다. '쫓겨난 늙은이'라는 뜻인데 스스로 늙고 병들어 그렇게 부른 것이라고 했다. 관직을 삭탈당하고 김포에서 3년 동안 문을 닫아걸고 칩거생활을 했지만, 1616년에 이이첨 등이 유교칠신에게 죄를 더하자고 하여 다시 춘천으로 유배되었고 거기서 5년을 지냈다.

공주를 며느리로 들일 때도 집이 좁고 누추했지만 예를 행하기에는 충분하다며 기둥 하나 바꾸지 않고 평생을 청렴하게 살았던 신흠. 특히 아들이 부마가 되고서는 매사에 더욱 신중하게 얼음판을 걷듯 했지만, 화를 면할 수는 없었다.

이런 지경에 이르면 누구나 억울함을 호소하고 화병이 들거나 현실을 외면했겠지만, 신흠은 김포와 춘천에 머물던 시기에 찾아오는 선비들을 마다하고 문을 닫아걸고 혼자 지내며 고전을 읽었다. 《주역》《장자》《노자》 등을 읽고 《황극경세서^{皇極經世書}》를 다시 연구했다. 어려운 처지에 있지만 어떻게 살아야 하는지를 고민했다. 이 시기에 오히려 학문에 열중하고 문학에 빠졌다.

신흠이 쫓겨나 있던 시기에 큰딸이 죽고 큰누님마저 세상을 떠났다. 친하게 지내던 친구들이 모두 유배를 간 상황이었다. 특히 지기였던 이항복이 유배지에서 세상을 떠나자 더 이상 자기를 알아주는 이 없음을 슬퍼하며 세상에 대한 뜻이 없어졌다고 고백했다. 그러면서 "서책이라면 보지 않은 것이 없고, 서책 이외에는 아무 데도 마음을 쓰지 않았으니 온종일 초연하게 지냈으므로 속된 일이 감히 범접하지 못했다"라고 했다.

이정귀는 신흠을 기리는 신도비명에 "맑고 높은 그 명망, 한 시대의 모범이었지. 중간에 화를 당했지만, 고달픈 처지에서 더욱 형통했고, 스스로 시서를 즐겨 명성 크게 떨쳤다오"라고 썼다. 신흠은 그렇게 고달픈 처지에서 오히려 학문을 깊게 탐구하고 문학에 힘써 이때 가장 왕성한 저술활동을 했다.

오동은 천년을 늙어도 늘 그 곡조를 간직하고 　　　桐千年老恒藏曲
매화는 일생을 추워도 향기를 팔지 않는다 　　　　梅一生寒不賣香

달은 천번을 이지러져도 그 본질은 남아 있고　　　月到千虧餘本質

버드나무는 백번을 꺾여도 다시 새 가지가 나온다　柳經百別又新枝

　신흠이 쫓겨나 있던 시절에 쓴 글을 모은 책《야언野言》에 나오는 시다.
악기를 만드는 오동나무는 언제나 그 곡조를 간직하는 법이고, 일평생
추운 겨울에만 꽃을 피우는 매화는 향기를 팔지 않는다. 이 시에는 어떤
고난 속에서도 자신의 본질을 지키겠다는 의지가 분명히 드러난다. 달이
천번을 이지러지고 버드나무가 백번을 꺾이는 좌절을 겪더라도 신흠은
자신을 새롭게 일으켜 세웠다. 유배가 끝난 뒤 국가의 정무와 학문에 힘
썼으며, 나중에 영의정 자리까지 올랐다.

　힘든 시간 동안 자신을 성찰하며 학문과 문학에서 큰 업적을 이루어낸
신흠. 불운에 좌절하지 않으며 자신을 보살핀 그의 불행 극복 방법을 배
워두면 인생의 춥고 긴 겨울도 슬기롭게 이겨낼 수 있지 않을까.

홀로 빈 방을 지키리

"나는 혼자다. 요즈음 선비를 보면 나처럼 혼자인 사람이 있는가? 혼자서 세상을 살아가니 교제하는 법도가 어찌 한쪽에 구속되겠는가. 한쪽에 구속되지 않아 넷이 되든 다섯이 되든 모두 나의 벗이니, 나의 교제의 폭이 넓어지지 않겠는가. 그 차가움이 얼음 같더라도 나는 떨지 않고 그 뜨거움이 땅을 태울지라도 나는 타지 않는다. 옳은 것도 그른 것도 없이 오직 내 마음을 따르니 내 마음이 돌아가는 곳은 오직 임금 한 사람뿐이다. 그러니 내 거취가 느긋하게 여유가 있지 않겠는가."

이 글은 우리나라 최초의 야담집 《어우야담於于野談》을 지은 유몽인이 1604년 세자 책봉 주청사가 되어 북경으로 떠나는 이정귀를 배웅하면서 쓴 편지의 일부다. 어느 쪽에도 구속되지 않으며 마음 가는 대로 혼자이고 싶었던 유몽인의 심정이 잘 나타나 있다. 그런데 유몽인은 외교 업무를 위해 북경으로 떠나는 친구에게 왜 이런 내용의 편지를 쓴 걸가.

함께 떡을 다투지 않겠노라

　　　　　　　　　　유몽인이 살았던 시기에는 당파 싸움이 극심했다. 동인과 서인으로 나누어지고, 또 동인은 남인과 북인으로 나누어지고, 북인은 다시 대북과 소북으로 나누어졌다. 광해군이 즉위하면서 대북파가 정권을 잡았는데, 유몽인은 당시 북인에 속했지만 어느 당파의 입장에도 서지 않았다. 유몽인과 이정귀는 성균관 시절을 함께 보낸 사이로, 서인에 속한 이정귀에게 북인이든 서인이든 따지지 않고 당파의 속박에서 벗어나고 싶어 했던 자신의 마음을 표현한 것이다.

　유몽인은 1582년에 진사가 되고, 1589년 31세 되던 해에 증광 문과에서 초시·복시·전시에 모두 장원으로 합격해 삼장 장원으로 화려하게 등장하면서 이름을 날렸다. 그의 글을 보고 당시 대제학이었던 노수신, 유성룡 등이 "지난 백 년 동안 우리나라에 없던 훌륭한 문장"이라 극찬했다. 유몽인은 "나 같은 사람은 덕행이 다른 사람만 못하고, 지혜가 다른 사람만 못하며, 총명도 다른 사람만 못하지만, 오직 문장에 있어서는 고인에 뒤지지 않습니다"라고 할 정도로 문장가로서 자부심이 대단했다. 예문관 검열로 관직생활을 시작해 예문관, 홍문관, 제술문관 등 문학 관련 관직을 두루 거칠 만큼 문장가로 활약했다.

1608년 1월 28일, 유몽인은 도승지에 임명되었다. 하지만 이틀이 지난 2월 1일 선조가 세상을 떠나자 뒤이어 광해군이 즉위한 후 사헌부의 탄핵을 받은 유몽인은 12일 만에 파직당한다. 선조가 영창대군을 보호해달라고 남긴 교서를 도승지 유몽인이 일곱 명의 대신에게 전달했다는 이유에서였다.

이때 유몽인은 잠시 남산에 머물며 1609년 4월까지 관직을 얻지 못하다가 1612년 4월에 예조참판에 임명되었고 이후 대사간과 이조참판까지 지냈다. 유몽인은 고위 관직에 있으면 엮일 수밖에 없는 당파 문제로 괴로워했다. 그러다가 인목대비 폐위론이 나오자 이를 반대하고 열 차례나 사직 상소를 올렸다. 그리고 1618년 봄, 안처인의 무고로 일어난 옥사에 대해 〈백주시柏舟詩〉를 지었는데, 이 시화詩禍로 파직을 당하고 만다.

유몽인은 관직에서 쫓겨나 1618년부터 1621년까지 서강의 와우산과 도봉산 등지에 머무르다 1622년부터는 내내 금강산에 있었다. 북인에 속하면서도 북인이 정권을 잡은 시절에 되레 파직을 당하고 세상과 인연을 끊고 살았다.

한번은 이정귀가 유몽인을 대제학에 추천했지만 단칼에 거절했다. "열정승이 대제학 하나만 못하다" "대제학 자리는 영의정과도 바꾸지 않는다"라고 할 만큼 최고의 명예를 상징하는 게 대제학이다. 학문과 문장, 인품을 모두 갖춘 사람만이 대제학 자리에 오를 수 있는데, 문인이라면 누구나 오르고 싶어 한 자리였지만, 유몽인은 거절했다.

"입 다물고 지낸 지 4년이 지났습니다. 지난해 흉년이 들어 아이들이 떡을 두고 다투다가 집으로 돌아와 살펴보니 코풀 덩어리였다고 합니다. 저는 강호에 있으면서 일없이 한가해 지난해에는 《좌전》을 읽고 올해는 두보의 시를 읽고 있습니다. 노년의 동반자로 이렇게 여생을 보내면 족합니다. 여러 아이들과 더불어 코풀 덩어리에 불과한 떡을 다투는 것은 원하는 바가 아닙니다."

유몽인이 이정귀에게 보낸 편지의 일부다. 대제학 자리를 코풀 덩어리에 비유하며 다투기를 원하지 않는다고 했다. 스스로 최고의 문장가로 자부했던 사람이지만, 최고의 자리인 대제학을 코풀 덩어리로 치부해 거절하면서까지 당시 정치에 염증을 나타냈다.

비겁하지 않게
죽음마저 당당하게

유몽인은 서호에 은거하며 다양한 분야의 책을 읽고 문집 80여 권과 《어우야담》 등 방대한 분량의 저작을 남겼다. 삼장원으로 화려하게 정계에 진출한 뒤 임진왜란을 겪으면서 민생을 돌아보고 세 번의 연행을 다녀올 정도로 외교 업무에도 뛰어났던 유몽인은 스스로 세상을 버리고 자신만의 길을 걸었다. 한쪽에 치우치지 않는 다양한 독서 편력으로 시와 문장, 학문은 물론이고 야담에 이르기까지 여러 방면에 걸쳐 관심을 두었다. 세상의 혼탁함과 격랑에 흔들리지 않고 자신만의 길을 걸어간 것이다.

유몽인은 1622년 금강산에 들어가 지냈는데, 그로부터 1년 뒤인 1623년에 서인이 주도한 인조반정이 일어났다.

일흔의 늙은 과부	七十老孀婦
단정히 빈 방을 지키고 있네	端居守空壺
옆 사람은 시집가라 권하는데	傍人勸之嫁
남자 얼굴이 무궁화처럼 잘생겼다네	善男顏如槿
어사의 시를 자주 익혀 외워서	慣誦女史詩
아녀자의 교훈을 조금은 알고 있으니	猶知妊姸訓
흰머리에 젊은 태도 꾸민다면	白首作春卷
어찌 연지분이 부끄럽지 않으랴	寧不愧脂粉

이 시의 제목은 〈상부사孀婦詞〉다. '상부'는 과부라는 뜻인데, 여기서는 70세의 과부가 무궁화처럼 잘생긴 남자에게 새로 시집갈 수 없다는 의미다. 젊은 나이도 아닌 일흔의 나이에 새신랑을 만나는 것이 무슨 의미가 있겠는가. 그저 혼자 단정히 빈 방을 지키고 있겠다고 한다. 비록 광해군이 실각했어도 그를 섬겼던 신하로서 도리를 다하고 지조를 지키고 싶어 새로운 정권에 몸담지 않겠다는 의지를 표현한 것이다.

유몽인은 북인이면서도 광해군 정권에서 벼슬을 빼앗겼다. 하지만 인조 정권에서 벼슬을 주겠다고 했고, 이를 거절해 결국 광해군 복위 계획에 가담했다는 무고에 얽혀 목숨을 잃는다. 광해군의 실정을 비판한 유몽인이 광해군을 위해 목숨을 바친 것이다. 유몽인은 국문을 당하면서 "내가 전에 〈상부사〉를 지어 내 뜻을 표현했는데, 이게 죄가 된다면 죽어도 할 말이 없다"라고 잘라 말했다. 그리고 〈상부사〉를 읊었다고 한다.

온건파인 이원익을 포함해 여러 대신이 그를 살려주자고 했지만, 만약 광해군이 복위하게 되면 훗날 자신들의 목숨이 위험할 수 있다는 강경파의 반대 논리에 부딪혀 유몽인은 그해 8월 5일 죽음을 맞이한다. 아이러니하게도 유몽인은 후대에 와서 광해군을 위해 절개와 의리를 지킨 유일한 신하라는 평을 받고 있다.

유몽인이 죽음에 이른 결정적 이유는 역모 자체가 아니라 〈상부사〉라는 시 한 편 때문이었다는 평가도 있다. 스스로 최고의 문장가로 자부하던 유몽인은 글로 자신의 삶을 화려하게 시작했고, 많은 작품을 남기며 이름을 알렸으나 시 한 편으로 생을 마감했다. 유몽인이 죽고 171년이 지난 1794년이 되어서야 마침내 정조가 그의 억울함을 풀어주게 된다.

나는 조선시대 문인 중에 유몽인을 가장 좋아한다. 내가 유몽인을 좋아하는 이유는 그의 작품 세계보다 삶을 대하는 자세에 있다. 혼란의 시대를 살면서 명예와 이익에 매달리지 않고 자신이 가야 할 길을 뚜벅뚜벅 걸어간 유몽인. 한순간도 비겁하지 않았던 천재 유몽인의 삶이 주는 울림이 작품보다 더 강하게 마음을 움직인 까닭이다.

천지에 진 빚을 갚으며

"내가 태어난 후 지금까지 44번의 추위와 더위를 겪으면서 1만 7천 300여 일을 살았다. 겨울이면 솜옷을 입고 여름이면 갈포 입는 것을 빼먹은 적이 없으며, 두꺼운 가죽옷을 입고 화려한 비단옷을 걸친 적 도 있었다. 아침에는 아침밥을 먹고 저녁에는 저녁밥 먹는 것도 빼 먹은 적이 없을 뿐 아니라, 산해진미를 한 상 가득 차려놓고 먹은 적 도 있었다. 이런 것을 조금씩 모으고 쌓으면 어찌 천千이나 만萬으로 헤아릴 뿐이겠는가? 하지만 나는 쟁기와 호미를 잡아본 적이 없고, 내 아내는 누에고치를 키우고 길쌈하는 방법을 모른다. 대관절 그 물건이 모두 어디서 나왔는가?"

맛있는 음식을 먹고 좋은 옷을 입으며 사는 동안 농사를 지어본 적도 없고 옷감을 짜본 적도 없다고 말하는 솔직한 한 남자의 고백이며 반성 이다. 가난한 생활을 꾸려가느라 고생하고 있다며 친구가 걱정하자 그는 이와 같이 말하며 반성했다. 그는 누구일까. 산해진미에 비단옷을 입었다고 하니 평민은 아닐 듯하다.

먹고 입는 일을 소홀했던 과거에 정면으로 맞서다

그는 조선 후기 실학자이며 농업 기술과 방법을 비롯해 다양한 생활 정보를 담은 백과전서 《임원경제지林園經濟志》를 지은 서유구다. 서유구의 집안은 서울의 소론 명문가로 할아버지 서명응은 대제학을 지낸 대학자였다. 정조 대에 규장각을 창설할 때도 기여한 인물이었다. 아버지 서호수는 이조판서로 《해동농서海東農書》를 저술하기도 했다. 중앙 핵심 관직에 진출한 대표적인 문벌가 집안에서 태어난 서유구는 1790년 문과에 급제하면서 전도유망한 인재로 승승장구했다.

하지만 1806년 작은아버지 서형수가 김달순 옥사에 연루되면서 서유구의 집안은 순식간에 몰락했고, 서유구도 관직에서 물러났다. 이때 서유구는 시골에 내려가 직접 농사를 지으며 태어나 처음으로 가난이라는 것이 무엇인지 몸소 느꼈다. 그의 나이 42세에 일어난 일이다.

한번은 한겨울에 땔감이 없어 온 가족이 추위에 떨자 시종에게 나무를 해오라고 했다. 시종이 남의 산에 몰래 들어가 나뭇가지를 주워 오는 일도 있었다. 달팽이집 같은 작은 집에서 어렵게 생계를 꾸려나가는 모습을 본 동생이 마음 아파하자 서유구는 "내가 이제 오늘의 거친 밥을 가지고 속죄하여 빚을 줄이고 수명을 연장할 수 있겠다고 생각하던 참인데, 자네는 도리어 근심으로 여긴단 말인가"라면서 자신의 가난을 담담하게 받아들였다.

관직에서 쫓겨나 가난한 시골 생활을 하게 된 현실을 비관하지 않고, 농사 한 번 짓지 않으면서도 호의호식하며 풍족하게 지냈던 지난날을 반성하고 속죄하는 길이라 여긴 것이다. 가난한 지금의 생활이야말로 밥값 못 한 삶을 속죄하고 수명을 연장하는 길이라고 말하면서 스스로 먹고사는 삶의 중요성을 강조했다.

"지금 온 천하의 물건 중에 우주를 통틀어 그리고 예로부터 지금까지 단 하루라도 없어서는 안 되는 가장 중요한 것이 무엇인가. 곡식이다. 지금 온 천하의 일 가운데 우주를 통틀어 그리고 예로부터 지금까지 신분이 높든 낮든 지혜롭든 어리석든 단 하루라도 몰라서는 안 되는 것 중에 무엇이 가장 중요한가? 농사다.

내가 늘 괴이하게 여기는 일이 있다. 세상 사람들은 맹자의 '남을 다스린다'느니 '남의 다스림을 받는다'라는 글을 잘못 이해해 천시天時를 이용하고 지리地利를 따르는 일을 모두 어리석은 농부에게 맡긴다. 농부가 대충대충 일한 소출을 가만히 앉아 보답으로 받을 뿐 그 속을 제대로 살피지 않는다. 이는 맹자가 남을 다스린다고 말한 것이 바로 부지런히 농사에 힘쓰는 방법으로 다스리는 것임을 도무지 모르는 처사다."

이 글은 서유구가 《행포지杏蒲志》의 서문에 쓴 글의 일부다. 서유구는 여기서 우아하게 앉아 무위도식하고 처자식을 굶기고도 부끄러운 줄 모르는 양반들, 농사일을 무시하는 양반들의 태도를 비판하고 농업의 중요성을 강조했다.

서유구는 벼슬에서 물러나 있는 20년간 직접 농사를 지으며 생활인으로서 자신의 삶을 책임졌다. 서울의 명문가 자제로 풍족함을 누렸으면서도 서울 양반들이 농민의 피땀으로 호의호식하는 삶의 방식을 뼈아프게 반성한 것이다.

양반으로 하늘과 땅에 빚을 지고 살았으니 이제 속죄할 길은 가난한 생활을 감수하는 것이라 여겼다. 이뿐만 아니라 천지가 길러준 은혜를 갚을 길은 농학農學에 있다고 하면서 평생 거기에 몰두했다. 서유구는 실천하지 않으면서 책만 읽는 공부는 흙으로 만든 국이요 종이로 빚은 떡이니, 살아가는 데 실용적인 것은 오직 농사뿐이라고 주장했다.

이 시기 서유구는 직접 농사를 지으며 어머니를 모시고 살았는데, 그때 서유구가 농사지은 음식을 본 어머니는 "이 음식이 모두 네 열 손가락에서 나왔구나"라고 하며 아들의 손마디에 박인 굳은살을 살펴봤다. 그리고 "농사의 수고로움을 잘 알겠다"라고 했다. 또 어머니는 농기구도 구별하지 못하면서 곡식으로 배를 채우는 사람들을 '천지의 도둑놈'이라고 표현하기도 했다. 가문이 몰락해 평생 공부하던 아들이 손수 밭일하는 모습을 보면서 마음 아파하는 대신 직접 뛰어들어 문제를 해결하고자 하는 태도를 긍정적으로 받아들인 것이다.

농사의 본질을 꿰뚫고
조선 최대의
실용백과사전을 펴내다

　　　　　　　　20년간 농사를 지으며 농학에 매진한 서유구는 다시 관직에 복귀하고 나서도 10년을 더해 30년 동안 《임원경제지》를 집필하는 데 몰두했다. 국내외 8백여 종의 서적을 참고하고, 직접 체험한 농사일을 바탕으로 책을 썼다. 백성의 실생활을 개선하고 윤택한 삶을 살 수 있도록 하는 데 목적이 있었다. 《임원십육지林園十六志》 또는 《임원경제십육지林園經濟十六志》라고도 부르는데, 농업뿐만 아니라 원예와 목축, 의류, 요리, 취미 등 생활 전반에 관한 광범위한 지식을 두루 다뤄 방대한 분량이 되었다. 이 외에도 서유구는 농업 기술과 농업 경영, 정책을 다룬 《행포지》《금화경독기金華耕讀記》《경계책經界策》 등을 저술했다.

> "숨어 살면서 근심스러운 처지에 대한 생각을 잊기 위해 온갖 서적
> 을 널리 수집해 《임원경제지》를 편찬했으니 16부部 110국局이다. 잘
> 못을 교정하고 편차를 정하는 일에 골몰한 것이 30여 년이다. 그런
> 데 책이 거의 완성되려 하는 마당에 인쇄를 하려고 하니 돈이 없고,
> 그저 장독대 덮개로 쓰기에는 충분하다. 이 또한 한 가지 허비다."

　《임원경제지》는 서유구 필생의 업적이다. 서유구는 자신을 오비거사五費居士라고 하여 5가지를 허비한 사람이라고 했다. 그중 《임원경제지》를

써낸 것이 하나의 허비라고 겸손하게 말하고 있다.

1823년 61세 환갑의 나이에 서유구는 복권되어 다시 영예로운 관직생활을 하게 되었다. 그리고 82세에 세상을 떠나면서 손자 서태순에게 "내가 죽은 뒤에 큰 비석은 세우지 말고, 다만 작은 비석에 '5가지를 허비한 달성 서씨 아무개의 무덤'이라고 적는 게 좋겠다"라며 소박한 유언을 남겼다.

서유구는 몸소 농사짓고 이를 바탕으로 농학 발전을 위해 평생을 헌신했다. 하늘과 땅에 진 빚을 다 갚고도 남은 것 같다. 농업사회가 아닌 요즘 내 손으로 쌀 한 톨 길러낸 적 없이 꼬박꼬박 밥을 먹으며 살고 있는 우리다. 서유구의 비판이 조선시대 양반에게만 해당하지는 않는 듯하다. 농업사회가 아닌 산업사회에서 내가 하늘과 땅에 진 빚은 얼마나 되며 또 어떻게 갚아야 할까.

산속에 숨어 세상을 바꾸다

"벼슬하는 자들은 이미 과거시험을 거쳐 벼슬길에 올랐기 때문에 오직 기존의 제도를 따르는 데 편안하고 익숙해져 있다. 초야의 선비들은 자신을 수양하는 데 뜻을 두고 있어 세상을 다스리는 일에는 미처 뜻을 두지 못하는 경향이 있다. 그래서 이 세상이 제대로 다스려지지 않아 그 결과 백성에게 끝없이 화가 미치게 된다. 생각이 여기에 이르자 나의 심정은 매우 절박하고 두렵기까지 하다. 그리하여 나는 나의 안위를 돌보지 않고 뜻을 같이 하는 벗들과 더불어 고전을 읽고 일을 바로 할 방도를 찾아내어 세상을 제대로 다스리는 데 조금이나마 도움이 되고자 한다."

이 글은 우리나라 실학의 시조 유형원이 《반계수록磻溪隨錄》을 집필하면서 쓴 후기의 한 대목이다. 관직에 나가 있는 자들은 이미 과거시험을 쳐서 출세를 했으니 세상의 여러 가지 구태를 바꾸기보다는 그대로 따르는

데 익숙해져 편하다고 생각할 뿐이요, 초야에 있는 선비들은 세상을 살기 좋게 바꾸는 데는 뜻을 두지 못하니 그런 세상에 사는 백성의 고난은 끝나지 않는다는 얘기다.

아버지의 죽음으로
정치와 담을 쌓다

유형원이 살았던 시대는 과연 어떠했기에 《반계수록》을 쓰면서 체제를 바꾸려고 노력했을까? 당시 조선은 임진왜란과 정유재란에 이어 병자호란까지 겪은 터라 백성의 삶이 파탄에 이르러 있었다. 토지의 상당 부분은 국가와 양반이 점유하고, 농민은 거의 다 소작농으로 전락했다. 거기에 가혹한 세금 수탈까지 당하니 백성의 삶은 고단할 뿐이었다.

유형원은 북인계 남인으로 이른바 사대부였다. 유형원의 아버지 유흠은 일찍이 문장으로 유명한 문인이었다. 21세에 문과에 합격해 시강원 설서說書에 임명되면서 사람들의 기대를 많이 모았다. 그러나 광해군 복위 음모를 꾸미고 있다는 무고에 연루된 유몽인과 친분이 있어 역적의 누명을 쓰고 28세의 나이로 옥중에서 죽음을 맞았다. 이때 유형원의 나이 두 살이었다. 아버지가 스스로 목숨을 끊었다고도 하고 심한 매를 맞아 죽었다는 말도 있었다. 아버지의 억울하고 비참한 죽음은 유형원이 정치에 거리를 두게 만드는 계기가 되었다.

유형원의 재능을 아까워한 허목과 윤휴 등이 관직에 나아갈 수 있도록 추천했지만 일체 응하지 않았다. 또 친척이 추천하려고 할 때도 어찌나 정색하며 완강하게 거절했는지 결국 추천을 포기할 수밖에 없었다. 워낙 학식과 문장에 대한 명성이 자자한지라 서울에 있을 때 유형원을 사귀고자 하는 명사들이 많았고, 높은 벼슬자리에 있는 사람들도 그를 한 번쯤 만나길 원했다. 하지만 유형원은 나서지 않았다.

이처럼 과거를 보지 않겠다는 유형원의 의지는 강했지만, 당시는 과거가 가문을 일으키는 데 중요한 역할을 하는 시대였다. 할아버지의 간곡한 부탁이 있자 유형원은 29세에 마지못해 처음으로 과거시험을 치렀다. 그러나 합격하지 못했고, 30세 되던 해에 다시 응시했지만 합격해놓고도 격식에 맞지 않는다는 이유로 탈락했다.

미완성의 개혁 구상
100년 만에 빛을 보다

유형원은 할머니, 할아버지, 어머니의 삼년상을 차례대로 마치고 32세가 되던 1653년, 온 식구를 데리고 선대에게 물려받은 호남 부안의 땅 우반동으로 떠났다. 그리고 비교적 늦은 나이인 33세에 진사시에 합격했다. 이 또한 할아버지의 간곡한 유언에 따른 것이었다. 그러나 이후 유형원은 다시 과거에 응시하지 않았을 뿐 아니라 여러 차례 권유에도 불구하고 더 높은 관직으로 나아가지 않고 우반동에만 머물렀다.

분주히 어울려 놀던 곳을 떠나	遑遑乎絶類
홀로 어디로 갈 건가	離群又奚之
내 마음 가장 소중한 데로 돌아가	反余心於至要
백세를 기다리기로 기약하노라	竢百世以爲期
오로지 조용히 고전을 연구하며	專潛究於墳典
밭 갈고 씨 뿌리기에도 힘쓰리라	亦服勞乎耘籽

(중략)

| 늙음이 다가옴을 생각하지 않고 힘을 써서 | 孜孜焉不知老將至 |
| 내 할 일 마치게 되면 다시 무엇을 의심하리오 | 卒吾所事夫何疑 |

이 글은 도연명의 〈귀거래사歸去來辭〉를 본떠 지은 〈도연명의 귀거래사에 화답하여和歸去來辭〉의 일부다. 〈귀거래사〉는 도연명이 벼슬을 버리고 고향에 돌아가는 과정을 노래한 것인데, 유형원은 병자호란 이후 나라가 큰 치욕을 당한 것을 애통하게 여겨 세상일을 뒤로 하고 숨어 살기로 마음먹었다.

지금도 우반동에 가면 얕은 산자락 위에 유형원이 머물며 제자를 키우고 학문에 몰두했던 반계서당이 남아있다. 한여름 답사 길에 땀을 흘리며 이곳을 올라갔던 기억이 있다. 비록 올라가면서 적잖이 힘은 들었지만 시야가 탁 트인 곳에 위치한 우반동의 모습은 인상적이었다. 평지가 아니라 굳이 산자락에 서당을 지은 이유는 무엇일까. 산이 깊고 땅이 외져 산 밖의 소식이 들려오지 않았고, 사립문은 항상 닫혀 있어 낮에도 사슴 무리가 다닐 정도였다는 기록이 있는 걸로 보면, 그만큼 학문에 집중하기 위해서가 아니었을까?

우반동에 머물면서 유형원은 현실 문제를 해결할 수 있는 방법을 찾기 위해 수많은 책을 읽고 연구했다. 백성이 살기 좋은 나라를 만들기 위해 국가 체제를 개혁할 방도를 강구했다. 현실의 불만을 외면하거나 불평하지 않고 이를 고치기 위한 방법을 찾기 위해 20년 가까운 세월 동안 온 힘을 다해 몰두한 것이다.

유형원이 이렇게 집념을 가지고 연구한 이유는 무엇일까. 정치가 어지러워질수록 백성의 생활이 점점 힘들어지고 있는 모습을 보았기 때문이다. 그래서 백성이 살기 좋은 국가를 만들기 위한 방법으로 《반계수록》을 쓴 것이다.

유형원은 나이 31세인 1652년에 《반계수록》을 집필하기 시작해 49세인 1670년에 탈고했다. 18년의 노고가 고스란히 녹아든 역작이다. 《반계수록》 집필을 끝내고 3년 뒤인 1673년 3월 19일, 유형원은 52세의 나이로 우반동에서 세상을 떠났다. 그가 평생을 바쳐 국가 개혁을 구상하고 연구한 《반계수록》은 그 시대에 세상에 알려지지도 않았고 실현되지도 못했다. 책이 발간된 것은 그로부터 100년이 지난 1770년 영조의 특명에 의해서다.

"이 사람은 효종·현종 연간에 살면서 경륜과 사공事功으로 자부했는
데 때를 만나지 못해 자신의 포부를 제대로 펼치지 못했다. 율곡 등
제현의 말을 거론하여 윤색하였으니 학술이 순수하고 정통하다고
할 만하다. 화성華城의 일을 논한 것은 지금에도 부절符節을 맞춘 듯이
들어맞는다. 나는 더욱 깊이 음미하여 감탄한다."

《반계수록》을 읽은 정조는 이렇게 감탄하면서 정조 17년인 1793년에
유형원에게 성균관좨주라는 벼슬을 내렸다. 비록 사후에 받은 관직이지
만 재야의 학자가 얻을 수 있는 최고의 명예였다. 정조는 당시 수원에 신
도시를 건설하고 성곽을 축조하는 일에 《반계수록》을 지침 삼아 많은 내
용을 참고했다. 또 다산 정약용은 아들에게 《반계수록》을 읽을 것을 간곡
히 권했고, "정성스럽고 간절하던 경세의 뜻, 홀로 반계 선생에게서 보겠
네"라며 회고하기도 했다.

나는 2017년부터 성균관대 명예교수이자 한문학 분야의 석학인 임형
택 선생님을 모시고 동학들과 함께 《반계수록》 번역 작업을 하고 있다.
공부하고 번역하는 데 최소 10년을 보내야 하는 일이기에 처음엔 이 번
역 작업을 반대했다. 분량이 방대한 데다 내용도 딱딱해 번역하는 즐거
움을 느끼지 못할 거라 생각했기 때문이다. 이제 1년이 지나 겨우 앞부분
〈전제田制〉를 읽고 있지만, 글을 읽다 보면 유형원이 얼마나 백성을 사랑
했는지, 그 마음이 얼마나 치밀하고 정교한지, 그 마음을 어떻게 《반계수

록》에 담았는지 느끼게 되어 강독 시간마다 감탄하고 감동한다.

산속에 숨어 국가와 백성을 위해 평생을 헌신한 한 사람의 노고가 100년 후에 세상에 알려지고 조금이나마 실현되었는데, 다시 21세기가 되어 지금 내가 사는 세상에서도 의미 있게 실현되기를 기대한다. 제도는 지금과 많이 다르지만, 그 정신과 원리는 지금도 통할 만하다. 한 나라의 제도와 원칙을 수립하는 일의 중심은 위정자가 아니라 이 땅에 살아가는 국민이어야 함을 유형원은 말하고 있다.

제3강

다름의 심리학

노주선

임상심리전문가. 현 한국인성컨설팅KPAC 및 마인드클리닉 대표. 고려대학교 심리학과 석박사 과정을 마쳤으며, 삼성의료원과 한림대병원 정신과 등에서 심리학자로 활동했다. 정신과, 대학교, 기업 내 상담센터에서 대인관계 및 의사소통, 마음건강 관리와 관련한 교육과 상담을 제공하고 있다. 다양한 환경에 처해 있는 사람들이 내적 아픔을 이겨내고 자신에게 맞는 성공과 행복을 만들어가는 데 도움이 되고자 한다.

'다름'에 대한 건강한 이해

최근 우리 사회는 다양한 집단과 개인 사이에서 대립이나 갈등이 점점 격해지는 경향을 보이고 있다. 구세대와 신세대 간 갈등, 성별 간 대립, 그리고 각자의 입장이나 역할에 따른 의견 충돌 등 다양한 차원에서 대립과 갈등이 심화하고 있다.

'차이'와 '다름'에 근거한 이슈가 감정적 싸움으로 치닫는 경우도 점차 늘고 있다. 이는 개인적 차원에서 문제를 일으키기도 하고, 가족과 같은 작은 집단 내에서 갈등의 형태로 나타나기도 한다. 좀 더 확장하면 회사와 같은 조직이나 대규모 사회적 단위에서 첨예한 대립 형태로 나타나기도 한다.

다름과 차이는
피할 수 없다

감정적 대립이 정점을 이룬 현상은 '꼰대' '김치녀' '한남충'처럼 상대방의 다름과 차이를 비난하는 신조어에서도 찾아볼 수 있다. 이런 비난은 상대를 이해하기보다는 무시하거나 공격하려는 분위기를 조장한다. 이와 달리 '차이'와 '다름'이 건강하고 합리적인 방식으로 서로 존중받고 각자의 장점을 유지하면서 시너지를 발휘하는 특성을 '다양성'이라고 한다. 즉, 다름을 어떻게 해결하고 대처할 것인지에 따라 다양한 관점과 의견을 존중하는 유연한 사회가 되기도 하고, 부정적 감정에 휩싸인 호전적인 사회가 되기도 하는 것이다.

우리는 왜 '다름'을 중시해야 하며, 왜 건강하게 이해하고 수용해야 하는가? 이유는 크게 세 가지다. 첫째, '다름'이란 피할 수 없는 현상이기 때문이다. 둘째, 갈등이나 대립으로 야기되는 심리적·사회적 손실이 너무 크기 때문이다. 셋째, '다름'을 효과적으로 다룰 경우 긍정적인 시너지를 이끌어낼 수 있기 때문이다.

사람의 외모는 제각각 다르며, 누구나 그 사실을 인정하고 받아들인다. 일란성 쌍둥이라고 할지라도 둘의 모습과 분위기에는 미묘한 차이가 난다. 적어도 늘 보는 가까운 사람들은 둘의 차이를 알 수 있다. 마찬가지로 같은 문화권에 속하는 나라라도 저마다 문화와 제도에 차이가 있다. 그런 까닭에 사람들은 다른 나라에 여행을 가고, 해당 국가의 문화와 방식을 호기심 어린 눈으로 받아들이며 기꺼이 그에 맞추어 행동하려 한다. 누구도 '이 나라 사람들은 대체 왜 이러는 거야?'라고 비난하거나 변화를 요구하지 않는다.

그런데 우리끼리 모이면 이야기가 달라진다. 내부에서는 오히려 '다름'을 경직된 시선으로 바라보기 쉽다. 서로의 성격이나 내적 요구가 분명히 다를 수 있는데도 타인이 나와 똑같이 행동하기를 기대하고 요구한다. 단순한 생각 차이와 사소한 의견 차이에도 서로 비판을 쏟아내고 비난을 퍼붓는다.

어떤 사회나 집단에서도 서로 간의 다름은 존재할 수밖에 없으며, 이것은 어떤 방식으로도 피할 수 없는 현상 중 하나다. 필연적으로 존재하는 사회적 현상을 정확하게 인지하고 효과적으로 다루거나 해결한다면 모두에게 이익이 되는 해답이 나오겠지만, 이를 인정하고 수용하지 못하면 상호 대립과 비난만 남는다. 그런 까닭에 우리가 가장 먼저 해야 할 일은 우리 사회와 개인 간에 '다름'과 '차이'가 존재할 수밖에 없다는 사실을 인정하고 수용하는 것이다. 그게 첫 번째 숙제다.

불필요한 감정 소모

'다름'의 속성은 양면적이다. 내가 가지지 못한 것에 대한 호기심이나 동경의 대상이 될 수도 있으며, 갈등이나 대립의 원인이 되기도 한다. 이 양면적 속성 중 어떤 것을 선택하느냐에 따라 결과는 상당히 달라진다.

외향적인 사람들은 내향적인 사람들이 가진 차분함과 진지함을 부러워한다. 하지만 업무를 처리할 때면 좀 더 빨리 일을 처리할 수 없느냐며 비난하고 채근하기 쉽다. 신중한 성격으로 인해 속도가 느려질 수도 있음을 받아들이지 못하고 답답해하는 까닭이다. 갓 입사한 신입사원들은 대개 선배 경력사원들의 여유와 경륜을 부러워한다. 그러나 어떤 이유에서든 그들에게 '꼰대'라는 딱지를 붙이는 순간부터 선배가 무슨 말을 하든 '고루하고 갑갑한 사람'이라는 판단이 앞서고 매사 부정적 감정을 느끼게 된다. 자연스레 선배들의 풍부한 경험과 생생한 지혜를 배울 기회마저 잃고 마는 셈이다.

'다름'을 이해하고 수용하지 못하면 갈등을 빚고 대립할 수밖에 없다. 각자의 입장을 내세우며 주장을 반복하고 타인의 의견은 듣지 않는데 어떻게 싸움이 일어나지 않기를 기대할 수 있겠는가. 이 같은 문제는 자신은 물론 상대에게도 부정적 감정과 분노를 유발한다. 이로 인해 모두가 스트레스를 받고 불필요한 감정 소모를 경험할 수밖에 없다.

업계에서 추진력과 실행력이 강하기로 정평이 난 어느 CEO를 코칭한 적이 있었다. CEO는 회사 이사진이 너무 소극적이라 업무를 적극적으로 추진하지 않는 점이 고민이라고 털어놓았다. 상황을 개선해보려고 무던히 노력했지만 허사였다고 했다. 그런데 코칭을 시작하고 이사들을 직접 만나보니 문제는 다른 데 있었다. 이사진은 CEO의 강렬한 카리스마에 한껏 주눅이 들어 있었다. 회의 때마다 과도하게 긴장하고 스트레스를 받느라 자기 의견조차 적극적으로 내지 못했다.

CEO와 이사진을 상대로 각각 심리검사를 진행해본 나는 왜 이런 상황이 벌어졌는지 알 수 있었다. CEO의 성격은 강한 외향형이었고, 이사진의 3분의 2 이상은 내성적인 경향을 보였다. 심지어 그중 반 이상은 강한 내향형이었다. CEO는 자신의 스타일을 보완해줄 것이라 믿고 내향형 이사들을 선호했으나 막상 일을 추진하자 그들의 신중함이나 꼼꼼함이 답답해 보이기 시작했다. 그러다 자기 스타일처럼 적극적인 추진력을 발휘하지 않자 마침내 화를 내는 지경에 이른 것이다. CEO가 화를 낼수록 이사진은 점점 의기소침해졌다.

우리는 다름을 각자 머리로 인지하고 있지만, 현실에서는 그 차이를 제대로 수용하지 못한다. 그런 경우 갈등과 대립이 심화되어 결국 모두가 고통을 겪을 수밖에 없다. 감정 소모와 고통은 모두에게 손해를 안겨주며, 궁극적으로 회사 경영에도 부정적 요인으로 작용하게 된다.

시너지와 다양성

외향적인 사람들은 내향적인 사람들과 함께 일하는 것이 좋다. 내향형 사람들은 꼼꼼함과 신중함을 바탕으로 외향형 사람들의 빠른 행동력과 추진력을 보완할 수 있기 때문이다. 어떤 문제가 잘 풀리지 않는다면 자기와 성향이 완전히 다른 친구에게 도움을 요청해보라. 생각지도 못했던 관점에서 창의적 해답을 얻을 수도 있다. 예를 들어 논리적이고 과업 지향적인 사람이 애인에게 감동적인 프러포즈를 하고자 한다면 감정형 혹은 관계 지향형 친구에게 조언을 구하면 좋다. 그러면 평소와 다른 뜻밖의 행동으로 애인을 기쁘게 만들 가능성이 높다.

앞선 사례에 등장한 외향형 CEO는 심리검사 결과를 본 뒤 큰 깨달음을 얻었다. 그리고 자신이 먼저 바뀌기 시작했다. 분명히 머리로는 다름을 이해하고 있었고, 그래서 긍정적인 시너지를 발휘할 거라 예상했지만, 현실에서의 자기 행동은 반대였다는 사실을 깨달은 것이다. CEO는 그동안 간과했던 이사진의 장점을 바라보기 시작했으며, 그들의 성향에 맞춰 업무를 위임하고 의견을 수렴했다. 대화 방식도 바꾸었다. 자기 의견을 내세우기보다 이사진의 논의 방식을 존중하는 방향으로 회의를 진행했다. '생각할 시간을 충분히 제공하기' 혹은 '회의 안건을 미리 배포해 준비할 수 있는 시간을 충분히 제공하기' 등의 방식을 도입했다. 그 결과 회사에는 평화가 찾아왔다. 오히려 보다 적극적으로 소통하고 교류하면서 업무 효율이 높아지는 성과까지 얻었다.

서로의 차이를 받아들이고 각자의 한계를 인정하는 순간 시너지가 발생한다. 한마디로 다양성이 꽃피는 조직이 된다. 다양성을 존중하는 분위기가 형성되면 구성원의 시야가 넓어지고, 문제 해결 방법을 폭넓게 논의할 수 있다. 결국 조직 내 시너지 효과가 커지는 셈이다.

세상이 바뀌고 사회도 변했다. 끊임없이 창의성과 다양성을 요구하는 시대가 되었다. 각자의 요구도 다양해졌다. 비즈니스의 성격이나 성공을 위한 요구 조건도 바뀔 수밖에 없다. 변화에 적응하는 방법은 의외로 단순하다. 자기가 속한 조직이나 그룹 내에서 나와 달라 보이는 사람을 찾아라. 그리고 그에게서 답을 찾아보라. 물론 그러려면 '다름'과 '차이'를 존중하는 태도를 먼저 갖추어야 한다.

무엇이 우리를 다르게 만드나

몸의 작동원리를 정확하게 알고 있다면, 나에게 적합한 운동법을 개발할 수 있다. 몸에 문제가 생겼을 때도 최적의 치료법과 예방법을 찾을 수 있다. 마찬가지로 다름이 어떻게 그리고 왜 생기는지 그 기원을 이해하고 있으면 다름을 수용하는 데 도움이 된다. 다름을 일으키는 핵심 요인 세 가지는 기질, 경험, 그리고 마지막으로 주어진 역할과 상황이다.

기질의 차이가 불러오는 '다름'

사람은 각자 고유한 성향을 가지고 태어난다. 유전적인 요인이 반영된 이와 같은 특성을 '기질temperament'이라고 한다. 갓 태어난 신생아도 서로 다르게 행동한다. 이 같은 행동 차이는 양육자의 반응을 다르게 이끌고, 이는 각기 다른 양육방식으로 이어진다.

전형적인 기질의 유형은 '순한 아이' '까다로운 아이' 그리고 '늦은 아이' 등이다. 먹기도 잘 먹고 잠도 잘 자는 편이어서 별로 손이 가지 않는 '순한 아이'와 먹는 것과 자는 것에 모두 민감해서 양육자를 힘들게 하는 '까다로운 아이'는 양육자와 서로 다른 상호 작용을 불러일으킨다.

내향형과 외향형 등 전형적인 성격 구분 범주의 경우에도 유전적인 소인과 기질적 특성을 보이는 경향이 짙다. 심리학자 한스 아이젱크가 실시한 심리학 실험 중에 '레몬 드롭 테스트lemon drop test'라는 것이 있다. 외향형 피검자와 내향형 피검자를 좁은 실험실에 함께 들어가게 한 뒤, 실험실에 레몬즙을 떨어뜨려 강한 향이 나도록 만든다. 인위적으로 강한 외부 자극이 유발되는 동일 조건에서 외향형 성격은 레몬향에 쉽게 자극받고 흥분한다. 그러나 내향형 성격은 피로감을 느끼고 쉽게 지친다. 이런 차이는 이후의 활동 수준이나 에너지 레벨, 대인관계의 양과 질에 영향을 미친다.

극단적으로 기질은 심리적 문제의 원인이 된다. 물론 백 퍼센트 기질적 원인이라고 말할 수는 없으나, 우울증 발병에도 유전적 원인이 있는 것으로 알려져 있다. 일란성 쌍둥이의 경우 한쪽이 우울증에 걸리면 다른 한쪽도 우울증을 경험하고 있을 가능성이 뚜렷하게 높다.

특히 사이코패스라고 하는 반사회적 성격의 경우는 기질적으로 타인의 감정이나 고통에 대한 공감 능력이 결여되어 있다. 이 때문에 유년기부터 동물을 학대하거나 괴롭히면서도 죄책감을 느끼지 못하는 가해 행동을 일삼는다. 이후에도 타인과 신뢰하는 관계를 맺지 못하거나 감정에 기반을 둔 대인관계가 결여되는 증상을 보이기도 한다.

경험으로 정교화되는
'다름'

기본적인 기질 차이는 보통 개인차나 성격, 개별적 행동의 다름에 큰 영향을 끼치지만, 인간은 기질상의 차이나 유형으로 딱 잘라 구분하기 어려운 복잡한 사고체계에 따라 행동한다. 개인적 가치나 상식, 판단 기준과 행동 원칙 등의 차이에 영향을 주는 주요 요인은 '경험'이다. 개인의 경험적 차이로는 양육방식과 아동기의 경험 등을 들 수 있다.

한 사람에게 가장 큰 영향을 끼치는 사람은 역시 부모다. 부모의 양육방식에 따라 아이의 정서적 기반이 달라진다. 부모의 양육방식은 환경에 대한 기본적인 안정감과 신뢰 형성에 가장 중요한 요인이다. 개인에게 내재해 있는 기본적인 가치관은 대부분 부모에게 물려받는다.

하지만 같은 부모 아래에서 자란 형제자매라도 생각과 가치관이 같을 수는 없다. 친구가 다르고, 학교 등에서 겪는 아동기의 경험이 서로 다르다. 그 과정에서 개성과 독자성이 만들어진다. 아동기의 경험은 성격 형성이나 자아 정체감, 자기 존중감 형성에 큰 영향을 주면서 각자의 '다름'을 만들어낸다.

성인기의 경험도 영향을 미칠 수밖에 없다. 첫 직장의 분위기가 자신을 지지하는 곳이었던 사람과 오로지 성과 달성만 강요하는 곳이었던 사람은 직장생활에 대한 가치관이 달라진다. 향후 사회생활에서 겪는 상황에 대처하는 방식에도 차이가 날 수밖에 없다.

마지막으로 개인의 다름에 영향을 끼치는 요소가 하나 더 있는데, 바로 '동년배 효과cohort effect'다. 동시대를 살았던 사람들은 공통의 경험에 기초해 유사한 가치관을 공유하기 쉽다. 이를 '동년배 효과'라고 한다. 같은 시대를 살았던 사람들이 공유하는 트렌드나 가치관을 뜻한다. 1987년 민주화 운동을 주도한 세대와 2017년의 촛불집회를 경험했던 세대는 스스로 세상을 바꿀 수 있다는 주도성을 갖게 된다. 하지만 군사독재에 저항하던 투쟁적 민주화 세대와 비폭력적인 방법으로 민주화를 성취했던 촛불집회 세대는 각자의 뜻을 이루기 위한 방법론에서 큰 차이를 드러낸다.

자리가 '다름'을 만든다

사람은 기본적인 기질에 개인적 경험차가 더해져 각자 고유한 개성과 성격을 갖게 되며, 나름의 가치관과 사고체계를 완성해간다. 그리고 여기에 현재의 역할과 상황이 다름을 만드는 마지막 변인으로 작용한다.

'자리가 사람을 만든다'는 말이 있다. 나에게 큰 위안이 되고 언제나 나를 지지해주던 친한 동료가 팀장으로 승진한 뒤 이전과 다른 모습, 다른 관계 패턴을 보여 당황하는 경우가 적지 않다. 동일한 사람이라고 해도 가족이나 친구 같은 개인적 관계에서 보이는 행동과 회사 같은 목적 집 단 내에서의 행동은 다를 수밖에 없다.

어느 보험 회사의 경영진 및 지점장들을 대상으로 리더십 진단과 교육을 진행할 때였다. 지점장 교육을 먼저 진행한 뒤 3개월 정도 지나 임원 대상 교육을 진행했다. 그런데 지점장 교육 때 보았던 한 분이 임원으로 승진해서 임원 교육에 다시 참가하고 있었다. 그런데 그분의 진단 결과 는 지점장 교육 때 받은 진단 결과와 상당히 다르게 나타났다.

매출과 실적을 중시했던 지점장일 때는 검사 결과가 '강한 주도형'이 었는데 임원이 된 뒤에는 '강한 관계형'으로 바뀌어 있었다. 성과를 내기 위해 추진력과 실행력을 발휘하고 구성원을 독려해야 하는 상황에서의 성격, 그리고 지점의 요구나 불만을 수용하고 회사와 지점 사이의 갈등 요인을 조정하는 상황에서의 성격이 판이하게 달랐던 것이다.

자신이 처한 상황에서 요구되는 역할과 책임을 고려하고 그에 맞춰 행 동하고자 노력하는 과정에서 또 하나의 '다름'이 발생한다. 반면 상황과 역할이 달라져도 자신의 스타일이나 원칙을 고수하는 경우도 있다. 이처 럼 상황적 요구에 어느 정도까지 맞추려고 노력하는지와 관련해 또 다른 '다름'이 유발되기도 한다.

나와 너를 이해하기 위한 질문

다름을 이해하고 수용해야 하는 궁극적 이유는 각자의 다름을 이해하고, 조화와 타협을 이뤄 갈등과 대립을 해결하는 방법을 찾기 위해서다. 이를 위해 나의 다름을 정확히 이해하고, 동시에 타인의 다름까지 알아채고 받아들일 수 있어야 한다.

나의 '다름'을 이해하기 위한 5가지 질문

우선 나의 다름을 이해하기 위해 다음의 다섯 질문에 답해보자.

1. 나의 성격은?

1) _____   2) _____   3) _____

2. 나에게 돈이 무한정 많다면?

1) _____   2) _____   3) _____

3. 내 인생의 목표는? / 내가 살아가는 이유는?

1) _____   2) _____   3) _____

4. 내가 좋아하는 사람의 특징은?

1) _____   2) _____   3) _____

5. 내가 싫어하는 사람의 특징은?

1) _____   2) _____   3) _____

위의 질문에 비교적 잘 대답했는가, 아니면 충분히 대답하지 못했는가? 이 결과는 더불어 사는 사람들 사이의 다름을 이해하고 수용하는 데 필요한 '자기분석' 수준을 반영한다.

만약 당신이 각각의 질문 뒤에 놓인 빈칸에 어렵지 않게 답할 수 있었다면 충분한 자기분석이 되어 있는 수준이라고 생각해도 된다. 반면 5가지 질문 중 반 이상의 질문에서 답이 막히거나, 혹은 답을 썼다 하더라도 한두 개밖에 쓰지 못했다면 자기분석에 좀 더 집중해야 한다. 즉, 위의 질문은 자기 자신에 대해 얼마나 많이 고민하고 생각하는지, 그리고 이를 바탕으로 자기분석이 진지하게 진행되고 있는지를 점검하는 과정이라 할 수 있다.

나의 다름에 대해 잘 아는 사람은 스스로를 동기화하고 행복하고 즐겁게 살아갈 수 있는 방법을 보다 쉽고 효과적으로 찾아낼 수 있다. 반면 나의 다름을 구체적으로 알지 못하는 사람은 나에게 어울리는 행복을 찾아내기보다 보편적으로 남들이 좋다고 말하는 방법을 따르게 된다. 결국 허상만 좇게 되는 셈이다.

나의 다름이 무엇인지 정확하게 인식하고 있어야 내가 궁극적으로 원하는 게 무엇인지 그리고 잘하는 게 무엇인지 알 수 있다. 나아가 나에게 최적화된 행복과 성공에 이르는 길을 찾을 수 있다. 또 잠재적인 문제나 갈등을 미연에 방지해 자기 자신을 보호할 수도 있다.

타인의 '다름'을 수용하기 위한 5가지 질문

나의 다름을 이해했다면, 이를 바탕으로 '타인의 다름'을 정확히 인지해야 조화를 이루고 행복을 추구할 수 있다. 자신이 중요하게 생각하는, 혹은 서로의 다름을 맞추어가야만 하는 사람(가족, 부부, 동료, 직장 구성원 등) 가운데 한 명을 떠올린 뒤 다음의 질문에 답해보라.

1. 그 사람에 대한 전반적 인상은?

_____

2. 그 사람의 장점은?

1) _____   2) _____   3) _____

3. 그 사람의 단점은?

1) _____   2) _____   3) _____

4. 그 사람과의 시너지 요소는?

1) _____   2) _____   3) _____

5. 그 사람과의 갈등 요소 및 해결 방법은?

1) _____   2) _____   3) _____

위의 질문에 잘 대답했는가, 아니면 대답이 충분하지 않은가? 우리는 가끔 중요한 사람이라고 생각하면서도, 혹은 필요한 파트너라고 생각하면서도 상대방을 충분히 알려고 노력하지 않는다.

만약 5가지 질문에 충분히 대답할 수 있었다면 상대방의 다름을 이해하고 수용했으며, 그로 인해 상호 시너지를 발휘하고 있다고 볼 수 있다.

하지만 5가지 질문에 제대로 답하기 어려웠다면 필수적인 타인분석이 이루어지지 못했을 가능성이 높다. 따라서 타인의 다름과 나의 다름을 고려해 상호적 접근을 하지 못하고, 주로 내 입장에서 판단하고 행동했을 가능성이 높다.

조화와 행복을 만들어가는 세 가지 단계

다양한 수준과 특성의 '다름'을 가진 사람들끼리 조화를 이루어 행복을 만들어가는 과정은 무엇일까? 첫째, '나의 다름'을 이해하고, 둘째, '타인의 다름'을 수용하고, 마지막으로 각자의 '다름'에 기초한 최적의 솔루션을 찾아가는 것이다.

나의 다름을 정확하게 인지하지 못하면, 내가 타인에게 미치는 영향 또한 잘 알 수 없다. 따라서 내가 타인에게 어떤 도움과 지원을 제공할 수 있으며, 어떤 점 때문에 불편을 줄 수 있는지 인지하지 못하게 된다. 타인에게 훨씬 더 매력적인 내가 될 수 있는 기회를 놓칠 수도 있다. 오히려 조금만 생각하면 피할 수 있는 갈등이나 문제를 겪게 될 가능성이 있다.

보통 내향형 사람들은 사회적으로 적극적이지 않고 타인과의 관계에서 위축되는 경향을 보인다. 이로 인해 자기 존중감이 낮아지며, 부정적 자아상을 갖기 쉽다. 동시에 충분히 신중하고 사려 깊은 사람으로 인식

되며, 깊이 있고 지속적인 신뢰 관계를 맺는 경향이 있다. 내향형 사람들이 사회 적응력을 높이고 자신의 장점과 개선점을 명확하게 정리한 뒤 대응책을 마련하면 오히려 더 매력적인 사회생활을 할 수 있다.

타인의 다름을 정확하게 이해하거나 수용하지 못하면, 잠재적인 시너지 포인트와 갈등을 예측할 수 없다. 결국 나에게 중요한 자원이 되어줄 수 있는 든든한 지원자를 놓칠 수 있다. 또 잠재적인 갈등이나 문제를 예측하지 못해 서로 상처를 주거나, 심한 경우 갈라설 수도 있다.

예를 들어 서로의 다름에 끌려 결혼한 외향형과 내향형 부부는 서로 다른 방식으로 다투는 경우가 많다. 외향형이 자신의 불만이나 감정을 말로 표현한다면, 내향형은 생각을 먼저 정리한 뒤 말로 표현하려는 경향이 있다. 특히 부부싸움처럼 부정적 감정에 휩싸여 있을 때는 서로를 이해하고 수용하기보다 각자의 방식대로 밀어붙이기 때문에 갈등이 커진다. 외향형은 내향형에게 '갑갑하고 꿍한 사람'이라 비난하고, 내향형은 외향형에게 '상처 주는 말을 생각 없이 내뱉는 사람'이라 비난하기 일쑤다. 갈등과 상처는 서로 깊어져만 간다.

기성세대와 신세대가 함께 생활하는 직장에서도 문제가 발생할 수 있다. 업무 방식과 경험, 문제를 바라보는 발상 자체가 다르기 때문이다. 이 차이를 이해하지 못하고 서로를 비난하는 순간 갈등과 대립은 커지고, 부정적 감정이 쌓이며 소통은 단절된다. 반대로 서로의 강점을 알아차리고 내가 갖지 못한 상대의 장점을 수용하는 순간 시너지가 생기게 된다.

나의 다름과 타인의 다름을 이해하고 수용한 뒤, 이를 기반 삼아 최적의 관계를 만들면 잠재적 갈등은 자연스럽게 예방된다. 어떤 점에서 서로 도움이 될 수 있을지, 어떤 점에서 갈등이나 문제가 될 수 있을지 예측해 대비하는 것이 좋은 관계를 맺는 바람직한 방법이다. 그전에 나와 타인에 대한 분석이 선행되어야 함은 물론이다.

소통은 습관이다

상담과 심리치료를 진행할 때 내담자들이 가장 많이 하는 질문 중 하나는 "제 성격이 변할 수 있을까요?"이다. 내 대답은 단호하다. "성격이란 작은 습관이 모여 이루어진 결과입니다. 좋지 않은 습관을 좀 더 건강하고 바람직한 행동으로 바꾸어가는 연습을 한다고 생각하면 됩니다."

내 성격, 그리고 관계 패턴은 타고난 기질이나 특성에 기반을 두고 다양한 경험을 거치면서 만들어진 습관이다. 변화는 성격을 근본적으로 개혁하거나 사람을 완전히 바꾸는 것이 아니다. 작은 습관에서 변화를 이끌어내고, 그렇게 변화된 조각이 모여 큰 변화를 이끌어 보다 건강하고 행복한 삶을 만들어가는 과정이다.

타인과의 관계를 개선하기 위해서는 먼저 소통을 늘려가고, 나와 타인의 다름을 조화로 이끌어가야 한다. 이를 위해서는 작은 습관부터 조금씩 바꿔야 한다. 여기서는 건강한 습관을 늘리는 데 도움이 되는 방법을 소개하고자 한다.

먼저 듣고
판단은 나중에

'경청하기'의 중요성은 아무리 강조해도 지나침이 없다. 하지만 생각만큼 경청하기가 쉽지 않다. 타인의 의견을 나의 프레임에 끼워 맞추기 때문이다. 즉, 듣고 싶은 얘기만 듣는다는 얘기다. 내 주관적 기준이나 평가를 개입해 검열하는 단계를 '선제적 판단'이라 하는데, 그전에 필요한 것이 경청이다. 최소한의 판단이나 평가를 하지 말고 단순히 경청하는 게 우선이다.

부부간에 자기 입장만 내세워 일방적으로 대화하면 갈등의 골만 깊어질 뿐이다. 상대를 배려하지 않는 한 부부싸움은 끝내기 어렵다. "저 사람이 문제다" 혹은 "저 사람이 바뀌면 문제는 저절로 해결된다"라며 서로를 비난하는 부부는 아무리 좋은 치료자를 만나도 관계를 개선하기 어렵다. 결국 파국에 이를 뿐이다.

청소년기의 자녀를 대할 때도 마찬가지다. 질풍노도의 시기를 고려하지 않고 부모 입장에서 자녀의 이야기를 걸러 듣는다면 부모와 자녀 사이의 진정한 소통은 요원해진다. '게임은 무조건 안 좋은 것'이라고 단정 짓는 부모는 자녀의 입장을 공감하기 어렵다. 지금 청소년들에게 게임이 어떤 문화인지 묻고, 유용한 수단일 수도 있다는 사실을 인정해야 비로소 소통의 문이 열린다.

이번에는 회사를 들여다보자. 고객의 입장에서 의견을 듣지 않으면 진정한 소통은 이루어질 수 없다. '고객 입장에서 이런 점이 불편할 수 있겠네'라는 생각으로, 자신이 고객이었을 때의 입장과 감정을 떠올려야 문제 해결의 실마리가 보인다. 상대방은 지금 그저 '고객'으로서 '고객의 입장'에서 느끼는 감정을 표현하고 있다. 이를 역지사지의 자세로 공감하지 않는다면 평행선을 달리며 일방통행식 대화를 주고받을 뿐이다. 결국 감정 대립으로 치닫고, 각자 벽을 보며 자신의 입장만 되풀이해 말하는 모양새가 된다.

선제적 판단을 자제하는 방법으로 두 가지를 제안한다. 첫 번째는 판단이나 평가를 미루는 것이다. 이야기를 듣는 도중 내용이 자꾸 거슬리거나 '이건 아닌데'라는 생각이 들 수 있다. 그러나 '나중에 판단해보자' 하고 생각하면서 판단 자체를 미루는 편이 좋다. 두 번째는 상대방의 이야기에 적극적으로 몰입하는 것이다. 이야기 자체에 집중할수록 내 안에서 일어나는 다른 생각이나 판단은 줄어든다. 즉 선제적 평가나 주관적 판단이 끼어들 틈을 애초에 주지 않는 것이다.

역지사지로
공감하기

부모와 아이들의 갈등 사례를 다루다 보면 으레 듣는 말이 있다. 아이들이 불만을 토로했을 때 부모가 나타내는 반응이다. "너희 얘기가 다 맞아. 그렇게 생각할 수 있어. 그런데 너희가 나중에 커서 보면……." 언뜻 이해한다고 말하는 것 같지만, 결국 부모 입장만 내세우면서 자녀를 설득하는 데 그칠 뿐이다.

이런 식의 대화는 공감하는 방식이라고 할 수 없다. 피상적이고 형식적인 동조일 뿐 진정으로 위로를 주는 공감과는 거리가 멀다. '공감하는 척'하면서 동시에 자녀의 입장에서는 절대 이해할 수 없는 '미래의 일'에 집중하기 때문이다.

회사생활이 힘들다고 토로하는 부하 직원에게 "예전에는 더 힘들었어!" 혹은 "아직 정신을 못 차려서 그런 거야"라고 대꾸한다면 공감이 아니라 비난이다. 수십 년 전에 겪은 경험을 바탕으로 부하 직원을 해석하고 평가했기 때문이다. 나와 다른 성향을 가지고 있고, 나와는 다른 환경에서 자란 사람이 가진 다름을 인정하고 수용하지 않은 것이다.

형식적 공감도 무용지물이다. "그래, 그렇구나" "그럴 수도 있겠네"처럼 영혼 없는 추임새에 그치는 공감은 진정한 공감이 아니다. 깊이 있는 이해가 배제된 언어적 유희와 제스처에 불과하다. 상대방은 안다. 형식적이고 피상적인 이해를 표현하는 것에 불과하다는 사실을. 진정한 공감은 역지사지에 바탕을 두어야 한다. 내 입장에서의 공감은 피상적이고 공허하다. 상대방의 상황을 고려하지 않으면 감동을 불러일으킬 수 없다.

역지사지에 기반을 둔 공감은 어떤 말로 표현될까? "맞다, 나도 학생 때는 그랬지." "그래, 다른 사람이 나를 부정적으로 평가하면 기분이 무척 나쁠 수밖에 없지." "하긴, 나도 저 사람이 내 말을 잘 들어주지 않으면 짜증이 났지." "열심히 노력했는데 결과가 안 나와서 나도 너무 힘들었지."

이렇게 상대방의 특성이나 상황을 고려해 역지사지하는 공감을 표현하면 상대방도 나를 같은 눈으로 바라보게 된다. 자연스레 상대방 역시 역지사지해서 나와 소통하려고 노력하게 된다.

참지 말고
표현하기

참는 게 능사가 아니라는 말이 있다. 마음이라는 건 생각보다 잘 드러나지 않는다. 마음을 표현하지 않으면 다른 사람이 내 상태를 알기 어렵다. 결국 다른 사람이 나에 대해 잘못된 추론이나 오해를 하게 된다. 또 표현하지 않고 오래 참으면 그게 다 내 '마음의 병'이 된다.

정확하게 자신의 입장을 표현하는 게 분명한 의사소통의 시작이자 믿을 수 있는 관계를 형성하는 기초다. 그렇다고 느끼는 대로 막말을 하라는 뜻이 아니다. 상대방과의 관계나 상황에 맞춘 표현 방법이 중요하다. 여기서 중요한 점은 무조건 참는 게 능사가 아니라는 것이다.

누군가 딱히 문제 삼기에는 애매한 수준으로 사람을 피곤하게 하는 경우가 있다. 예를 들어 상사나 선배가 묘한 표정을 지으며 "요즘 일찍 퇴근하네. 뭐 좋은 일 있나 봐? 애인 생겼나?"라고 말을 던졌다고 치자. 이런 식의 참견이 반복되면 심리적으로 불편해진다. 퇴근은 당당해야 하며, 사생활은 직장 선배나 상사가 관여해서는 안 되는 영역 아닌가? 뭐라 딱 꼬집어 말할 수 없는 부정적인 감정이 생겨난다. 그런데 이런 불편함을 참기만 한다면 어떻게 될까. 부정적 감정이 차차 쌓이다 갑자기 폭발할 수도 있다.

내 마음을 표현할 때도 연습과 훈련이 필요하다. 정확하고 효과적으로 표현하려면 세 가지 단계를 거쳐야 한다.

1. 내가 하고 싶은 말의 내용이 무엇인지 정의하기
2. 어떻게 표현하고 전달할 것인지 고민하기
3. 표현한 후의 결과 생각해보기

직장에서 애매한 농담으로 마음을 불편하게 만드는 선배에게는 존중을 담되 당당하게 말해야 한다. "선배님, 관심 보여주셔서 고맙습니다. 하지만 그런 말씀은 조금 불편하네요. 조금 자제해주시면 좋겠습니다"라고 말해보자. 그리고 미소와 함께 이런 말을 덧붙이면 좋다. "이렇게 말씀드려야 선배님과 더 편하고 좋은 관계를 유지할 수 있을 것 같아요."
어떤 말을 어떻게 할 것인지 그리고 마음을 표현했을 때 결과적으로 내 속이 시원해지거나 문제가 해결될 수 있을지 먼저 생각해보자. 각각의 상황과 대상이 다르므로 천편일률적인 방식으로 대응하는 것은 좋지 않다. 내 마음을 표현함으로써 오히려 서로 감정을 상하고 문제를 더 어렵게 만들 가능성은 없는지도 충분히 고려해야 한다. 처음 시도할 때는 시나리오를 만들어 연습해보는 것도 괜찮다.

인정과 존중의 자세

서로 다른 성향과 특성, 각자의 입장과 요구를 지닌 사람들 사이에서 소통은 기본적으로 갈등 요인을 내재하고 있다. 모두가 알고 있는 사실이지만 우리는 이런 당연함을 잘 받아들이지 못한다.

잠재적 갈등이 내재되어 있는데도 이를 인정하지 못한 채 '무갈등'을 기대하는 건 지나치게 이상적인 태도다. 만약 갈등 없이 소통이 되길 기대했다면 현실은 생각보다 더 큰 스트레스로 가득할 것이다. 사소한 다툼조차도 큰 갈등으로 여겨질 수 있다.

'다름'은
'틀림'이 아니다

갈등이나 문제가 커지는 경우 '다름'을 옳고 그름의 잣대로 대했을 가능성이 높다. '다름'이란 차이가 있다는 현상일 뿐, 정답 혹은 오답으로 구분할 수 있는 성질의 것이 아니다. 그럼에도 불구하고 우리는 흔히 옳고 그름으로 다름을 평가하려 한다. 특히 '내 생각이 맞고, 네 생각과 견해는 틀렸다'고 생각하는 순간, 대립은 최고조에 이르고 문제는 심각해진다.

권위적인 사회 분위기에서 스승의 회초리는 사랑의 표현으로 받아들여졌다. 교실에서 매를 맞으며 학창 시절을 보낸 기성세대는 폭력의 희생자이지만, 동시에 폭력의 가해자가 될 가능성도 높다. 반면 가족 내에서 충분히 존중받고 자연스러운 자기표현이 몸에 밴 세대는 부당한 대우나 폭력에 당당하게 맞선다.

이처럼 성장환경이 서로 다른 두 세대는 잠재적 갈등 요소를 지니고 있을 수밖에 없다. 하지만 서로의 특성을 이해하고 다름을 존중한다면 타협점을 찾을 수 있다. 상대의 입장을 고려해 변화를 추구하거나 측은지심을 발휘하는 방법도 고려해볼 수 있다.

부부의 경우도 마찬가지다. 남편과 아내 각자 서로의 가정환경과 성장 배경이 다르다는 사실을 잘 알고 있다. 이런 다름을 충분히 인정하면 배우자의 행동을 이해할 수 있는 폭이 넓어진다. 만약 배우자가 유난히 엄격한 부모 아래에서 자랐다면 자녀에게도 엄격하게 대할 가능성이 높다. 이럴 때 왜 아이에게 그렇게 대하느냐고 탓하기보다는 배우자가 나와 다르다는 사실을 먼저 인정할 수 있어야 한다. 칭찬에 인색한 부모 밑에서 자란 배우자에게 오히려 측은함을 느끼거나, 지금으로선 어쩔 수 없는 한계라는 사실을 인정하는 식이다. 칭찬이나 지지를 경험하지 못한 배우자는 상대방을 대하는 태도에 한계가 있을 수밖에 없기 때문이다. 그런데도 "당신 정말 왜 그래?" "그런 방법 안 좋다니까 왜 말을 안 들어!" 하는 식으로 비난하면 갈등의 골만 깊어질 뿐이다.

매력이냐, 전쟁이냐

강의를 하다가 배우자의 성격 유형에 관한 질문을 받는 경우가 종종 있다. 외향형 성격과 내향형 성격을 기준으로 '배우자와 본인의 성격이 같은 유형인 경우(외향과 외향 또는 내향과 내향인 경우)'와 '배우자와 본인의 성격이 반대 유형인 경우(외향과 내향인 경우)'를 조사해보면, 실제로 동수이거나 반대 유형의 부부가 더 많다.

왜 이런 현상이 나타날까? 기본적으로 사람은 '자신이 가지지 못한 성향'을 동경하며 이를 매력적으로 느끼는 경우가 많다. 외향적인 사람들은 내향형 사람들의 특성인 신중함과 차분함을 신비롭다고 표현하기도 한다. 반면 내향형인 사람들은 외향형의 적극성과 실행력을 자신이 보완해야 할 점으로 생각한다.

문제는 갈등 상황이다. 서로 갈등하는 상황에서는 이 매력 포인트가 전쟁의 씨앗으로 돌변하기 십상이다. 상대방의 성향이나 행동에 대한 동경이 금세 모습을 바꾸어 비난의 소재로 탈바꿈하는 것이다. 성향이 다르기 때문에 갈등을 받아들이는 방식과 표현하는 방식도 다를 수밖에 없다. 그럴수록 각자 더욱 깊은 감정의 골로 빠져든다. 직접 표현해야 분노가 해소되는 외향형과 기본적으로 생각이 정리되어야 표현하는 내향형 부부의 싸움은 쉽게 해결되지 않는다. 서로의 성향을 인정하고 받아들이지 않는 한 오히려 막장 드라마로 나아간다.

직장에서 "어떤 사람과 업무를 같이 하고 싶습니까?"라고 질문하면 대부분의 사람들은 "자신이 가지지 못한 점을 보완해줄 수 있는 사람"이라고 대답한다. 외향형은 꼼꼼하고 신중한 업무 처리 스타일을 가진 내향형을 파트너로 삼고 싶어 하며, 내향형은 강한 실행력과 빠른 일처리가 특징인 외향형과 일하는 게 도움이 될 것이라고 말한다.

시너지를 발휘한다면 물론 좋은 결과가 나올 것이다. 하지만 문제는 역시 갈등 상황이다. 정말 급하게 처리해야 하는 일인데도 상대방이 평소대로 하나하나 꼼꼼하게 따지고 앉아만 있으면 속이 갑갑해진다. 마찬가지로, 신중을 기해 세세하게 살펴보아야 하는데도 상대방이 극도로 덜렁거리며 일을 진행하면 마음속에서 절로 앓는 소리가 나온다.

결국 서로의 '다름'은 어떻게 다루느냐에 따라 득이 되기도 하고 독이 되기도 한다. 이를 결정짓는 건 결국 두 사람의 상호 작용이다.

I'm OK and You're OK

성격 유형과 관련해 가장 많이 받는 질문 두 가

지를 꼽으라면 "저는 어떤 유형과 결혼하면 좋을까요" 그리고 "저는 어떤 유형의 상사(혹은 부하)를 만나면 좋을까요"다. 답은 의외로 간단하다. 자신과 맞고 안 맞는 유형이 정해져 있지 않다는 것이다. 그러므로 나와 맞는 유형을 찾는 것보다 더 중요한 건 소통 의지를 가지고 노력하는 사람을 찾는 것이다.

유사한 유형(다름의 차이가 적은 사람들)끼리는 신선함이나 동경하는 감정이 적은 대신 서로에게 익숙해 갈등의 소지가 비교적 적다. 반면 다른 유형(다름의 차이가 큰 사람들)끼리는 서로 신기해하고 매력을 느끼는 대신 갈등의 소지가 많을 수밖에 없다. 여기서 중요한 건 다름 자체보다 다름을 인정하고 존중하는 태도다. 그리고 다름으로 인해 생길 수 있는 문제를 인정하고 적극적으로 해결하고자 하는 의지다.

소통과 교류에 기반을 두고 타협할 의지가 있는 사람들이 모여 서로 이해하려고 노력하면 이전보다 더욱 돈독한 관계로 발전한다. 반면 서로의 다름을 인정하지 못하는 경우에는 갈등이 해결되지 않은 채 상처와 분노가 쌓여 서로 비난하고 책임을 전가하는 관계가 되기 쉽다.

'다름'을 조화와 행복으로 이끌 것인지, 상처와 대립으로 끝낼 것인지는 두 사람의 태도에 달려 있다. 자신과 타인의 다름을 인정하고 이를 조화롭게 이끌어나가기 위해 계속 노력하자. 재차 갈등하고 대립하더라도 해결 방안을 모색하길 멈추지 말자. 각자의 입장과 기준에서 이해가 안 되고 문제투성이로 보이는 것들이 누군가에게는 나름 의미가 있고 가치 있는 무언가일 수 있다.

다르다고 비난할 필요는 없다. 가만히 생각해보고 역지사지하면 이해하지 못할 것도 없다. 서로의 다름을 인정하는 것, 타인의 다름을 존중하는 것, 그 안에서 타협하고 조화하는 것. 이 간단한 자세가 다름을 넘어 조화로 거듭나는 핵심이다.

제4강

1인 가구 보고서

김광석

경제 읽어주는 남자. 현대경제연구원, 삼정 KPMG 등을 거치면서 경제와 산업을 연구하는 한편, 한양대 겸임교수로 경제학을 강의해왔다. 최근에는 기업, 정부 및 공공기관을 대상으로 한 특강에서 경제 현안을 진단하고 전략 수립에 필요한 인사이트를 전달한다. 산업통상자원부, 기획재정부, 문화체육관광부, 과학기술정보통신부 등 정부 부처의 자문위원 및 기획·심사위원으로 활동하면서 한국 경제의 발전을 위한 지략을 제시하는 데 힘쓴다. 저서로《경제 읽어주는 남자》《한 권으로 먼저 보는 2019년 경제 전망》《경제읽어주는남자의 디지털 경제지도》 등이 있다.

통계로 보는 1인 가구 변천사

2035년 대한민국에 1인 가구 100명이 살고 있다고 가정해보자. 세대별로 구분해보니 60대 이상이 54명, 50대가 13명, 40대가 11명, 그리고 30대와 20대가 각각 11명씩이다. 각 연령별 1인 가구는 제각기 다른 사연이 있으며, 삶의 질과 만족도 역시 천차만별이다. 그들이 사는 세상은 어떤 모습일까? 가까운 미래 대한민국의 자화상으로 떠오를 1인 가구의 삶을 미리 들여다보려 한다.

25년 새 혼자 사는 가구 5배 급증

가족에 대한 전통적 가치관이 약화되면서 4인 가구 대신 1인 가구가 대한민국 사회의 주거 및 생계활동의 대표적 형태로 바뀌고 있다. 국내 1인 가구는 1990년 101만 가구에서 2015년 506만 가구로 25년 만에 5배 이상 급증했다. 1인 가구는 지속적으로 늘어 2035년에는 763만 가구에 달할 것으로 전망된다. 전체 가구에서 1인 가구가 차지하는 비중은 1990년 9.0퍼센트에서 2015년 26.5퍼센트로 급속히 확대됐고, 가파른 상승세는 지금도 유지되고 있다. 통계청은 2035년에 1인 가구 비율이 34.3퍼센트에 이를 것으로 예상한다.

고령화와 저출산, 이혼, 동거, 만혼 등은 향후 1인 가구의 확대 추세를 가속화하는 주요 요인이 될 것으로 보인다. 1인 가구와 더불어 결혼을 하더라도 자녀를 낳지 않는 부부, 이른바 딩크족Double Income, No Kids이 늘면서 2인 가구도 빠르게 증가할 것으로 보인다.

젊은이들의 라이프스타일을 조명하는 리얼리티 프로그램이 인기를 끌면서 혼자 사는 주인공들의 삶이 현실 속 1인 가구의 실제 모습을 대변하는 듯한 착각을 불러일으킨다. 1인 가구 트렌드를 설명해주는 '혼밥족' '혼술족'과 같은 신조어도 20~30대에서 발생했으며, 1인 가구를 상징하는 산업인 편의점, 가정간편식HMR; Home Meal Replacement 등의 부흥도 마찬가지다.

그러나 실제 현실은 다르다. 2019년을 기준으로 1인 가구 중 가장 많은 비중을 차지하는 계층은 60대 이상 노년층이다. 60대 이상 1인 가구가 약 195만 4천여 가구에 달한다. 20대(103만 7천여 가구), 30대(95만 6천여 가구)와 비교할 때 압도적으로 많다. 더 심각한 양상은 향후 1인 가구가 증가하는 모습이다. 1인 가구가 가파르게 증가하는 현상도 60대 이상

1인 가구 비중 추이

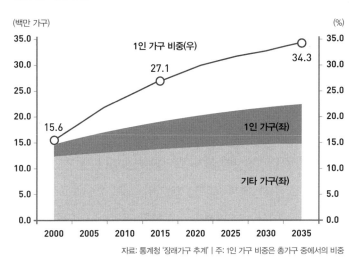

자료: 통계청 '장래가구 추계' | 주: 1인 가구 비중은 총가구 중에서의 비중

가구원수별 가구수 추이

	2000	2015	2035	연평균증감률
1인	2.3	5.1	7.6	3.5
2인	2.8	5.0	7.6	2.9
3인	3.0	4.0	4.3	1.0
4인	4.5	3.5	2.2	-2.0
5인	1.5	0.9	0.4	-3.5
6인 이상	0.5	0.3	0.1	-3.9
전체	14.7	18.7	22.3	1.2

단위: 백만 가구, % | 자료: 통계청 '장래가구 추계' | 주: 2000~2035년 동안의 연평균증감률

을 중심으로 나타난다. 따라서 TV 등 대중매체에 등장하는 젊은 세대 중심의 1인 가구 라이프스타일은 상당한 편견과 오해를 불러올 가능성이 있다.

1인 가구를 구성하는 연령대별 비중을 들여다보면, 이 내용을 비교적 쉽게 이해할 수 있다. 2015년 기준으로 60대 이상 1인 가구는 전체 1인 가구 중 34.0퍼센트로 가장 높고, 20대(16.9%), 30대(17.3%), 40대(14.5%), 50대(16.1%)는 이에 크게 못 미친다. 60대 이상의 1인 가구 비중은 2000년 31.3퍼센트에서 2035년 53.7퍼센트로 상승하고, 20대는 같은 기간 23.3퍼센트에서 10.6퍼센트로 하락할 전망이다. 1인 가구가 빠른 속도로 증가하는 가구구조 변화에 저출산과 고령화 현상에 따른 인구구조 변화가 맞물리면서 독거노인 가구가 급격히 증가하는 것이다.

빠르게 고령사회에 진입한 우리나라

1인 가구의 대세는 독거노인이다. 팩트 체크에 민감해진 시대이니 1인 가구를 이해하려면 고령화의 개념부터 확인해야 할 것이다. 우리나라는 2018년 '고령사회'에 진입했다. 원래 고령사회 아니었냐고 묻는다면 정확한 답은 '아니요'다. UN이 내린 정의에 따르면, 65세 이상의 노년층이 전체 인구의 7퍼센트 이상일 경우 '고령화사회 aging society'라 하고, 65세 이상 노년층이 14퍼센트 이상이면 '고령사회 aged

인구구조 변화

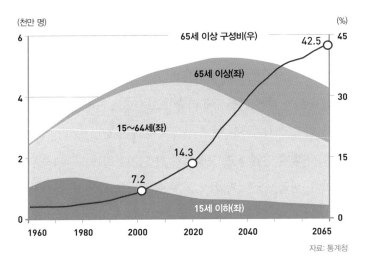

(천만 명)

65세 이상 구성비(우)   42.5

65세 이상(좌)

15~64세(좌)

14.3

7.2

15세 이하(좌)

1960   1980   2000   2020   2040   2065

자료: 통계청

주요 국가별 고령화 현황

		한국	미국	일본	독일
도달 연도	고령화사회 (고령인구 7%)	2000	1942	1970	1932
	고령사회 (고령인구 14%)	2018	2015	1994	1972
	초고령사회 (고령인구 20%↑)	2026	2036	2006	2009
도달 연수	고령사회	18	73	24	40
	초고령사회	8	21	12	37

자료: 통계청

society'로 분류한다. 우리나라 노년층의 비중은 2017년 13.8퍼센트에서 2018년 14.3퍼센트로 상승해 1년 만에 고령화사회에서 고령사회로 바뀌었다.

우리나라는 세계적으로 가장 빠르게 고령사회에 진입한 국가다. 한국의 고령화 속도는 다른 선진국에 비해 초고속으로 진행되고 있으므로 정부와 기업 입장에서는 특히 이 부분을 주목해야 한다. 우리나라가 2000년 '고령화사회'에 진입하고 '고령사회'가 되기까지는 고작 18년밖에 걸리지 않았다. 미국, 일본, 독일은 고령사회로 진입하는 데 각각 73년, 24년, 40년이 소요됐다. 우리나라의 고령화 속도가 얼마나 빠른지 실감할 수 있는 대목이다.

인구 변화에 따라 발생할 수 있는 사회적 문제를 미리 파악하고 대안을 마련하려면 1인 가구 트렌드를 정확히 이해해야 한다. 전체 가구의 절대적 비중을 차지하는 1인 가구를 미디어가 만들어낸 이미지로 오해하거나 편견에 빠져서는 안 된다.

1인 가구가 어떻게 증가하고, 연령별로 어떻게 구성되었는지, 특징은 무엇인지 구체적인 자료와 지식을 근거로 접근해야 한다. 4인 가구를 중심으로 한 주거 및 복지 등 정부의 기존 정책은 빠르게 선회해야 한다. 기업은 경영전략을 수립할 때 60세 이상 1인 가구가 소비의 주요 계층으로 부상하고 있다는 점을 간과해서는 안 된다. 더불어 20~30대 등 다른 연령층별 1인 가구의 특성도 살펴봐야 한다.

가치 소비를 지향합니다

1950년대 이후 우리나라를 세대별로 구분해 보면 베이비붐 세대
(1955~1963년 출생), X세대(1960년대 중반~1970년대 후반 출생), 그리고 밀레
니얼 세대(1980년대 초반~2000년대 초반 출생)로 나눌 수 있다.

바야흐로 베이비붐 세대와 X세대를 부모로 둔 밀레니얼 세대가 경제
활동의 주체로 나서고 있다. 이들은 디지털 시대의 주역으로서 과거와는
다른 라이프스타일을 추구한다. 밀레니얼 세대 중에서 이미 중년에 접어
든 30~40대는 경제적으로 안정적인 위치를 차지하고 있지만, 20대는
학업과 취업이라는 관문을 돌파하느라 삶이 팍팍하다. 눈여겨볼 점은 인
터넷을 중심으로 한 이들의 라이프스타일이 경제환경을 크게 바꾸고 있
다는 데 있다.

밀레니얼 세대의
만족과 우려

밀레니얼 세대 중 20대는 베이비붐 세대보다 평균소득이 낮아 자동차나 부동산 등과 같은 자산을 소유하는 데 관심을 두지 않고 이용에 가치를 둔다. 에어비앤비, 우버 등으로 대변되는 공유경제가 그들의 라이프스타일에 적합하다는 의미이기도 하다.

밀레니얼 세대는 1인 가구 중심의 경제구조를 이어가고 있다. 이들은 자발적으로 1인 가구를 선택한 세대다. 따라서 라이프스타일에 대한 만족도는 비교적 높다. 이들은 "소비가 행복이다"를 외치던 과거 세대와 다르다. 오히려 행복하게 소비하는 행위 자체를 중요하게 여긴다. 자신의 존재를 확인하기 위해 소비하는 '가치 소비'를 지향하기도 한다.

대부분의 1인 가구는 나 홀로 살기에 만족한다. 자발적으로 1인 생활을 시작한 경우는 물론이요, 비자발적인 이유로 1인 가구가 된 경우에도 혼자 사는 삶에 상당히 만족하고 있는 것으로 나타났다. 1인 생활에 대한 만족도는 여성이 남성보다 압도적으로 높고, 젊을수록 만족도가 더 높게 나타난다.

이들 1인 가구를 대상으로 1인 생활의 장점을 물은 조사에서 '자유로운 생활 및 의사결정'과 '혼자만의 여가시간 활용'이라는 답을 내놓은 수가 절대적으로 높았다. 자발적으로 1인 가구 되기를 선택한 40대의 경

1인 생활에서 느끼는 장점

■ 1순위 ■ 1+2순위		20대	30대	40대	50대
자유로운 생활 및 의사결정	39.5 72.1	70.4	74.9	76.1	65.8
혼자만의 여가시간 활용	33.2 70.0	73.9	72.8	65.5	68.5
가족 부양 부담 없음	7.3 17.7	15.5	15.8	18.3	20.8
직장/학업 등 몰입 가능	7.0 14.5	19.0	13.1	12.9	14.6
경제적 여유	7.2 13.8	12.4	12.9	18.1	11.5
가사 등 집안일이 적음	5.9 11.9	8.9	10.6	8.9	18.3

단위: %, 연령별은 1+2 순위 | 자료: KB금융지주

1인 생활에서 느끼는 단점

	전체	20대	30대	40대	50대
외로움 등 심리적 안정	44.3	40.8	46.7	42.2	46.0
건강관리	43.9	32.5	35.6	54.9	50.2
안전·위험 요소	31.2	37.1	31.8	33.5	24.2
식사(끼니) 해결	30.6	37.1	35.4	22.2	29.0
안정적인 직업	20.8	19.3	21.5	21.8	19.8
주거 및 생활환경	16.5	25.0	16.8	13.7	13.3
주위 시선	12.1	7.8	11.6	10.8	16.9

단위: % | 자료: KB금융지주

우 '가족 부양 부담 없음'이나 '경제적 여유'를 장점으로 여기는 비중이 높게 나타났다. 부모나 자식을 부양해야 하는 부담이나 책임이 줄어들었기 때문으로 해석된다. 또 20대는 부모의 눈치를 보거나 가족 구성원과 함께 여가를 보내지 않아도 되는 생활방식을 큰 장점으로 인식하는 듯 보인다.

물론 1인 생활자로서 겪어야 하는 불편한 점이나 걱정거리도 있다. 가장 큰 걱정거리는 심리적 외로움과 신체적 건강으로 나타난다. '외로움 등 심리적 안정'(44.3%)이 1위를 차지했고, '건강관리'(43.9%)가 두 번째로 많았다. 특히 이러한 요소는 40~50대가 더 강하게 느꼈다. 20~30대는 식사 해결이나 주거 및 생활환경과 관련해 큰 불편을 느끼고 있었다. 청년층 1인 가구의 불만족이 부모와 떨어져 살면서 나타나는 요인이라면, 장년층 1인 가구의 불만족은 정신적·육체적으로 나약해지면서 발생하는 걱정거리에 가깝다는 것을 알 수 있다.

1인 가구에는 여가와 취미가 필수

1인 가구의 라이프스타일은 다인^{多人} 가구 유형과 차이가 크다. 1인 가구는 '다른 활동을 줄여서 여가·취미 활동을 한다'는 의견이 지배적이다. 자신의 가치를 증명하기 위해서라면 다소 무리를 해서라도 만족할 수 있는 여행지로 떠날 수 있다는 뜻이다. 이른바

가치 소비를 지향하는 특징이 여기서 드러난다.

나를 위해 내 삶을 즐기는 '포미For me족'의 라이프스타일은 다인 가구의 구성원이 가족을 고려하는 것과는 다른 성향을 보인다. 모험적이지 않고, 대개는 인터넷으로 시간을 보내는 경우가 많다. '여가시간에 주로 인터넷·컴퓨터를 하며 보낸다'는 항목을 통해 누군가와 함께하는 시간보다 절대적으로 혼자 시간을 보내는 경우가 더 많다는 사실을 알 수 있다. 이성 친구를 사귀는 대신 인터넷에 빠진 '초식남'이 늘어나는 현상도 같은 맥락에서 이해할 수 있다.

'취미·여가용 장비 구입 등에 기꺼이 투자한다'와 '종종 모험적인 여가활동을 즐긴다'는 항목에서 부정적 의견이 더 높게 나온 것은 개성을 추구하면서도 실속과 합리성에 근거해 여가생활을 하려는 성향이 높기 때문이라고 해석할 수 있다. 나만 생각하며 살지만, 소위 '가성비'를 추구하는 라이프스타일을 선호한다는 사실도 알 수 있다. 여행을 떠날 때도 자신의 개성을 추구하며 자유롭게 즐기고자 하는 트렌드가 강하다. '패키지보다는 자유여행을 선호한다'는 1인 생활자가 무려 절반이 넘는다.

전통적인 가구 형태를 4인 가구로 인식하던 기업들은 지금 바뀌고 있다. 변화는 1인 가구에 대한 정확한 이해에서 시작한다. 혼자 살기 시작한 동기에 따라 소비자에 대한 정의를 다시 세우고, 1인 생활의 만족도와 세부 내용을 이해해야 불만족 요소를 해소할 수 있는 서비스가 나오고 공급 전략 수립이 가능해진다. 1인 가구의 라이프스타일을 반영한 제품 및 서비스 설계, 마케팅 전략의 재정의는 향후 소비자 확보의 성패를 결정하게 될 것이다. 이와 함께 디지털 소비문명으로 전환하고 있는 디지털 혁명의 시대에도 함께 적응해나가야 한다.

다양한 욕구가 이끄는 공간의 변화

1인 가구는 주로 어디에 살고 있을까? 1인 가구는 대중교통과 생활 편의시설이 가까우면서도 직장이나 학교와 인접한 지역에 살고 있다. 주거 형태로 보면 오피스텔과 같은 '주택 이외의 거처'에 산다. 당연한 얘기지만, 이들의 선택 기준은 저마다 다르다.

1인 가구에 맞추고
공동체에 맞추고

1인 가구가 늘어나면서 주거 시장에서 초소형으로 건축한 '꼬마아파트'가 인기를 끌고 있다. 꼬마아파트란 전용면적 50제곱미터 미만의 크기로 소형 아파트(전용면적 59㎡)보다 더 작은 초소형 아파트를 말한다.

2000년대 초까지만 해도 초소형 아파트는 냉대를 받았다. 주택시장 전문가마저 '쪽방'이라고 비아냥거릴 정도였다. 하지만 최근에는 실거래가가 뛰고 있다. 대표적인 사례로 서울 송파구에 위치한 재건축 아파트 L이 있다. 전용면적 27제곱미터의 초소형 아파트를 2005년 5월 800여 가구 분양했지만 상당 기간 미분양으로 남아 있었다. 그런데 최근 실거래가가 분양가(1억 9천만 원)보다 약 5배가량 뛰었다. 꼬마아파트의 수요가 높아졌다는 의미다.

1인 가구의 주거는 연령별로 차이가 난다. 20~30대는 오피스텔이나 다세대주택과 같은 5~10평대(16.5~33㎡)의 주거공간에 주로 사는 반면, 40~50대 1인 가구는 25평(82.6㎡) 이상의 아파트나 단독주택에 거주하는 비중이 높다.

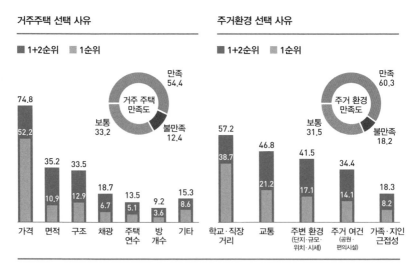

거주주택 선택 사유

■ 1+2순위   ■ 1순위

거주 주택 만족도
만족 54.4
보통 33.2
불만족 12.4

가격 74.8 / 52.2
면적 35.2 / 10.9
구조 33.5 / 12.9
채광 18.7 / 6.7
주택 연수 13.5 / 5.1
방 개수 9.2 / 3.6
기타 15.3 / 8.6

주거환경 선택 사유

■ 1+2순위   ■ 1순위

주거 환경 만족도
만족 60.3
보통 31.5
불만족 18.2

학교·직장 거리 57.2 / 38.7
교통 46.8 / 21.2
주변 환경 (단지·규모·위치·시세) 41.5 / 17.1
주거 여건 (공원·편의시설) 34.4 / 14.1
가족·지인 근접성 18.3 / 8.2

단위: % | 자료: KB금융지주

1인 가구는 주거 환경을 선택할 때도 가성비를 우선적으로 고려한다. 주변 환경 대신 이동거리와 시간에 따른 비용을 고려하고, 인테리어와 디자인, 실내 구조를 더 우선시한다. 좋은 학군, 근린 생활시설 등 주변 환경과 채광, 전망 등 실내 환경을 우선 고려하는 2인 이상의 가구와 비교하면 선택 요건에서 뚜렷한 차이가 난다.

개인주의를 지향하는 1인 가구의 성향에 맞춰 도시형 생활주택이 새로 등장하고 있다. 과거 연립주택이라고 불리던 형태에 셰어하우스 개념을 도입해 1인 가구에 부족한 공동체의식을 보완하는 역할을 하고 있다.

셰어하우스는 입주자의 거주공간과 생활공간을 분리한 형태로 취사, 휴식 등의 생활이 공용공간에서 이루어질 수 있도록 설계해 공간을 보다 효율적으로 사용할 수 있도록 만든 주택 형태다. 과거 '내 집'에 대한 소유의식이 강했던 베이비붐 세대와 달리 소유보다는 이용에 가치를 두는 밀레니얼 세대의 특징을 반영한다. 주거 안정성보다는 이동이 용이한 공간과 계약 조건에 대한 선호가 높아지고 있으며, 1인 여성 가구의 경우 안전에 대한 요구가 높아지면서 주택시장에서는 역세권 중심으로 도시형 생활주택을 건설하고 있다.

1980년대 1인 가구가 증가한 일본의 경우, 초기에는 도심 노후 주택을 리모델링한 뒤 장기 임차계약을 맺고 임대·관리하는 형태로 시작했다가 최근에는 설계 단계부터 1인 가구의 라이프스타일에 맞춰 공간을 조성하는 셰어하우스로 진화, 발전했다.

2010년 국내 최초로 건축된 셰어하우스 M에는 카페테리아, 주방 등의 공용공간이 조성되어 있어 입주자들이 카페테리아에서 저렴한 비용으로 식사할 수 있으며 직접 조리도 할 수 있다. 여성 전용 도시형 생활주택의 사례인 E는 세미나실, 옥상정원, 응접실 등을 공용으로 활용할 수 있도록 조성하는 등 1인 가구 여성을 위해 공간 구성을 차별화했다.

공동체 생활을 좀 더 적극적으로 하길 원하는 사람들을 위한 주거공간으로는 코하우징Co-Housing이 있다. 코하우징은 필요한 경우 공동생활을 하지만 프라이버시를 유지할 수 있다는 장점이 있다. 대표적인 코하우징 사례로 S 브랜드가 있다. 자녀들을 위한 방과후 학교와 공방, 주방시설 등을 갖췄다. 2011년 4월 처음 입주를 시작해 약 7년간 10호점까지 늘어날 정도로 꾸준하게 성장하고 있는 주거공간 형태다.

1인 가구의
극명한 세대별 차이

주거공간의 변화는 1인 가구의 소득수준과 관계가 있다. 전체 가구의 평균보다 비교적 높은 소득을 보이는 1인 가구가 자신의 주거공간을 직접 선택하면서 작지만 실용적인 디자인을 중심으로 한 실내 구조, 학교나 직장과 가까운 지역을 선호하는 것이다.

1인 가구 중에서도 30대의 소득수준이 가장 높다는 사실은 '꽃중년(매력이 넘치는 중년남)' '아재파탈(치명적 매력의 중년남)' 등 자신을 위해 소비하

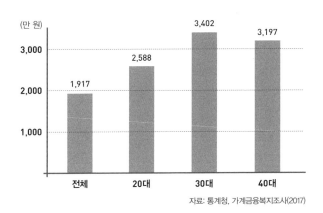

1인 가구의 연령대별 평균 연간소득

(만 원)

자료: 통계청, 가계금융복지조사(2017)

는 1인 가구의 증가와 무관하지 않다. 30~40대 1인 가구는 연간소득이 평균 4천800만 원 이상으로 가장 높은 소득 수준을 보이며, 전문가나 사무 종사자 비중이 높은 편이다.

1인 가구의 소득은 40대부터 점차 하락한다. 50~60대의 연간소득은 1천200만 원 미만인 경우가 많다. 50~60대 1인 가구는 단순노무 종사자 비중이 높기 때문이다. 50대에 이르기까지 소득수준이 꾸준하게 오르다가 60대에 급격히 떨어지는 전체가구의 소득 추세와 차이를 보인다.

앞의 통계를 1인 가구의 라이프스타일과 연결 지어 생각해본다면 어떨까. 성공한 30~40대 1인 가구가 자유로운 삶을 추구하면서 자발적으로 1인 생활을 시작하는 것으로 볼 수 있고, 이혼·사별·경제적 이유 등에 의해 비자발적으로 1인 가구가 된 50~60대는 소득수준도 낮다는 걸 알 수 있다.

30대 이후 성공한 '골드미스'와 '골드미스터'는 자신을 위해 풍요롭게 소비하고 자기계발을 하며 자발적으로 1인 가구 라이프스타일을 즐기고 있지만, 경제적으로 위축되는 50대 이후 비자발적인 1인 가구는 외로움과 건강염려증을 호소하는 독거노인으로 전락하기 쉽다. 1인 가구는 세대별로 너무나 다른 라이프스타일과 소득수준을 보이고 있고, 이런 추세가 장기화할 것을 감안하면 개인적 대비와 국가적 대비 모두 고민해야 하는 시점이다.

솔로 이코노미 시대

'가구' 혹은 '가정'이라는 단어를 들으면 제일 먼저 '엄마, 아빠, 아들, 딸'로 구성된 4인 가구를 떠올리기 쉽다. 그러나 이제 1인 가구가 대한민국 가정의 자화상이다. 1인 가구 증가는 단순한 가구구조 변화로 끝나지 않는다. 주요 소비 주체가 1인 가구로 전환되며 노동력 부족이 불가피하다는 심각한 문제를 안고 있다.

1인 가구에 맞춘 생산과 유통

1970~1980년대 산업 주도 성장기에 우리나라가 '인구 보너스' 시대를 맞았다면, 이제는 경제의 생산 가능 인구가 급격하게 감소하는 '인구 오너스Demographic Onus' 시대로 전환됐다. 결국 경제구조 내에 충분한 노동력이 공급되지 않아 경제성장률을 떨어뜨리는

요인으로 작용할 가능성이 크다. 산업별로 희비는 엇갈린다. 로봇산업, IT 서비스산업 등은 호황이 예상되는 반면 농림어업, 오프라인 소매업, 노동 집약적 제조업 및 건설업 등은 불황기에 접어들 것으로 예상된다.

1인 가구가 경제에 미치는 영향력이 확대되면서 '솔로 이코노미Solo Economy'를 비롯한 각종 신조어도 생겨나고 있다. '솔로 이코노미'는 1인 가구의 증가에 따라 기업이 이들을 소비 주체로 인식하고 이들의 라이프스타일에 맞춰 제품을 집중적으로 개발해 판매하는 현상을 의미한다. 2007년 세계경제포럼에서 1인 가구를 대상으로 한 비즈니스 모델이 필요하다는 주장이 처음 제기됐으며, 2012년 에릭 클라이넨버그 뉴욕대 교수의 책《고잉 솔로: 싱글턴이 온다》를 통해 이 개념이 널리 알려졌다. 현재 솔로 이코노미에 기반한 초소형 주택시장 확산, 소포장 식료품 증가, 1~2인을 대상으로 한 서비스 증가, 작지만 실속 있는 소형가전이 등장하는 등 다양한 현상이 관찰되고 있다.

1인 가구 증가에 가장 빠르게 대처하는 업종은 유통이다. 유통업계는 싱글족을 잡기 위해 소량으로 포장한 제품을 내놓기 바쁘다. 대부분 직장이나 학업 때문에 시간을 쪼개기 바쁜 1인 가구가 소량이면서 간편하고 실속 있는 제품을 선호하기 때문이다. 이와 관련해 최근에는 '알봉족'이라는 신조어도 생겨났다. 알봉족은 과일을 세는 단위인 '알'과 가공식품을 담는 단위인 '봉'에서 유래한 말로, 낱개로 포장한 식료품을 애용하는 소비층을 의미한다.

1인 가구 증가에 따라 편의점도 주목받고 있다. 가정간편식, 도시락 등 편의점에서 식품을 구입하려는 요구가 늘면서 편의점은 다른 소매 업태에 비해 높은 성장세를 지속하고 있다. 특히 오프라인 유통업체로서 온라인과 직접 경쟁하지 않으면서 차별화된 상품을 개발하고 점포 효율성을 개선하는 과정을 통해 매출액이 지속적으로 성장하고 있다. 편의점 업태는 근거리에서 소량의 상품을 판매하는 업종 특성상 다른 유통 업태와 달리 경기 및 소비심리 변화에 따른 변동 폭이 적어 안정적인 성장세를 이어나갈 수 있을 것으로 전망된다.

밀레니얼 세대를 위한 소형화 및 간편화

소량 포장 제품은 계속해서 다양해지고, 관련 제품 매출도 꾸준히 증가하는 추세다. 대형마트는 1인 가구를 위해 레시피를 제공하고 요리에 필요한 채소를 소량으로 잘라 담고 세척해 곧바로 조리할 수 있도록 제공한다. 낱개로 포장한 과자 등 소포장 제품에 대한 소비자의 요구도 바뀌고 있다.

편리한 가정간편식 시장도 덩달아 커지고 있다. 간편식은 1차로 조리된 식품을 말하는데, 가열만 해서 간편하게 먹을 수 있는 게 장점이다. 간편식 시장은 2010년 7천700억 원 규모에서 2015년 1조 5천억 원 규모로 급성장했다. 식품업체는 즉석밥 및 국류 등의 기존 즉석 조리식품 라인을 강화하는 한편, 라면과 밥을 함께 묶어 출시하는 등 제품 라인업을 다양화하는 데 나섰다. 유통업체는 자사 PB브랜드를 중심으로 간편식 시장을 공략하는 중이다. 대형마트는 각자의 브랜드로 프리미엄 가정간편식을 개발해 내놓고 있다. 대형마트 E사의 경우, 2013년 340억 수준이던 프리미엄 가정간편식 매출이 2015년 2.4배(830억 원) 늘어났다.

가정간편식 시장의 성장 뒤에서 과거 인기를 끌었던 패밀리 레스토랑은 조용히 사라지고 있다. 베이비붐 세대가 중식당에서 짜장면과 탕수육으로 가족의 행복한 추억을 만들었다면, X세대의 어린 시절 로망은 패밀리 레스토랑 입성이었을 것이다. 하지만 밀레니얼 세대는 중식당의 짜장면이나 탕수육, 패밀리 레스토랑의 평범한 서비스에 만족하지 않는다. 그다지 럭셔리하지 않으면서 많은 음식을 펼쳐놓고 먹는 방식보다 간편하게 혼자 한 끼 즐기는 걸 더 선호하기 때문이다. 그 대신 특별한 때를 즐기고자 할 때는 호텔 등 프리미엄급 장소를 더 선호한다.

전자업계도 1인 가구를 겨냥해 특화된 니즈에 맞춘 제품을 출시하고 있다. 원룸, 오피스텔 등 1인 가구의 주거공간에 맞게 소형화, 슬림화하면서 다양한 기능을 갖춘 제품으로 시장을 공략하고 있다. 소형 냉장고에서부터 세탁 용량 10킬로그램 이하의 미니 세탁기, 3인용 미니 밥솥 등 제품군도 다양하다. 이런 트렌드 탓에 대형가전 시장은 주춤하고, 소형가전 시장은 점차 확대되고 있다.

한편 온라인과 모바일 업계는 '서브스크립션subscription 서비스'를 확대

1인 가구 관련 신조어

싱글슈머 (singlesumer)	싱글(single)인 1인 가구와 소비자(comsumer)를 결합한 용어로 1인 가구 소비자를 의미
알봉족	과일 한 '알', 시리얼 한 '봉'씩 제품을 소량구매하는 사람들
혼밥족	식사 시간만큼은 불편한 관계에서 벗어나 혼자만의 여유를 즐기고 싶어 자발적으로 혼자 밥 먹는 사람들
포미족(For me 族)	개인별로 가치를 두는 제품에 과감한 투자를 아끼지 않는 사람들
편도족	편의점 도시락을 즐겨 먹는 사람들

자료: 김광석·김수경·박경진(2016). 소비패턴의 11가지 구조적 변화. 삼정Insight(통권 43호). 삼정KPMG 경제연구원.

1인 가구에 따른 업종별 변화

1인 가구	**유통**	소포장 제품 출시
	식품	가정간편식(HMR) 제품 라인업 확대
	가전	소형화 · 슬림화 · 다기능성 갖춘 가전제품 출시
	온라인 · 모바일	생필품 정기 배송 '서브스크립션 서비스' 제공

자료: 김광석·김수경·박경진(2016). 소비패턴의 11가지 구조적 변화. 삼정Insight(통권 43호). 삼정KPMG 경제연구원.

하고 있다. 서브스크립션 서비스는 생필품을 쇼핑하는 시간이 아깝다고 생각하는 사람들을 위한 맞춤 서비스다. 화장품, 기저귀 등의 생필품은 물론 남성을 타깃으로 와이셔츠, 넥타이, 양말 등 개인 취향에 맞춰 정기적으로 배송해주는 형태다.

1인 가구 증가와 함께 1인 가구를 전문적으로 노리는 범죄가 증가하면서 싱글족의 안전을 위한 상품도 등장했다. 원룸이나 오피스텔에 거주하는 싱글족을 타깃으로 서비스를 제공하는데, 기본 방범 기능뿐만 아니라 스마트폰으로 가스를 차단하거나 조명을 원격 제어할 수 있는 기능까지 갖췄다.

1인 가구 맞춤 제품과 더불어 다양한 서비스도 새로운 시장으로서 큰 가능성을 가지고 있다. 재무설계 관리, 건강관리, 생활도우미 지원 등은 물론 외식업계의 배달 서비스, 1인용 테이블 배치 등 새로운 소비환경이 개척되고 있다. 1인 가구가 모여 사는 지역 중심으로 계속 확장하고 있는 반찬 가게, 심부름 서비스, 빨래방 등이 대표적인 예다.

1인 가구를 중심으로 한 가구구조 변화는 새로운 시장이 열리고 있음을 의미한다. 싱글족의 구매 욕구를 자극할 수 있는 상품과 서비스 개발에 더욱 신경 써야 하는 타이밍이다. 소량상품, 소형가전, 소형가구의 등장이 전부가 아니다. 싱글족의 라이프스타일을 면밀히 분석하고 니즈를 조사해 지금까지 없었던 제품과 서비스를 개발해야 승산이 높다.

1인 가구 중심의 가구구조 변화는 우리나라에만 국한되지 않는다. 한마디로 전 세계적 추세다. 소형 밥솥과 1인 가구 맞춤형 전자레인지 등이 수출 품목으로 급부상하고 있다. 가정간편식에 대한 수요도 전 세계적으로 급증하는 추세다. 마땅히 이런 상황을 눈여겨보면서 글로벌 시장 진출을 모색해야 한다.

개인 지향형 사회와 기술

지금 세상의 중심은 '나'다. 지식정보사회로 급격히 전환하면서 기존의 제도나 규제 그리고 사회적 틀을 벗어난 세상이 펼쳐지고 있다. 믿고 따르기만 해도 중간은 가던 시대는 지났다. 귀감으로 삼을 만한 선배도 없다. '믿을 사람은 오직 나'밖에 없는 시대로 접어들면서 자기 정체성이 확실한 개인이 등장하고 있다.

특허 출원 추세가 보여주는 개인 지향화

개인주의적 성향이 강하고 자기 정체성이 뚜렷한 개인이 늘고 있는 상황을 가리켜 사회학에서는 '개인 지향화'라고 한다. 개인 지향화 사회는 한 방향을 향하는 군중의 길에서 벗어나 스스로 결정하고 책임지는 개인 주체적 라이프스타일이 대세를 이룬다. 정해진

틀에 맞춰 살아가는 산업화시대와 달리 일방적으로 부과되던 전통이 각
자 선별하는 시대로 바뀌었다.*

1인 가구의 증가는 개인 지향화를 바탕으로 한 기술과 특허 발전에 영
향을 주고 있다. 특허 출원에서 그 변화가 확인된다. 싱글 라이프스타일
과 개성에 맞는 생활용기, 인테리어 가구, 소형 가전제품 등을 중심으로
한 디자인 출원이 꾸준히 늘어나고 있다. 특허청은 다양한 기능과 편의
성을 갖춘 복합형 디자인 출원이 앞으로 계속 증가할 것이라 예상하고
있다. 편리성, 첨단기술과의 접목, 세련된 디자인이 기술과 특허의 핵심
키워드가 될 전망이다. 몇 가지 사례를 살펴보자.

① 혼밥족을 위한 간편한 생활용기

1인 가구를 타깃으로 한 대표적인 디자인 분야는 생활용기다. 간편식
수요가 증가하면서 도시락 용기(식판, 일회용 용기 포함)의 디자인 출원은
2007년 11건에서 2016년 113건으로 10배 이상 증가했다. 식품시장에서
소용량 제품과 조리식품 등 간편식에 대한 수요가 늘어났기 때문으로 분
석된다.

② 1인 가구를 위한 다기능 인테리어 가구

인테리어 가구 분야도 1인 가구의 증가로 큰 변화를 맞이했다. 원룸

---

* 김영호(2000). 개인 지향화와 능동적 신뢰. Vol.10 No.2. 한·독사회과학논총.

이나 소형 오피스텔에서 공간 활용성을 높일 수 있는 다기능 침대와 책상의 디자인 출원이 빠르게 증가하고 있다. 관련 디자인 출원은 2007년 6건에서 2016년 39건으로 6배 이상 증가했다. 수납공간을 배치하거나 USB 포트를 삽입하는 등 디지털 기기를 이용하는 데 편리하도록 설계하고, 소파와 침대 겸용, 책상과 식탁 겸용 등 다용도로 쓸 수 있는 디자인이라는 게 특징이다.

③ 싱글을 위한 소형 가전제품

냉장고, 세탁기, 밥솥 등 생활가전 분야에서도 구매력 있는 1인 가구를 타깃으로 디자인 출원이 늘고 있다. 2007년에는 24건에 불과했으나 2016년 94건으로 4배가량 증가했다. 핵심 디자인 콘셉트는 역시 미니멀이며, 간편식을 자주 이용하는 이들의 생활패턴과 식습관을 고려했다. 다기능 소형 세탁기의 경우 관련 디자인 출원이 연간 1~3건에 그치다가 2016년에 6배 이상 늘어났다. 현재도 특허 출원은 지속적으로 증가하고 있다.

기술 간 경계를 허무는 1인 라이프스타일

1인 가구의 소비패턴과 라이프스타일의 변화는 기술 개발에도 영향을 주고 있다. '개인 지향적 기술'이 바로 그것이다.

내가 직접 고르는 상품을 선호하는 젊은 세대일수록 인공지능 기술을 포함한 자율주행차, 소형가구, 소형가전, 콤팩트한 주거공간 등 개인 지향적 기술에 호감을 갖는다. 디지털 환경이 익숙한 밀레니얼 세대는 인공지능과 센서기술, IT기술이 접목된 상품을 쉽게 이용할 수 있고, 쓰임새의 응용력도 뛰어나 관심은 계속 높아질 것이다.

자율주행은 단순 이동수단의 차원을 넘어서 차량의 개념을 바꾸고 있다. 자동차 안이 새로운 생활공간, 사무공간이 될 가능성이 높다는 예측이 나온다. 국내 자율주행 관련 기술 특허는 2001년에 23건이 출원 후 공개되었고, 5년이 지난 2015년에는 208건으로 9배 이상 증가했다. 2007년부터 2015년까지 연평균 21.8퍼센트로 가파르게 증가하는 추세다. 특히 특허가 많이 출원된 기술 분야는 센서/지도 기술, 주행경로 제어 기술, 인터페이스/단말 기술 등이다.

가구 전문 기업들은 오피스텔이나 원룸 등 작은 공간에 거주하는 1인 가구를 위해 실속형 제품을 꾸준히 출시하고 있다. 좁은 공간을 효율적으로 활용해야 하는 1인 가구는 두 가지 이상의 기능을 갖춘 제품을 선호한다. '기능성 침대'가 대표적인 사례다. '기능성 침대'란 매트리스와 프레임에 여러 가지 소재와 기능을 추가해 사용하기 편리하게 개선한 침대를 말한다. 침대 아랫부분에 수납공간을 갖추고, 침대 중간에 화장대와 수납장 기능을 넣거나, 접으면 의자가 되도록 만드는 등 1인 가구의 다양한 수요에 맞춰나가는 중이다.

　자신을 위해 투자와 소비를 아끼지 않는 포미족의 소비성향에 맞추어 스마트 가구도 시장에 속속 선보이고 있다. 스마트 가구의 특징은 사용자를 인식하고 사용자의 상태를 분석해 맞춤형 서비스를 제공하는 데 있다. 수납장에 인공지능 기술을 적용해 옷과 신발의 상태를 진단하고 최적의 상태를 유지하도록 냄새 제거, 제습, 살균, 다림질 기능까지 가능한 특허가 출원되고 있다. 날씨, 행사, 취향 등을 고려해 적절한 의상을 추천하는 서비스를 갖춘 지능형 옷장도 출원되고 있다. 수면 중 뇌파, 심장박동, 산소포화도 등 생체신호를 측정하고, 코골이를 방지하며, 숙면을 취할 수 있도록 실내 온·습도 제어 및 침대 기울기 제어 기능이 적용된 침대와 매트리스도 꾸준히 출원되고 있다.

개인 지향형 스마트 가구 국내 출원 현황

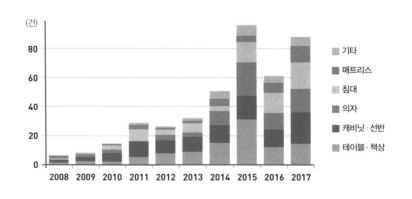

단위: 건 | 자료: 특허청

다양한 산업 분야에서 1인 가구를 붙잡기 위한 전략을 펼치는 과정에서 산업 간의 경계가 허물어지고 있다. 중소기업 중심인 가구 산업에 사물인터넷 기술이 접목됨에 따라 대형 통신업체까지 스마트 가구시장에 가세하면서 기술 경쟁이 더욱 가속화하고 있다. 이런 산업 간 경쟁은 앞으로 더 치열해질 전망이다. 과거와 달리 경쟁의 범위가 넓어지면서 가구업계 내부의 기업 간 경쟁을 넘어 타 산업 분야의 기업과 경쟁하거나 협업하는 양상을 보일 것이다.

혼자 힘으로 삶의 방향과 내용을 결정하는 사회 구조가 정착되면서 개인주의를 선호하지만, 그렇다고 이기주의로는 흐르지 않는 특징이 눈에 띈다. 오히려 1인 가구일수록 사회 테두리 안에서 보호받고자 하는 욕구는 더욱 커진다. 가구와 전자제품의 변신, 통신매체 발달과 쾌속으로 이동하는 교통수단 덕분에 시간과 공간의 기획은 더욱 쉬워질 것이다. 이런 삶은 특정 지역이나 나라에 귀속되지 않고 동시다발적인 삶의 모습으로 펼쳐질 게 분명하다.

PART 2

개인과 사회

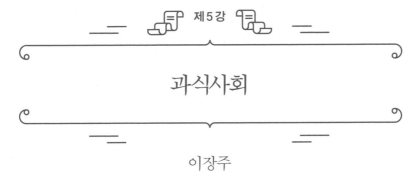

제5강

과식사회

이장주

초연결사회의 변화에 대응하는 심리학적 솔루션을 찾아가는 심리학자. 중앙대 심리학 박사학위를 받았다. 명지대, 중앙대 등에 출강했다. 현재 이락디지털문화연구소 소장으로 대학과 기업에서 심리학과 글쓰기 강의를 하고 있다. SBS, TBN, 경인방송 라디오에 고정 출연한다. IT 문화 주제로 〈주간경향〉 등에 정기적으로 기고하고 있다. 게임문화재단 이사, 한국문화 및 사회문제심리학회 이사 등을 맡아 활동하고 있다. 저서로 《여자와 남자는 왜 늘 평행선인 걸까?》 《사회심리학(공저)》 《청소년에게 게임을 허하라(공저)》 《십 대를 위한 미래과학 콘서트(공저)》 등이 있다.

과식,
굶주린 조상이 물려준 유산

남녀노소, 빈부를 가리지 않고 현대인이 품고 있는 고민 가운데 하나가 비만이다. 식스팩과 S라인은 자기관리의 상징이 되어버렸지만, 실제로 그런 몸매를 유지하는 사람은 드물다. 맛난 음식 앞에서는 누구나 무장해제되어 '다이어트는 내일부터'라고 타협하며 스스로 죄책감에 시달린다.

비만을 부르는 과식사회는 생각보다 치밀한 구조로 얽혀 있다. 숨어있는 장애물이 많아 개인의 결심만으로는 문제를 해결하기 어렵다. 어설픈 지식으로 무장한 다이어트 결심이 번번이 실패를 거듭하는 원인이기도 하다. '지피지기면 백전불태'라는 손자의 말이 있다. 과식을 부르고 비만으로 이어지는 사회 안팎의 현상을 사회문화 심리학으로 살펴보고, 과식사회를 극복할 수 있는 길을 찾아보자.

배가 고프니
일단 배를 채우던 시절

"세상에서 제일 넘기 힘든 고개가 무엇인가?"

조선의 21대 왕이었던 영조가 말년에 상처^{喪妻}하고 왕후를 새로 뽑기 위해 최종 후보 규수들에게 던진 질문이다. 규수들이 '대관령' '추풍령' 등 저마다 높은 고개의 이름을 댔다. 이윽고 당대의 문신이던 김한구의 딸 차례에 이르자 김씨 처자는 이렇게 대답했다. "보릿고개가 가장 넘기 힘든 고개입니다." 답을 들은 영조는 김씨 처자를 왕후로 간택한다. 바로 정순왕후 김씨다. 먹을 것이 부족해 견디기 힘든 시기를 가리키는 보릿고개는 왕후를 간택할 때도 언급될 만큼 중요한 경험이었고, 우리 역사를 통틀어 가장 중요한 민생 문제였던 것이다.

사람의 기본적 욕구를 의식주라고 통틀어 말하지만, 그중에서도 으뜸가는 욕구는 식욕이다. 옷을 입지 않거나 몸을 누일 집이 없어도, 불편하지만 살 수는 있다. 그런데 먹을 것이 없다면 생존이 불가능하다. 인간이 식량 없이 버틸 수 있는 한계가 약 3주라고 한다. 보릿고개는 그 한계치인 3주를 넘는 경우가 허다했다.

굶주린 조상들은 주변에 먹을 수 있는 것은 무엇이든 먹었다. 심지어 나무껍질과 진흙마저도 보릿고개를 넘어가는 먹거리 리스트에 포함될 정도였다. 주로 소나무의 연한 속껍질을 벗겨 삶아 먹고, 껍질을 벗겨 먹을 소나무가 궁해지면 입자가 고운 흙인 백토를 물에 개어 가라앉은 부분을 쪄먹기도 했다. 나무껍질이나 흙은 텅 빈 위를 잠시 달래줄 수 있었지만, 장에서 소화가 안 되는 성분이었다. 그래서 곧 탈이 나고 심각한 변비를 일으켰다. 항문이 찢어지는 사태가 벌어지기도 했다. 여기서 유래된 관용어가 '찢어지게 가난하다'라는 말이다. 어감 때문에 '똥구멍'이라는 주어는 자주 생략된 채 쓰인다.

배고픔이 일상이던 조상들 가운데 굶어 죽은 사람은 있었지만, 배불러 죽은 사람은 거의 없었다. 당연히 기회가 있을 때마다 음식을 가능한 한 많이 먹도록 본능적으로 프로그래밍되었다. 조선 후기 화가 김홍도의 그림 〈점심〉을 보면 일단 밥그릇 크기가 인상적이다. 모두 아이 머리통만 한 밥그릇을 끌어안고 밥을 먹는다.

박물관에 전해지는 조선시대의 밥그릇 크기는 대략 700 cc로 요즘 밥공기의 두 배가 넘는다. 그런데 밥그릇 크기는 시대를 거슬러 올라갈수록 더 커지는 것으로 나타난다. 고려시대의 것은 대략 1천cc, 고구려 때는 무려 1천300cc 크기를 사용한 것으로 알려졌다. 물론 쌀밥이 아닌 잡곡밥이었고, 지금보다 육체노동이 고된 생활환경임을 고려하더라도 우리 조상들이 꽤 대식가였던 건 분명하다.

잡곡과 푸성귀를 많이 먹는다고 하지만 금방 배가 꺼지기 마련이다. 이런 영양 불균형으로는 건강하게 오래 살기 어렵다. 조상들에게 그래도 희망이 있었다면 1년 중 귀한 음식을 풍족하게 먹을 수 있는 몇 안 되는 명절 혹은 축제였다. 영양을 보충하는 중요한 의례였던 셈이다. 그래서 대부분의 전통 축제는 특별히 음식과 연관이 깊다. 서양에서는 단백질 덩어리인 칠면조를 먹거나 달콤한 케이크를 맛볼 수 있는 날이 명절이었다. 우리나라에서도 송편, 떡국, 사과, 배, 고기를 먹을 수 있는 날은 명절이나 조상의 제사, 어른의 생신 같은 아주 특별한 날이었다. 그날만큼은 평소 먹지 못했던 음식으로 배를 채우는 호사를 누렸다. 이런 강렬한 기억은 또 이어질 몇 달의 배고픔을 버티는 힘이 되기도 했다.

다른 차원의 쾌락이 된 음식

우리 사회에서 배고픔의 역사는 대략 1960년대 전후로 변화를 겪는다. 혹시 1960년대 미스코리아의 사진을 본 적이 있는지 모르겠다. 사진을 보면 다들 보름달처럼 둥근 얼굴을 가지고 있다. 먹고살기 어려웠던 시절, 적은 영양으로도 몸집을 유지할 수 있는 체질은 큰일을 도맡아야 하는 맏며느리에게 중요한 요건이었다. 그런데 요즘은 "얼굴이 둥글둥글 복스럽다"라는 말이 칭찬이 아니다. 욕에 가깝다. 불과 반세기 만에 미의 기준이 바뀌었다. 갸름한 얼굴에 S라인이 미인의 상징으로 자리 잡았다. 먹을 게 흔한 요즘 둥근 얼굴은 자기관리에 실패한 사람에게 드러나는 특징적인 외모로 낙인찍혀버렸다.

20세기 후반 식품산업이 발달하고 대량생산이 시작되면서 식용유, 설

탕, 소금, 밀가루 등 귀한 식재료가 흔해지고 대중화되었다. 흔한 식재료
는 축제 등 연중행사에서나 맛볼 수 있던 축제음식을 일상화해버렸다.
고기와 우유, 과자, 케이크, 과일 같은 갖가지 음식이 언제나 마트의 진
열대를 가득 채운다. 1년 365일이 축제를 벌이는 식탁이 되어버린 것이
다. 우리 조상들이 꿈꾸던 낙원의 땅이다.

이제 음식은 배가 고파 먹는 것이 아니라 심심함이나 무료함을 달래주
는 여흥 도구로 바뀌었다. 유명 햄버거 패스트푸드점에서 내놓은 상품
은 허기를 달래는 용도가 아니다. 맛이나 영양가를 따질 필요도 없다. 마
케팅을 위해 증정하는 장난감을 얻기 위해 구입하는 경우가 적지 않다.
1990년대 아이들이 빵 봉지 안에 들어 있는 만화 캐릭터 스티커를 모으
려고 빵을 사다가 빵은 버리고 스티커만 수집해 사회문제가 된 적도 있
었다. 먹을 것이 흔해지자 음식은 삶의 중심에서 벗어나 다른 쾌락을 충
족하기 위한 보완제로 바뀌었다.

먹고 빼는
악순환의 고리

식생활 변화는 체형 변화를 불러왔다. 불과 몇
세대 전까지 우리 사회에는 뚱뚱한 사람이 많지 않았다. 배가 나온 사람
은 대개 '배 사장'이라는 별명으로 불렸다. 배 사장은 부자의 상징이기도
했다. 그러다 공장에서 생산되는 산업화된 식품으로 갑자기 배 사장이

대거 늘어났다. 비만 인구가 폭발적으로 는 것이다.

통계청이 조사한 바에 따르면, 2016년 기준 15세 이상 성인 남성의 40.5퍼센트, 성인 여성의 28.5퍼센트, 전체 성인 인구의 34.5퍼센트가 비만으로 나타났다. 특히 앉아서 오래 일하는 습관, 운동 부족, 고열량 식사가 비만율을 지속적으로 높이는 요인으로 꼽힌다.

뚱뚱한 사람은 흔해진 반면, 날씬하면서도 근육으로 다져진 몸매를 가진 사람은 드물어졌다. 날씬하면서도 근육질인 사람들은 TV와 잡지 같은 미디어 속 주인공이 된다. 충분히 먹어도 살이 찌지 않는 사람이 사회에서 주목받는 세상으로 바뀐 것이다. 적정 체중은 중산층의 상징이 되었고, 이들이 적정 체중을 유지하기 위해 매일 하는 조깅은 부자 동네에서 흔히 볼 수 있는 아침 풍경이 되었다. 고급 호텔의 피트니스클럽 회원권은 옛날의 귀족클럽을 대체했다.

급격한 변화는 충격을 가져다준다. 늘 배가 고팠던 조상들은 꿈도 꾸지 못한, 새로운 고통이 등장한 것이다. 눈앞에 먹을 것이 지천한데도 참아야 하는 '다이어트'가 바로 그것이다. 다이어트는 식탐과 싸워야 하는 아주 힘든 일이다. 오랜 기간 형성된 본능이라는 순리에 역행하는 까닭이다. 그래서 대부분 실패를 경험한다. 혼자서는 실패하기 쉬우니 전문가의 도움을 받아야 한다. 자본주의시대에 전문가의 도움은 돈과 직결된다. 2018년 기준 다이어트 산업 규모가 10조 원에 달한다. 살을 빼주는 일이 중요한 산업으로 자리 잡았다.

이제는 필요 이상 먹느라 들어가는 식비, 늘어난 살을 빼기 위한 다이어트 비용까지 벌어야 한다. 어설프게 일해서는 부족하다. 그렇게 일에 시달리다 보면 또 정신없이 먹게 된다. 늘어난 살을 빼기 위해 이를 악물고 다이어트를 해야 하는 악순환이다. 어쩔 수 없는 현대인의 숙명인지도 모르겠다.

다이어트는 내일부터

"다이어트는 내일부터." "치킨은 살 안 쪄요. 살은 내가 쪄요."

유명 배달앱이 선정한 우수 표어다. 먹을 것이 넘쳐나는 과식 시대에 다이어트는 일상이 되어버렸다. 다이어트는 본능을 거스르는 일이기에 성공하기가 하늘의 별 따기만큼 어렵다. 그럼에도 불구하고 적정 체중을 넘는다면 다이어트는 필요하다. 우리는 왜 적정 체중을 넘어설 만큼 많이 먹는 것일까? 효과적인 다이어트를 위한 심리적 고려사항은 없을까?

본능과 싸워서는
승산 없는 싸움

우리 몸의 가장 기본적인 통제 시스템은 항상성 Homeostasis 유지다. 항상성이란 신체의 상태를 일정하고 안정적으로 유지하려는 특성을 의미한다. 체온이나 혈압이 대표적이다. 체온이 올라가면

땀을 배출해 체온을 낮춰주고, 체온이 떨어지면 땀구멍을 닫고 몸을 움츠리거나 떨면서 열을 나게 해 체온을 회복한다.

항상성은 체중에도 적용된다. 대표적인 이론으로 '세트포인트set-point'가 있다. 이 이론은 사람마다 정해진 체중의 영역이 있어서 일시적으로 에너지를 섭취하거나 소모하는 양이 달라져도 어느 정도의 체중을 유지한다는 가설이다. 즉 세트포인트는 내 몸이 기억하는 나의 몸무게라고 할 수 있다.

이 영역을 벗어나면 항상성 시스템이 작동해 다시 원위치로 돌아가게 된다. 그런데 "굶어 죽은 조상은 있어도 배불러 죽은 조상은 없다"라는 말이 있듯, 생존과 관련한 상황에서는 이 이론이 통하지 않는다. 인체는 오랜 진화 과정을 거치면서 체중이 늘어나는 상태에는 관대하지만 체중이 줄기 시작하면 매우 엄격하고 민감하게 대응하는 시스템으로 발전해 왔다. 찌기는 쉬운데 빼기는 어렵다는 말이다.

세트포인트보다 체중이 줄어들면 우리 몸은 '기아 대응famine response' 태세에 돌입한다. 즉, 체중이 줄기 시작하면 인체가 뇌에 굶어 죽을 수도 있다는 위험 신호를 보내 더 이상 살이 빠지지 않도록 대비책을 마련하기 시작한다. 때가 되면 들어오던 음식이 위장에 도착하지 않으면 그렐린이라는 화학물질이 뇌의 뇌하수체 시상하부로 신호를 보낸다. "배가 고파 죽을 것 같으니 빨리 음식을 집어삼켜라"라는 명령이다. 이때 음식을 먹지 않으면 그렐린은 두통이라는 극단적 처방까지 내린다.

반대로 포만감을 느끼는 화학물질도 존재한다. 주로 지방세포와 장에 있는 렙틴이라는 물질이다. 렙틴 수치를 높이면 신체는 배가 부르다고 느끼고 더 이상 음식을 요구하지 않는다. 근육이 많을수록 렙틴 수치는 증가한다. 렙틴 수치를 높이지 않은 채 다이어트를 시작하면 1~2주 사이에 두통을 동반한 배고픔이 찾아온다. 신체는 이것을 이상 신호로 판단하고 음식을 찾아 먹는다. 심지어 신체를 유지하는 데 필요한 기초대사량을 줄여 체중으로 보내기도 한다. 경제적 어려움에 처한 형제에게 도움을 주려고 다른 형제들이 매달 소비를 줄여 함께 위기를 극복하는 경우와 비슷하다고 볼 수 있다.

결국 몸에서 벌어지는 호르몬 전쟁에서 이기지 못하고 우리는 다이어트에 실패한다. 여기서 끝이 아니다. 다이어트 실패는 단순히 이전 몸무게로 회복하는 수준을 넘어서 되레 더 늘어나는 요요현상을 불러온다. 살이 빠지는 응급상황을 경험한 몸은 혹시 모를 미래의 상황까지 대비해 여분으로 지방 함량을 더 늘린다. 세트포인트가 높아지는 것이다. 다이어트는 본능에 역행하는 일이라고 말하는 논리가 여기에 있다.

의지력을 보충하는 방법이 필요하다

다이어트에는 장기적 전략이 필요하다. 세트포인트를 낮추고 안정되는 데 대략 6개월에서 1년이 소요된다. 오랫동안 본능에 대항하려면 절대적으로 '의지력'이라는 심리적 에너지가 필요하다. 로이 바우마이스터는 《의지력의 재발견》에서 의지력은 "목표를 추진하도록 사용되는 심리적 에너지"라고 정의해두었다. 그런데 이 에너지는 무한정 발생하지 않는다. 매일 쓸 수 있는 용량이 제한되어 있다. 만일 의지력이 모두 소진되면 '자아고갈ego depletion' 상태가 되어 결국 자제력을 잃고 현명하지 못한 행동까지 저지르게 된다.

특히 다이어트는 신체의 응급상황에 비유할 만큼 의지력이 매우 많이 소진된다. 즉, 자아고갈이 일어날 가능성이 매우 높은 특별한 상황이다. 무턱대고 오랫동안 굶는 방식으로 다이어트를 한다면 필연적으로 자아고갈이 일어날 수밖에 없다. 통제력을 잃고 폭식하게 된다는 의미다. 요요현상은 당연한 수순이다.

한정된 의지력을 유지하는 방법은 없을까? 다행히도 있다. 자아고갈이 되기 전에 반복적으로 보충해주면 된다. 다이어트에서 의지력을 보충해주는 방식으로 이용되는 다이어트 방법으로 '간헐적 단식'과 '치팅데이cheating day 프로그램' 등이 있다.

간헐적 단식은 주기가 하루다. 현재 일반적으로 사용되는 단식은 16:8 방식이다. 즉 16시간은 공복 상태를 유지하고, 8시간 안에 식사를 하는 방법이다. 수면을 포함해서 16시간 동안 배고픔을 참는 것은 하루에 사용할 수 있는 의지력의 범위 안에 있다. 의지력이 고갈되기 전에 다시 식사를 해서 의지력을 보충하는 방법이다.

단식을 하면 우리 몸의 인슐린 수치가 떨어진다. 이때 지방세포는 저장했던 당분을 에너지로 내놓는다. 이 방식으로 체중을 줄일 수 있다. 물론 공복이 길어지면 의지력도 줄어든다. 하지만 16시간 공복 이후 식사를 하는 동안 소진된 의지력은 곧 회복된다. 회복된 의지력으로 다시 16시간을 버티는 것이다.

체중이 줄어들면서 의지력 감소도 급격하게 일어난다. 의지력을 추가로 보충해줄 수 있는 치팅데이 프로그램이 필요한 이유다. '치팅cheating'이란 몸을 속인다는 의미다. 대략 1주일에 하루를 치팅데이로 정해서 다이어트 전에 먹던 만큼 음식을 섭취한다. 앞서 다이어트는 우리 몸의 기아 반응을 일으킨다고 설명했다. 그런데 치팅데이에 충분한 음식이 들어오면 뇌는 기아가 끝났다고 느낀다. 뇌를 속이는 것이다. 이렇게 되면 줄어든 기초대사량이 다시 늘어난다. 당연히 의지력도 보충되어서 새로운 마음으로 다이어트 주기를 반복할 수 있다.

의지력과 자아고갈의 개념이 시사하는 바는 명확하다. 빠르게 살을 빼려고 무리를 하다가 실패한다는 것이다. 전략적으로 정상적인 식사를 적절히 배치하는 게 장기적인 성공 가능성을 높인다. 한마디로 허허실실虛虛實實 전략이라 할 수 있다.

기분 좋아지는
이득의 프레임

다시 한 번 강조하지만, 본능과 싸워서는 절대

이길 수 없다. 배고픔과 싸워서는 절대 승산이 없다. 배고픔과 전쟁하는 것이 아니라 친구가 될 수 있다면, 더 나아가 배고픔을 성취로 여길 수 있다면 다이어트에 성공할 가능성이 높아진다. 배고픔을 싫어하는 배경에는 체중이 줄어드는 데 대한 두려움이 내재해 있다. 이런 현상은 체중뿐만 아니라 돈이나 관계와 같은 거의 모든 영역에서 나타난다. 경제학자 대니얼 카너먼과 아모스 트버스키는 이를 '손실회피성향Loss Aversion'이라고 정의했다.

이 이론에 따르면, 두려움을 성취로 바꾸기 위해서는 손실이 아니라 이득의 프레임을 설정해야 한다. 살을 잃는 손실 프레임으로 접근하는 대신, 멋진 몸매를 얻는 이득 프레임으로 접근하는 것이다. 이렇게 되면 뇌는 배고픔을 성공을 예견하는 신호로 인식하게 된다. 배고픔이 좋아지고, 가끔은 이런 느낌을 받는 내가 자랑스럽고 대견해질 수 있다. 자랑스러운 성취를 달성해가는 나에게 가끔 휴식할 기회를 보상으로 제공한다면 금상첨화가 될 듯하다. 앞서 소개한 치팅데이를 이런 기회로 사용해도 좋겠다.

다이어트는 본능과 싸우는 것이 아니다. 부자연스러운 상태에서 자연스러운 본능으로 돌아가는 것이다. 이를 위해서는 우리 몸이 작동하는 자연스러운 원리인 세트포인트와 의지력을 이해해야 한다. 아울러 손실이 아니라 이득 프레임으로 배고픔에 접근해야 한다. 매일매일 성공으로 다가가는 좋은 느낌으로 말이다.

가짜 허기

음식은 엄마와 밀접한 관련이 있다. 그리고 음식은 심리적 위안과 다시 연결되어 있다. 세상에 막 태어난 아기들에게 따뜻한 온기를 주고 배고픔을 해결해주는 절대적 존재가 바로 엄마다. 이런 점에서 엄마의 젖은 영양소를 공급하는 역할 이상의 기능을 한다. 심리적 안정과 치유의 기능 말이다. 아이가 좀 더 자라서 젖을 떼면 엄마가 해준 음식이 그 기능을 이어받는다. 배가 고파도 엄마를 찾지만, 힘이 들어도 엄마를 찾는다. 더 자라서 엄마와 떨어져 지낼 때 엄마가 해준 음식은 엄마의 대체물이 된다.

음식은 물리적 영양을 공급하는 역할을 수행하지만, 음식에 녹아 있는 심리적 기능 역시 무시할 수 없는 요소다. 특히 음식이 풍족해진 현대에는 배고픔을 겪는 사람이 많지 않다. 오히려 음식으로 위를 채우기보다 마음을 채우는 치유의 기능이 더 중요하게 부각되고 있다. 현대인에게 위로가 필요한 까닭이다.

배고픔보다 더 무서운
정서적 허기

《내 영혼을 위한 닭고기 수프》라는 책이 인기를 끈 적이 있다. 1993년 미국에서 출간된 이 책은 〈뉴욕타임스〉에 '3초에 한 권씩 팔린 책'으로 기록됐으며 150주 연속 베스트셀러에 오르기도 했다. 닭고기 수프는 미국의 민간요법으로 몸살이나 감기에 걸렸을 때 엄마가 해주는 음식이다. 저자는 "삶에 지쳐 용기가 필요한 현대인에게 힘을 내고 회복하라는 은유로 닭고기 수프를 사용했다"라고 밝혔다. 책을 읽은 사람들은 마치 엄마가 끓여준 음식을 먹는 것처럼 책 속 이야기에 빨려들었다. 하지만 책은 책이다. 음식이 될 수 없다. 책으로 해결할 수 없는 심리적 공허함은 더 많은 음식을 부른다. 벌써 위는 가득 찼지만 말이다.

식욕은 두 가지 시스템으로 구성된다. 하나는 생리학적 시스템인 '항상성 허기'이고, 다른 하나는 심리적 시스템인 '정서적 허기'다. 외적으로 볼 때 음식을 먹는 행위는 동일하지만, 행동의 동기로 볼 때는 근본적인 차이가 있다. 항상성의 균형, 즉 육체적으로 필요한 에너지가 충분히 달성되었는데도 심리적 결핍이 발생해 지속적으로 음식을 섭취하게 되는 것이 정서적 허기의 메커니즘이다. 그렇게 해서 일시적으로 만족감이 생기기는 하지만 임시방편일 뿐이다. 위가 가득한데도 배가 고픈 가짜 허기는 정서적 허기의 다른 표현이다.

음식이 어떻게 심리적 만족과 연결되는지 자세히 살펴보자. 소화기관 내벽도 피부와 같은 기능을 가지고 있다. 그래서 음식이 위와 장으로 들어가면 소화기관 내벽에 마사지 효과가 나타난다. 엄마 젖을 먹을 때부터 느낀 아주 익숙한 스킨십이 재현되는 것이다. 이때 우리 몸에서는 신경전달물질 옥시토신이 분비된다. 옥시토신의 별명은 '관계호르몬'이다. 사랑하는 사람들과 함께 있을 때 옥시토신은 혈류를 증가시켜 두 사람 사이에 실제로 온기를 만들어낸다. 흔히 친밀한 관계를 따뜻하다고 표현하는 것은 은유적 표현이 아니라 옥시토신이 만들어내는 실제 효과인 셈이다. 엄마가 그리울 때 엄마가 해주던 음식을 먹으면 우리 소화기관은 그때의 포근한 정서를 재현한다. 그때 등장하는 재현 배우가 바로 옥시토신이다.

외로운 사람들은 현실에서 누군가와 친밀한 관계를 맺는 방식으로 옥시토신을 얻을 수 없다. 그래서 마음이 추워지고 몸이 움츠러든다. 이때 음식을 먹게 되면 실제로 기분이 나아진다. 특히 따뜻한 음식은 기분을 더욱 좋게 만든다. 친밀한 관계에서 느끼는 옥시토신이 분비되기 때문이다. 이런 방식에 익숙해지면 다른 사람을 만나려고 애쓰기보다 음식으로 외로움을 달래려고 한다. 물론 아무리 먹어도 현실에서 따뜻함을 나눌 사람이 생겨나지는 않는다. 체중만 늘어간다. 외로운 상황에서 홀로 음식을 통해 친밀한 관계를 재현하는 일종의 자위행위와 같다.

외로움에 비례하는
먹방

최근 1인 미디어의 발달과 함께 먹방(음식을 먹는 방송을 지칭하는 말)이 유행하기 시작했다. 2008년 무렵부터 인터넷 방송에 등장한 먹방은 우리나라에서 특히 유행한 콘텐츠다. 먹방은 1인 미디어의 확산과 함께 전 세계로 퍼졌다. 먹방에서는 실제로 엄청난 양의 음식을 먹는 장면이 나온다. 그것도 맛있게 말이다. 그런데 먹방을 진행하는 사람치고 살찐 사람이 없다. 다이어트를 하는 사람에게 이보다 더 이상적일 수 없는 콘텐츠다.

먹방은 주로 누가 시청할까? 함께 밥을 먹을 사람이 없는 외로운 사람들이 첫 번째 시청자 집단이다. 외로운 사람들이 먹는 모습을 지켜보는 것, 그리고 화면을 보면서 함께 음식을 먹는 것은 어떤 효과가 있을까?

2014년 예일대 에리카 부스비Erica J. Boothby 팀의 연구에 따르면, 우리는 다른 사람과 함께 초콜릿을 먹을 때 더 맛있다고 생각한다. 반면 쓴 초콜릿을 다른 사람과 동시에 같이 먹을 때는 더 맛없게 느껴진다는 결과가 나왔다. 연구자들은 긍정적 경험과 부정적 경험 모두 다른 사람과 함께 나눌 때 증폭되며 그로 인해 동질감이 높아진다고 설명했다. 비록 자신은 먹지 않지만 화면으로 먹는 모습을 바라보기만 해도 혼자라는 느낌, 즉 외로움을 상쇄하고 옥시토신 효과를 배가하는 것이다.

먹방을 시청하는 또 다른 부류는 다이어트 중인 사람이다. 이들은 먹방을 보면서 허기를 달랜다. 부모들은 흔히 "자식들 먹는 모습만 봐도 배가 부르다"라고 말한다. 이 말은 결코 거짓이 아니다. 결국 먹방의 인기는 다이어트를 하는 사람들의 수와 비례한다고 볼 수 있다. 마지막으로 먹방을 통해 새로 음식 먹는 법을 배우려는 사람들, 같은 음식도 더 맛있게 먹고자 하는 부류가 마지막 주류 시청층이라 볼 수 있다. 전 세계적으로 먹방의 인기는 현대인의 정서적 허기, 즉 외로움을 반증한다. 먹방에 등장하는 음식의 양은 시청자들이 느끼는 외로움과 비례해 증가한다.

가짜 허기를
경계하라

외로움이 유발하는 가짜 허기는 절대 음식으로 해결할 수 없다. 과식만 유발할 따름이다. 사람들이 체중 조절에 실패하는 이유는 의지가 약해서가 아니라 가짜 식욕에 속고 있기 때문일지 모른다. 느껴지는 허기가 가짜라는 사실만 알아차려도 배고픔이 줄어들고 먹는 행위를 멈추기 쉽다고 한다.

그렇다면 가짜 허기와 진짜 허기를 어떻게 구별할 수 있을까? 심한 스트레스를 경험한 뒤 갑자기 음식이 당기거나 막연히 배가 고픈 게 아니라 떡볶이, 곱창 등 특정 음식이 먹고 싶어진다면 가짜 허기일 가능성이 높다. 배가 불러도 음식 섭취를 멈추기 어렵고, 먹고 나서 괜히 먹었다는 죄책감이 든다면 가짜 허기에 속은 것이다. 반면 진짜 허기는 갑자기 찾아오지 않고 조금씩 신호를 보낸다. 그리고 배가 부르면 그만 먹게 된다. 먹고 나서도 만족스럽다.

무언가를 먹는 행위가 몸이 필요로 하는 영양소를 섭취하기 위해서만 일어나는 것은 아니다. 다양한 심리적 요소와 외부적 요소가 복합적으로 작동한다. 과식사회를 슬기롭게 살아가기 위해서는 이런 요소를 분별할 줄 알아야 한다. 분별하지 않거나 그럴 의사가 없다면, 끊임없이 가짜 허기에 속아 음식을 먹고 또 후회하기를 반복하는 악순환에 빠져들기 쉽다. 워낙 많은 가짜가 판을 치는 세상이다. 하지만 우리 위장에까지 가짜가 침투한다는 사실은 정신을 번쩍 들게 만드는 소식이 아닐 수 없다.

과식을 부르는 숨은 유혹자들

흔히 술자리에서는 "밥배 따로, 술배 따로"란 말이 오간다. 밥을 많이 먹어 배가 부르지만 우리 배에는 술이 들어갈 공간이 따로 있다는 뜻이다. 특히 음식 종류가 다채로운 뷔페에 가면 대부분의 사람이 평소보다 많이 먹게 된다. 음식 종류가 많을수록 과식을 하는 현상은 많은 연구를 통해 반복적으로 증명되었다. 연구자들은 과거 우리 조상들이 긴 겨울과 기근에 적응하기 위해 기회가 있을 때마다 최대한 다양한 음식을 많이 섭취하도록 진화한 결과라고 설명하기도 한다. 이런 현상은 음식을 먹는 일, 특히 과식이 우리가 알지 못하는 여러 가지 요인의 유혹을 받아 일어날 수 있음을 시사한다.

나도 모르게 음식을 더하게 되는 심리적 기준

음식 종류가 다양하다는 이유만으로 많이 먹게 되는 것은 아니다. 음식을 먹는 일에는 생각보다 많은 외부 단서가 작용한다. 특히 주변에 어떤 사람이 있느냐에 따라 먹는 음식의 양에 영향을 받는다. 많이 먹는 사람과 함께 식사를 하면 평소보다 더 많이 먹게 되는 게 일반적이다.

일반적으로 다른 사람의 행동과 자기 행동의 보조를 맞추려는 경향을 심리학에서 카멜레온 효과라고 부른다. 주변 사람들이 어떤 음식을 얼마나 먹는가는 자신이 어떤 음식을 얼마나 먹어야 하는지에 대한 무의식적 기준으로 작용한다. 한 연구에서 뷔페에서 과식하는 사람과 그러지 않는 사람의 행동 차이를 관찰했다. 눈에 띄는 차이는 앉는 자리의 방향에서 나타났다. 과식하는 사람들은 음식이 바로 보이는 곳에 앉아 식사를 했다. 반면 과식하지 않는 사람들은 음식을 등지고 자리를 잡았다. 연구자들은 다른 사람들이 계속 음식을 가져다 먹는 모습을 보면서 자신의 행동을 거기에 맞추고, 결국 과식을 하게 된다고 해석했다.

주문을 받는 웨이터의 몸무게와 식사량이 관계가 있다는 연구 결과도 있다. 웨이터가 비만인 체형일수록 식당에서 더 많은 양의 음식을 먹는다는 뜻이다. 연구자들은 웨이터의 체형이 그 식당에서 음식을 얼마나 먹어야 하는지에 관한 기준으로 작용했다고 해석했다.

그동안의 연구에 따르면, 우리가 얼마나 먹어야 하는지에 대해 실제로 위장이 가진 결정권은 미미하다는 주장이 우세하다. 대표적인 사례는 단위 편향unit bias이다. 단위 편향이란 사람들이 어떤 행동을 할 때 일정 단위로 끝내고 싶어 하는 경향을 말한다. 평소 밥은 한 공기를 먹고, 과자는 한 봉지를 먹는다. 여기서 밥공기와 봉지가 단위다. 단위 편향이란 단위가 클수록 더 많이 먹게 되는 현상이다.

소비자 행동을 연구하는 브라이언 완싱크Brian Wansink가 2007년 발표한 논문에 따르면, 아이스크림통의 양을 달리 제공해 실시한 단위 편향 연구에서 작은 아이스크림통을 받은 사람보다 큰 아이스크림통을 받은 사람이 31퍼센트가량 더 먹은 것으로 나타났다. 자동으로 음식(수프)을 채워주도록 만든 장치, 즉 먹어도 먹어도 음식이 줄지 않도록 만들어진 그릇으로 식사를 한 사람과 보통 그릇에 담긴 음식을 먹은 사람의 차이는 무려 78퍼센트였다. 배가 부르다는 의미는 위벽의 팽창이 아니라 눈으로 보이는 단위의 영향이 더 크다는 사실이 반복적으로 나타난 셈이다.

현대사회가 과식사회로 변한 이유 가운데 하나는 음식 단위가 커졌다는 점에서도 찾을 수 있다. 대형마트의 판매전략 중 하나인 묶음 단위 판매가 과식사회의 요인이 될 수 있다. 가격이 저렴해 묶음으로 구매하는 습관이 한 번에 먹는 양도 늘리는 것이다.

단위 편향이 과식에 미치는 영향은 우리에게 과식을 어떻게 예방해야 할지에 대한 통찰을 제공한다. 밥을 적게 먹기 위해 밥공기에서 절반을 덜어내는 방법은 효과가 없다. 일정 단위에 못 미치기 때문에 지속적으로 그 단위를 채우려는 욕망이 살아 있기 때문이다. 차라리 밥공기 크기를 줄이는 편이 더 효과적이다. 절반의 양을 담을 수 있는 작은 밥공기에 수북하게 퍼서 밥을 먹으면 같은 양을 먹더라도 충분히 먹었다는 신호를 줄 수 있다. 과자나 술도 마찬가지다. 큰 봉지와 큰 병은 과식, 과음을 촉발하는 숨은 방아쇠로 작용한다.

멈출 수 없게 만드는 호르몬

과식을 부르는 또 하나의 숨은 요인은 호르몬 불균형이다. 이런 불균형을 일으키는 가장 큰 요인 가운데 하나가 수면 부족이다. 유럽과 일본, 미국 등에서 이루어진 연구 결과에 따르면, 수면 문제로 고통받는 아동과 성인은 비만에 더 취약하다.

수면이 과식과 연관되는 고리에 앞서 말한 신경전달물질 렙틴과 그렐린이 있다. 그렐린은 위장과 췌장에서 분비되는 식욕 촉진 호르몬이다. 렙틴은 체내 지방조직에서 분비되는 호르몬이다. 렙틴이 분비되면 식욕이 억제된다. 수면이 부족하면 그렐린의 분비는 여전하지만, 렙틴의 분비는 감소하는 경향이 나타난다. 즉 식욕이라는 액셀러레이터는 정상적으로 작동하는데, 이를 억제하는 브레이크 기능이 떨어지는 현상이 발생한다. 자동차였다면 교통사고가 날 법한 문제다. 몸도 마찬가지다. 체중이 증가하고 비만이 초래되는 사고가 벌어진다.

식욕을 억제하는 렙틴 호르몬의 작용은 식사시간과도 밀접한 연관이 있다. 렙틴은 음식을 먹기 시작한 지 20분이 지나야 분비된다. 천천히 식사하면 양을 덜 먹어도 배가 부른 이유가 여기에 있다. 그런데 현대의 음식들, 특히 패스트푸드는 말 그대로 조리 속도가 빠르고 다 먹어치우는 데 걸리는 시간도 짧다. 편의점에서 전자레인지에 3분간 돌려 먹는 삼각 김밥과 라면, 햄버거를 30분 넘게 천천히 먹을 수 있을까? 그럴 여유도 없지만, 설령 여유가 있다고 해도 그렇게 오랫동안 자리를 차지하고 있으면 눈치가 보이는 것도 사실이다. 패스트푸드 중심의 식단은 렙틴이 작동하기도 전에 식사가 끝난다. 위장에는 충분한 열량이 전달되었지만 아직 뇌까지 포만감이 전달되지 않아 렙틴 분비가 일어나지 않는 공백이 생긴다. 배는 부르지만 여전히 배고픔을 느끼는 사각지대가 만들어지는 것이다.

술은 렙틴 분비를 막는 또 다른 주범이다. 일반적으로 소량의 술을 마시더라도 렙틴 분비가 줄어드는 것으로 나타났다. 술을 좋아하는 사람들이 찐 살을 '술배'라고도 부르는 데는 따로 이유가 있다. 늦은 밤 술을 마시고 집에 돌아온 뒤 허기가 느껴져 라면을 끓여먹는다거나 간식을 먹은 경험이 있을 것이다. 렙틴 부족이 만들어내는 최악의 사태라고 할 수 있다.

마지막으로 과식을 부르는 숨은 요인 가운데 가장 은밀한 것으로 건강을 강조하는 마케팅 기법을 들 수 있다. '유기농' '통곡물' '토종' '저지방' '슈퍼푸드' 같은 수식어가 붙은 음식이나 식재료는 일반 농산물보다 더

비싸지만 살이 덜 찔 것만 같은 느낌이 든다. 그래서 마음 놓고 많이 먹게 된다. 이런 현상을 '녹색후광효과'라고 부른다. 후광효과란 어떤 대상을 평가할 때 그 대상의 특성이 연관 없는 다른 특성에까지 영향을 미치는 현상을 말하는 심리학 용어다. 녹색후광효과란 '유기농'이라는 특성이 '다이어트'에도 좋을 것이라고 생각하는 현상을 의미한다. 그러나 유기농이냐 아니냐는 살이 찌는 것과는 아무 상관이 없다. 되레 식사하는 동안 경각심을 떨어뜨려 과식을 유발하게 된다. 또 칼로리가 적다고 생각해 고칼로리 음료나 디저트를 마음 놓고 주문하기도 한다. 과거 사회에서 문맹이 문제였다면, 과식사회에서는 영양정보와 특성을 파악하고 활용하지 못하는 '음식맹'이 사회문제로 떠오르고 있다.

과식사회에서 미식사회로

"현대사회를 과식사회로 몰아가는 양대 축은 식품산업과 제약산업이다."

심리학자 키마 카길이 《과식의 심리학》에서 주장한 말이다. 식품산업이 번성하려면 판매량이 증가해야 한다. 배고플 때만 먹어서는 생산된 식품을 모두 소비하기 어렵다. 버리지 않으려면 사람들이 많이 먹어야 한다는 논리가 성립한다. 그래서 식품산업은 다양한 마케팅 수단을 동원해 '먹는다는 것'에 의미를 부여한다. 좋은 일이 있을 때, 누군가를 위로할 때, 심심할 때 등 상황에 맞는 먹을거리가 준비되어 있다. 그리고 상황에 적절하게 먹고 마셔야 사회와 가정에서 인정받는 사람이라는 이미지를 은연중에 퍼뜨린다. 각 지역 최고의 음식점을 바로 말할 수 있는 수준이 되어야 '핵인싸'가 될 수 있다. '단짠단짠(달고 짜고 달고 짜고)' 리듬에 맞춘 메뉴 선정은 오래전에 상식이 되어버렸다.

자꾸 먹고 싶게 만드는,
먹어도 괜찮게 만드는

소비자들이 과식하는 것만으로는 식품산업을 유지하는 데 한계가 있다. 음식을 과도하게 많이 먹어 나타나는 부작용, 즉 소화불량, 비만, 고지혈증, 당뇨, 고혈압 등 크고 작은 질병이 생겨 식품시장에서 이탈할 수 있기 때문이다. 이때 구원투수로 등장한 산업이 바로 제약산업이다. 제약산업은 소비자들에게 아무리 먹어도 문제가 없도록 해주겠다는 약속을 넘어 아름다운 몸매와 건강까지 지켜준다고 장담한다. 이제 사람들은 마음 놓고 음식을 먹어도 아무 문제가 없을 것 같은 착각에 빠진다. 배도 고프고 스트레스도 심한 현대인들은 식품산업과 제약산업이 만든 이미지에 속아 식당과 술집에서 열심히 달린다. 그리고 약국에 가서 소화제와 숙취해소제 사 먹기를 반복한다. 이게 숙명이려니 생각하면서.

최근 식품 연구자들은 많이 먹어도 질리지 않는 최적의 배합 비율인 '지복점bliss point'을 발견해냈다. 지복점이란 마치 천상계에서나 맛볼 수 있는 맛이란 의미를 포함한다. 오랜 기간 배고픔에 시달린 조상들은 고열량 식품을 선호하게 되는 유전자를 물려주었다. 그런 식품은 단맛을 내는 설탕과 기름진 지방이다. 달고 기름진 맛과 냄새는 아무리 배가 불러도 음식을 또 먹고 싶게 만든다. 거기에 짭짤한 맛을 제공하는 소금까지 결합하면 재료 준비는 끝이다. 각각의 재료는 입맛을 당기게 하지만 어느 정도 먹게 되면 질리게 되는 것 또한 본능이다. 이런 본능을 무력화하는 배합 비율, 즉 많이 먹어도 질리지 않는 설탕, 소금, 지방의 최적 조합 비율이 바로 지복점이다. 이렇게 발견된 지복점이 가장 널리 쓰이는 곳은 조미료나 소스로 불리는 부재료를 만드는 공장이다. 어떤 재료든 지복점을 활용한 첨가물질만 투입하면 최고의 맛을 보장한다. 이제 음식 재료에서 나오는 맛이 아니라 양념이 음식 맛을 좌우하기에 이르렀다. 포만감을 주는 음식의 양도 함께 늘어간다.

내 의지가 아닐 때
필연적으로 일어나는 장애

여기에 더해 이제 음식에 신경과학을 접목한 뉴로마케팅neuro-marketing까지 등장했다. 뉴로마케팅이란 소비자들이 식품을 접할 때 나타나는 뇌의 반응을 분석해 소비자의 심리와 행동 방향을 알아내고 마케팅에 응용하는 것을 말한다. 소비자들이 빨리 음식을 먹고 일어나기를 바라는 패스트푸드점에서는 빠른 팝 음악이 나온다. 소리는 매우 직접적이고 강렬하게 음식에 끌리는 유혹을 강화한다. 크래커가 바삭거리는 소리나 스테이크가 지글거리는 소리는 입속 침샘을 자극해 참을 수 없는 식욕을 유발한다. 이런 음악과 소리는 신경에 무의식적으로 작용해 더 빠르게 음식을 먹도록 재촉한다. 다르게 해석하면, 본능이 무

력화되어 우리의 혀와 위가 몸의 필요가 아니라 식품회사의 계략에 놀아
나는 일이 벌어지고 있다는 것이다.

내 몸이 필요로 하는 음식이 아니라 외부 자극에 반응해 섭취하는 음
식은 필연적으로 문제를 일으킨다. 대표적인 사례가 섭식장애다. 섭식장
애는 음식에 대한 조절력 상실, 과도한 집착, 영양결핍에도 불구하고 음
식 섭취를 거부하는 등 주로 무리한 다이어트에 의해 촉발되는 장애 유
형이다. 크게 거식증과 폭식증으로 나눌 수 있다. 주로 여성에게 많이 나
타나는 섭식장애는 20세기 후반 미디어와 식품산업의 발달이 맞물려 만
들어진 결과물이다.

거식증 환자는 자신이 뚱뚱하다고 생각해 극심한 저체중 상태에서조
차 음식 먹기를 거부한다. 비만에 대한 공포가 불러온 장애다. 폭식증 환
자는 반대로 단시간에 엄청난 양의 음식을 먹는 폭식이 주요 증상이다.
한번 폭식하기 시작하면 멈추지 못하며, 폭식이 끝나면 죄책감을 느끼고
우울해한다. 심하면 공황상태에 빠지기도 한다.

2012년부터 일본에서 방송된 드라마 〈고독한 미식가〉의 주인공 고로
역을 맡고 있는 배우 마츠시게 유타카가 있다. 유타카는 국내 언론과 한
인터뷰에서 음식을 맛있게 먹는 비결에 대해 "공복만큼 좋은 조미료는
없다"라고 말했다. 공복인 상태에서 식사를 마주하고 한입을 먹었을 때
"예상하지 못한 감동을 맛보게 된다"는 것이다.

나는 인터뷰 기사를 읽고 새로운 통찰을 얻은 느낌이 들었다. 곰곰이
생각해보니 두 가지 정도의 내용으로 정리가 되었다. 첫째, 미식가란 맛

있는 음식을 찾아다니는 사람이 아니라 내게 주어진 음식을 가장 맛있게 먹을 수 있는 사람이라는 사실이다. 둘째, 공복감이 어떤 사람들에게는 피하고 싶은 고통일 수 있지만, 미식가들에게는 기대를 가져다주는 준비 과정일 수 있다는 점이다.

읽기 쓰기에 이어
먹기 교육도 필요

입맛은 매우 보수적이다. 한번 길들여진 입맛은 그만큼 바꾸기 어렵다. 우리 사회에서 건강한 미식가를 길러내기 위해서는 영유아와 아동의 식습관에서부터 많은 투자를 해야 한다. 이런 점에서 유치원과 초등학교 교과목에 '먹기' 과목을 만드는 건 어떨까 제안하고 싶다. 읽기, 쓰기, 말하기, 듣기 과목보다 더 중요하면 중요했지 절대 가치가 떨어지는 과목은 아니라고 믿는다. 비만 인구가 늘고 있는 나라에서 과식사회의 문제는 더욱 심해질 가능성이 높다. 이런 점에서 올바른 먹기 교육은 빠를수록 좋을 것이다.

가정에서도 미식을 실천할 수 있는 방안을 생각해볼 수 있다. 첫째, 간식 없는 날을 만든다. 대부분의 경우 식사의 질을 떨어뜨리는 건 식사 전 간식일 가능성이 높다. 공복 유지를 위해서도 좋은 방법이다. 둘째, 잘 차려놓고 먹는다. 대충 차려놓은 식탁에서 대충 식사를 하면 오히려 과식으로 연결될 가능성이 높다. 잘 갖춰놓은 식탁은 음식에 더 집중할 수 있는 분위기를 만든다. 셋째, 클래식 음악을 곁들인다. 연구 결과에 따르면 클래식 음악을 들을 때 팝 음악을 들을 때보다 식사 속도가 느려지고 맛을 더 음미하는 효과가 있다. 넷째, 식사에 집중하는 데 방해가 되는 스마트폰, TV 등은 식탁 근처에서 멀리한다. TV를 보며 식사하면 식사에 집중할 수 없어 포만감을 느끼지 못한다. 마지막으로 저녁이라면 전구 대신 촛불을 켜놓고 식사하는 것도 좋은 방법이다. 촛불을 켜놓으면 부분조명 효과가 생겨서 함께 식사하는 사람들이 더 도드라져 보인다.

과식이 전염성을 갖고 있다면, 미식도 확산되지 말라는 법이 없다. 더구나 미식이 가져다주는 긍정적 효과는 과식에 비할 바가 아니다. 지금 우리 식탁 앞에 놓인 한 끼 식사에 오롯이 집중해보자. 바로 거기서 우리나라의 미식문화 확산이 시작될 것이다.

똑똑한 사람들이 가족에게는 왜 그럴까?

권수영

상담학자이자 신학자. '태초에 관계가 있었다'고 설파한 철학자 마르틴 부버의 말에 매료되어 나와 너, 나와 가족, 나와 이웃, 그리고 나와 신의 관계를 묻고 고민하기 시작했다. 연세대학교 연합신학대학원 상담코칭 분야 교수로, 부설기관인 상담·코칭지원센터 소장으로도 일한다. (사)한국상담학회 부부·가족상담학회장을 역임했다. 현재 (사)한국상담진흥협회 초대 회장으로서 제도적이고 체계적인 상담 서비스를 통해 개인과 가족이 좀 더 행복해지는 방법을 찾는 일에 매진하고 있다. 저서로 《공감육아》 《나쁜 감정은 나쁘지 않다》 《나도 나를 모르겠다》 등 다수가 있다.

가족은 유기체

우리는 '가족'이라는 단어가 주는 묘한 환상 속에서 산다. '가족' 하면 왠지 눈물이 날 것 같고, 갑자기 가슴이 뭉클해지기도 한다. 세상이 나를 저버린다 해도 가족만은 나를 끝까지 보호해줄 거라 철석같이 믿고, 세상에서 가장 편안한 안식처는 역시 가정이라고 느끼는 사람도 있다. 아마 천사 같은 부모를 만난 운 좋은 경우이거나 상처를 받아도 금세 잊어버리는 성격 때문이 아닐까. 어쩌면 전통적인 유교 문화 속 가족중심주의에 순응하며 살아온 탓일지도 모른다.

가족, 세상에서 가장 어려운 관계

얼마 전 나는 퇴근 무렵에 방송되는 어느 라디오 프로그램 가운데 '관계의 거울'이라는 코너에 고정 출연한 적이 있다.

한 주 동안 벌어진 사건 사고를 인간관계와 심리학적인 관점에서 해석해
보는 코너였다.

어느 날 진행을 맡은 MC가 내게 물었다. "교수님이 생각하는 가장 어
려운 관계는 어떤 건가요?" 나는 마치 미리 준비라도 되어 있던 것처럼
즉시 대답했다. "그거야 당연히 가족관계죠!" MC는 굉장히 의외라는 표
정을 지어 보였다. "네? 가족은 가장 쉽고 편안한 관계 아닌가요?"

나는 그런 MC의 표정보다 더 의문스럽다는 듯한 표정을 지어 보이며
물었다. "가족이 가장 쉽고 편안하다? 왜 그렇게 생각하시죠?" 아나운
서는 너무 당연하다는 듯 말했다. "가족이니까요! 가족은 서로 사랑하는
사이니까요."

그렇다. 우리는 그렇게 배웠다. 가족은 사랑하는 사이라고 배웠다. "부
모는 자녀를 사랑하고, 자녀는 부모를 공경하며, 부부는 서로 존중하며
살아야 한다." 어릴 때부터 귀에 못이 박힐 정도로 들어온 얘기다. 도덕
교과서에도 나온다. 집필위원들이 교과서에 거짓을 썼을 리 없다.

여기서 아쉬운 점이 있다면 사랑과 공경, 존중과 희생 등 인간이 갖춰
야 할 고고한 인격적 가치를 너무 쉽게 생각했다는 것이다. 마치 가족이
라는 이름으로 묶이기만 하면 이런 가치가 저절로 생기는 것으로 오해하
기 쉽다. 우리가 가족에게 응당 받으려는 사랑의 욕구가 강하면 강할수
록 기대치에 이르지 못했을 때 겪는 상실감은 더욱 커진다. 욕구가 크면
상처도 깊다.

어느 날 이웃집 아이에게 눈인사를 했는데, 아이가 무시하고 지나쳤다고 가정해보자. 괘씸하긴 해도 그날 하루의 기분을 완전히 망칠 정도는 아니다. 하지만 전날 밤 내게 핀잔을 들은 아들이 아침에 인사 한마디 없이 문을 박차고 나섰다면 어떨까? 내 기분은 완전히 달라질 수 있다. 아들이 사라진 현관에 대고 공허한 폭언을 던질 수도 있고, 퇴근 후 집에 돌아와 아들에게 회심의 반격을 가할 수도 있다. 아들 녀석 때문에 하루 종일 감정 널뛰기를 하기 십상이다.

앞서 얘기한 라디오 방송이 나가고 얼마 뒤에 관련 기사가 났다. 기자는 이렇게 썼다. "권수영 교수는 인간이 맺는 관계 중 가장 힘들고 가장 많은 노력이 필요한 건 가족관계라는 이색적인 주장을 펼쳤다." 가족관계에 대한 나의 언급을 기자가 '이색적인 주장'이라고 표현한 이유도 가족이라면 응당 관계가 좋아야 한다는 환상에서 비롯되었으리라.

공동체가 아니라 유기체

가족에 대한 환상은 '가족은 혈육이니 자연스럽게 사랑할 수밖에 없다'고 믿는 데서 출발한다. 그런데 종종 언론에 등장하는 가정폭력이나 아동학대 등 친족 간 폭력 사건은 왜 벌어지는 것일까. 우리나라 부모는 자녀를 자신의 분신으로 여기며 키우는 경향이 있다. 이러면 자녀가 성장하는 동안 심리적 갈등을 겪기 쉽다. 또 부모가 원하는 방향으로 자녀가 나아가지 않을 때는 모멸감을 주거나 학대하고, 심각한 경우 죽음에 이르게 하는 사건이 벌어지기도 한다. 이런 사건이 보도될 때마다 가족에 대한 전통적 환상은 송두리째 흔들리게 마련이다.

고매한 인격의 소유자로 널리 알려진 명망가라 해도 가족 앞에서는 한순간에 무너져 내리는 경우가 많다. 가족관계를 만만하게 봐서는 안 된다. 편안하고 친밀한 가족관계를 유지하기 위해서는 온 가족이 함께 연구하고 노력해야 한다.

먼저 가족을 새롭게 이해해야 한다. 가족이란 결코 단순한 단체가 아니라는 점을 알아야 한다. 단체란 무엇인가. 여러 개인의 합 혹은 같은 목적을 달성하기 위해 모인 사람들의 조직체 정도라고 해두자. 단체에 속한 개인은 각자의 목표와 책임을 가질 수 있다. 대학 수업을 예로 들어보자. 학기마다 과목을 개설할 때 수강 신청을 한 학생들이 하나의 단체를 이룬다. 같은 과목을 수강 신청했지만 학생들 저마다 공부하는 동기와 이유는 제각각이다.

교수는 원활한 수업 진행을 위해 단체의 리더를 선출하기도 한다. 대표는 몇 사람을 선임해 일을 공조할 수도 있다. 수업이 끝나면 단체는 해산한다. 간혹 수업 도중 친해진 학생들이 이후에도 가끔씩 만날 수 있겠지만, 다시 뭉쳐 단체를 이루는 일은 드물다.

가족을 하나의 단체로 이해하면 어떻게 될까. 가족이라는 단체에도 리더가 있고, 일정 시간이 지나 단체 구성원이 학교를 졸업하거나 결혼하고 독립하면 단체가 해산하는 구조가 될 수 있을까?

가족은 개인의 단순한 합이 아니다. 가족에는 단체장이 없다. 가장 불안한 사람이 책임을 떠안는 구조로 유지되는 게 가족이다. 가족을 연구하는 학자들은 가족을 가장 기본적인 사회적 단체라고 정의하지 않는다. 그 대신 하나의 '유기체'로 정의한다. 표준국어대사전에는 '유기체'의 뜻이 두 가지로 정리되어 있다.

① 많은 부분이 일정한 목적 아래 조직되어 그 각 부분과 전체가 필연적 관계를 가지는 조직체.

② 생물처럼 물질이 유기적으로 구성되어 기능을 가지게 된 조직체.

아무리 의미를 곱씹어봐도 단체와 유기체를 명확히 구별하기가 쉽지 않다. 가장 큰 차이점이라면 생명이 있느냐 없느냐 정도일 것이다. 유기체는 생명을 유지하려는 항상성에 따라 구성되고 움직인다. 한 생명체가 생명을 유지할 때 팔과 다리, 각종 내장기관 등이 제각기 존재하지는 않는다. 시력에 장애가 생기면 청각이 예민하게 살아나고, 이가 없으면 잇몸이 대신해 더 많은 일을 하는 구조로 되어 있다.

유기체 안에서 각각의 개체는 저마다 목표를 세울 수 있지만, 다른 개체와 무관하게 살 수는 없다. 생명 시스템 안에서 상호 연결되어 함께 살고 함께 죽을 수밖에 없는 운명공동체다. 가족도 개별 구성원이 각자 따로 존재하는 듯 보이지만, 사실은 유기적으로 연결되어 공동의 운명 아래 살아가야 한다.

가족 구성원은 가족이라는 유기체를 유지하기 위해 각자 맡은 바 역할을 한다. 유기체가 생명을 유지하는 데 100톤이라는 에너지가 필요하다고 해서 가족 구성원이 똑같이 공평하게 나눠서 에너지를 구하지는 않는다. 가족이라는 유기체는 생명이 위태롭다고 느낄 때, 때로는 가족 구성원 중 한 명에게 과도한 부담을 안길 수도 있다.

어쩌면
누군가의 희생

내가 미국에서 가족상담 훈련을 시작했을 때 자주 찾아온 단골은 주로 자녀의 일탈행위를 걱정하는 부모들이었다. 부모는 보통 가족에게 벌어지는 모든 문제가 비행을 저지른 자녀 탓이라고 말한다. 가족상담 교과서에 따르면, 이 같은 자녀들을 '희생양'이라고 부른다. 여기서 희생양은 구약성서에서 희생 제사 때 쓰이는 양, 즉 신약성서의 그리스도를 의미하는 단어다. 가족상담 연구자들은 왜 일탈 자녀를 희생양에 비유했을까.

자녀의 일탈행위는 가정에서 느끼는 가족의 붕괴를 스스로 지켜내기 위한 항상성에서 비롯된다. 예컨대 엄마와 아빠의 대화가 단절되는 상황을 직시하는 자녀들은 갈등이 심각해지고 있음을 무의식중에 느끼고 불안해할 수밖에 없다. 가정을 유지하기 위한 최소한의 에너지가 있는데,

부모에게서 이마저도 느껴지지 않으면 가족이라는 유기체를 유지하는 생명의 불꽃이 사그라질 수도 있다는 공포에 사로잡히게 된다.

이때 자녀는 우연히 가족이라는 유기체를 살려낼 수 있는 묘수를 발견한다. 자신이 일탈행위를 시작하자 엄마와 아빠가 수심 가득한 얼굴을 맞대고 대화를 이어나가는 것이다. 자신에 대한 관심 때문에 부모가 다시 가까워지는 모습을 확인하게 되면 자녀는 무의식적으로 자신의 일탈행위가 가족을 지키는 유일한 길이라고 느끼게 된다. 가족상담 전문가는 자녀의 일탈행위를 해결하기에 앞서 부부의 근본적인 갈등 해결을 우선적으로 시도한다. 그리고 자녀가 무의식중에 느꼈을 불안을 공감하고 희생양 역할에서 벗어나도록 돕게 된다.

이는 가족을 그저 사랑으로 똘똘 뭉친 개인의 합으로 보는 접근이 아니다. 생명이 있는 유기체로 바라볼 때 비로소 가능한 접근이다. 생각보다 많은 사람이 자라면서 한 번쯤 가족 안의 희생양 역할을 했을 수 있다. 가족 전체의 생존이 위태롭다고 여길 정도의 위기와 마주했을 때 가장 불안해하는 구성원이 바로 자녀이기 때문이다. 젊은 날 우리의 소소한 일탈이 어쩌면 가족을 지키기 위한 고귀한 희생이었는지도 모를 일이다.

아버지, 두 얼굴의 사나이

"아빠, 힘내세요. 우리가 있잖아요."

이 동요는 내가 처음 아버지가 되었을 때 가장 듣고 싶은 노래였다. 1990년대 후반 불어닥친 외환위기의 여파로 어깨가 처질 대로 처져 있을 때도 아이들이 재롱을 곁들여 노래를 부르면 왠지 지친 어깨에 힘이 들어가고 함박웃음을 지어 보일 수 있었다. 하지만 어린 자녀가 부르는 동요의 여운으로 올라간 아빠의 어깨가 얼마나 오래 유지될 수 있을까?

우리 시대
아버지의 초상

어느 초등학생의 글 속에 존재감 하나 없이 등장하는 아버지가 있어 쓴웃음을 지은 적이 있다.

냉장고가 있어 좋다. 나에게 먹을 것을 주어서……. 강아지가 있어 좋다. 나랑 놀아주어서……. 아빠는 왜 있는지 모르겠다.

그런데 이렇듯 초라한 아버지의 존재감이 꼭 초등학생 자녀들의 인식에서만 발견되는 것은 아니다. 대학생을 대상으로 실시한 설문조사에서 '사회생활을 하는 데 가장 힘든 상대는 누구입니까?'라는 질문을 던졌는데 꽤 많은 학생이 '아버지'라고 응답한 결과를 본 적이 있다. 이유는 간단했다. 말도 안 되는 일인데 독불장군처럼 우기고, 잘 지내다가도 별안간 화를 내는 등 종잡을 수 없다는 이유였다. 설상가상으로 아버지에게 손찌검이라도 당한 자녀라면 당연히 낙제점을 줄 수밖에 없다.

심리상담을 하면서 만난 어느 아버지는 자신을 '아수라 백작' 혹은 '두 얼굴을 가진 사나이' 같다고 표현했다. 대학생 대상 설문지에 등장했던 아버지들의 모습처럼 멀쩡하다가도 갑자기 분노가 치밀어 오르는 경험을 했던 모양이다. 여기서 중요한 사실은 왜 자신이 그렇게 격노하는지 스스로 잘 모른다는 것이다.

사회생활을 하면서 많은 아버지가 존중받지 못하는 경험을 하게 된다. 나이 어린 상사에게 질책을 당해 초라해진 자신의 모습을 보면서 퇴근길에 오른 아버지가 가족에게 바라는 건 무엇일까. 설령 직장을 잃고 가장 초라한 존재가 되었다 해도 자녀가 자신을 최고로 존중해준다면 얼마나 좋을까.

실제 상담을 진행하면 다음과 같은 장면에 관한 묘사를 자주 듣게 된다. 직장 동료에게 충분히 존중받지 못하는 아버지가 있다. 퇴근 후 헛기침을 하며 현관에 들어서지만, 방 안에 있는 중학생 아들은 인기척이 없다. 아들의 웃는 얼굴을 기대하며 방문을 열고 친절한 목소리로 물어본다. "뭐 해?" 게임에 푹 빠진 아들은 뒤도 돌아보지 않고 대답한다. "보면 몰라?" 갑자기 뒷목이 뻣뻣해진 아버지는 소리를 지른다. "너, 아빠가 집에 들어왔는데 태도가 그게 뭐야?" 아들은 그제야 아버지를 힐끗 돌아보며 대꾸한다. "뭐, 어쩌라고?"

다음 장면은 불 보듯 뻔하다. 순간 화가 난 아버지는 아들이 몰두해 있는 컴퓨터 키보드에다 가지고 있던 서류봉투를 냅다 집어 던진다. 이때 아버지 때문에 게임을 중단하게 된 아들이 벌떡 일어나 아버지에게 대든다면 아버지의 반응은 어떨까? 아버지는 갑자기 헐크로 돌변한다. 아들 방은 순식간에 가정폭력이 난무하는 현장으로 돌변할지도 모른다.

상담을 진행하면서 아버지는 알게 된다. 자신이 속한 세계에서 존중받고 싶은 욕구가 제대로 충족되지 않았을 때 느끼는 상실감이 마음에 켜켜이 상처가 되어 쌓였고, 기대 요구가 가장 높은 자신의 가정에서 충족되지 못한 욕구를 대리 충족하려고 한다는 사실을 말이다. 그런데 그마저도 여의치 않다면, 학식 높고 인품이 점잖은 아버지라 해도 헐크로 돌변하고 만다. 문제는 우리를 화나게 하는 가족 구성원의 못된 행동이 아니라, 우리 안의 충족되지 않은 욕구다. 근본적으로 사태를 해결하려면 현재 상황부터 정확하게 진단해야 한다.

어느 아버지의
선택

앞서 어느 라디오 프로그램에서 내가 '가족이 가장 힘들고 어려운 관계'라는 '이색적 주장'을 펼친 바 있다고 말했다. 상대방으로부터 사랑받고 존중받길 원하는 욕구가 가족관계에서 제일 높기 때문이다. 그런데 내가 그렇게 말한 배경에는 또 다른 이유가 있다.

당시 방송이 나간 시점은 온 국민을 충격에 몰아넣은 한 사건이 일어난 직후였다. 한 집안의 가장인 아버지가 가족을 살해한, 이른바 '서초동 세 모녀 사건'이었다. 방송을 진행하던 MC는 생활고에 시달리다 극단적인 선택을 하는 빈곤층 가정의 일반적 경우와 달리 상대적으로 부유한 강남의 가정에서 일어난 사건이라는 점에 주목했다. 살인을 저지른 가장은 값비싼 외제차에 10억 원이 넘는 자기 명의의 아파트까지 보유했던 부유층이었다. 언론도 이 점을 집중 보도하고 있었다. 아무튼 경제적 빈곤으로 인해 발생한 사건으로 보기는 어려웠다.

게다가 멀쩡한 가장이 마땅히 사랑해야 할 가족을 무참하게 살해했다는 사실은 가족중심주의를 강조해온 우리의 유교적 관점에서 패륜으로 볼 수밖에 없었다. 그 가장은 가족을 모두 살해하고 본인도 스스로 목숨을 끊으려 했지만 여의치 않았다. 여기서 우리는 멀쩡해 보였던 아버지

가 헐크로 돌변해 가족과 자기 자신을 향해 무참히 폭력을 행사하게 된
이유를 곰곰이 살펴볼 필요가 있다.

왜 서초동 사건의 아버지는 가족 전체의 생명을 끊으려고 했을까. 가
족에 대한 사랑이 부족했던 탓일까. 그는 살인 직후 스스로 119에 신고
했고, 검거된 후 가족사진을 보면서 괴로워했다고 알려졌다. 당시 그는
실직한 가장이었다. 실직한 사실을 아내에게만 말하고, 두 딸은 물론 부
모나 처가에도 말하지 않았다고 한다.

이 아버지가 실직으로 남 보기 부끄러운 모습이 되었더라도 세간의 잣
대와 상관없이 아내와 두 딸에게 따뜻한 위로를 받을 수 있을 거라 기대
할 수 있다면 얼마나 좋았을까. 아마도 그런 기대 욕구가 이전에도 여러
차례 좌절되었을 수 있다. 그렇다면 그는 실직을 하자마자 가장으로서
가족에게 존경받고자 했던 자신의 욕구가 처참하게 무너졌다고 느꼈을
것이다. 초라하게 무너져 내린 자신을 감당할 수 없었을지도 모른다. 자
신이 가족이라는 유기체의 생명을 유지할 수 있는 최소한의 동력마저 상
실했다고 느꼈을 것이다.

필요한 사람이고
싶어

앞서 자신을 '아수라 백작'이라고 부른 내담자는
직장에서 '젠틀맨'이라는 별명으로 불렸다. 그만큼 점잖고 부드러운 성

품을 가진 대기업의 중간관리자였다. 그가 아수라 백작으로 돌변하는 장소는 다름 아닌 자신의 가정이었다. 그는 이상하게 집에만 들어가면 마음이 불편해진다고 말했다. 특히 자신과 대화를 피하는 사춘기 자녀들을 점점 모질게 대하게 된다고 하소연했다.

스스로 생각해도 직장과 가정에서 자신의 모습은 극명한 대조를 이루고 있었다. 왜 그럴까? 그가 직장에서 얻은 '젠틀맨'이라는 별명은 자연스럽게 만들어진 게 아니었다. 부장 직급이었던 그는 주위 모든 하급 직원들에게 '좋은 상급자'로 인정받기 위해 최선의 노력을 해왔다. 그래야만 할 이유가 있었을까?

그가 노력한 것은 다면평가에서 높은 점수를 얻어 팀장으로 발탁되기 위해서였다. 회사에서 부장 직책을 가진 사람들 가운데 팀장이 아닌 사람은 자신을 포함해 소수에 불과했다. 직장에서의 자기 모습이 불만족스러웠던 내담자는 친화력 넘치는 리더의 이미지를 만들기 위해 내재된 욕구와 감정을 억누르며 살아왔다. 팀장 발탁에 여러 번 실패를 거듭하면서 내면의 수치심은 점점 더 커져갔다.

그랬던 사람이 왜 집에서는 '젠틀맨'으로 살 수 없었던 걸까. 우리는 가족에게 특별한 기대를 품는다. 다른 사람은 몰라도 가족만큼은 나에게 무한한 사랑과 존중을 줄 것이라는 기대다. 그리고 그 기대가 무너질 때면 더 큰 상처와 수치심을 받지 않기 위해 스스로 요술을 부린다. 다른 사람으로 돌변하는 것이다. 일반적으로 사춘기가 되면 아이들은 아빠와 대화를 피하게 마련이다. 이런 상황에서 발생하는 아빠의 갑작스러운 격분과 돌발 행동은 자신이 꼭꼭 숨겨놓은 상처를 건드리지 못하게 피해 가는 방어기제다.

여기에도 답은 있다. "아빠, 힘내세요. 우리가 있잖아요!" 한때 아버지의 어깨를 으쓱하게 했던 이 노랫말을 가족 모두가 부를 수 있어야 한다. 아버지는 가족에게 기대하는 바를 말하고, 기대가 무너져 생기는 아픔도 함께 나누면 된다. "아빠는 너희와 대화를 하고 싶단다. 그런데 너희는 늘 바쁘고 아빠를 쳐다보지도 않아서 많이 속상해. 집에만 오면 자꾸 아빠가 불필요한 사람처럼 느껴져서 힘들어. 아빠는 지금 너희가 필요해."

당신은 부모입니까, 학부모입니까?

여러 해 전에 어느 교육 진단 프로그램에 토론자로 참여한 적이 있다. 잠시 광고 시간이 되었고, 공익광고 하나가 흘러나왔다. "부모는 멀리 보라 하고, 학부모는 앞만 보라 합니다. 부모는 함께 가라 하고, 학부모는 앞서 가라 합니다. 부모는 꿈을 꾸라 하고, 학부모는 꿈꿀 시간을 주지 않습니다. 당신은 부모입니까, 학부모입니까?"

대한민국에서
부모로 살다 보면

광고가 끝나자 함께 참여한 토론자들이 광고 메시지가 가슴에 와닿는다며 서로 느낌을 교환했다. 잠시 뒤 다시 방송이 시작되자 사회자가 대뜸 질문을 건넸다.

"교수님은 어떠세요? 부모 쪽이세요? 학부모 쪽이세요?" 기습 질문에 살짝 당황한 나는 이렇게 답을 피했다. "우리가 부모 아니면 학부모, 둘 중 하나를 꼭 골라서 살아야 하나요? 과연 그럴 수 있을까요?"

사회자의 질문은 끈질기게 이어졌다. "교수님은 학부모가 아니라 부모로 사실 것 같아서요. 자꾸 학부모로 살게 되는 어머님들에게 좋은 말씀 좀 해주세요." 깜짝 놀란 나는 이렇게 답했다. "저 역시 대한민국에서 학부모로 살기를 포기한 적은 없어요. 제 얘기는 학부모로 사는 것 자체가 문제는 아닌데, 왜 우리는 학부모만 되면 죄다 이상해지는지 그 이유를 한번 살펴봐야 한다는 뜻이었어요."

대관절 누가 대한민국에서 학부모로 살기를 멈추고 오로지 부모로만 살라고 할 수 있겠는가. 이 땅에서 부모로 살다 보면 국가의 중대사 중에서도 선두를 다투는 관심사가 바로 자녀 입시와 취업 문제라는 사실을 깨닫게 된다. 온 국민이 자기 자녀를 교육하는 일보다 더 중요한 건 없다고 한목소리로 외치는 느낌마저 든다. 그래서인지 결혼은 해도 자녀는 낳지 않겠다는 젊은 세대의 항변도 이해가 된다. 자녀 교육에 들어가는 어마어마한 투자에 지레 겁이 나서가 아닐까.

언젠가 지방 강연을 하다 만난 한 어머니는 자기가 너무나 형편없는 부모라고 고백하며 한탄했다. 이유는 하나였다. 서울이 아닌 지방에 산다는 사실 자체가 아이 교육에 큰 장애라고 여겨서였다. 지방에 살더라도 경제적 여건이 되는 엄마들은 자녀가 대학입시를 준비할 때면 방학 기간에 서울에 방을 얻고 유명 입시학원에서 집중교육을 받고 온다고 했다. 그런데 그런 여건이 되지 않으니 자신이 얼마나 한심하냐며 심하게 자책하고 있었다.

실제로 유명 입시학원의 사교육이 모든 입시생에게 반드시 필요한 것일까? 사설 교육기관은 태생적으로 공교육에 대한 불신과 부모의 불안을 발판 삼아 성장해왔다. 나는 사교육 환경이 문제라고 여기는 어머니들에게 이렇게 권하고 싶다. "어머니, 지금 자신이 얼마나 불안한지부터 느껴보세요. 어머니 자신의 불안감부터 정확하게 직시해보세요. 그게 시작입니다." 엄마의 지나친 불안이 자녀에게 전이되어 아이가 자기 능력을 믿지 못하고 처음부터 자신감을 잃을까 봐 걱정이 앞서기 때문이다. 자녀는 부모의 불안을 마치 스펀지처럼 흡수한다.

부모의
아주 오래된 불안

대한민국의 입시 제도를 풍자한 드라마가 화제의 중심에 선 적 있다. 이 드라마는 사회 고위층 인사들이 고액 입시 코디네이터를 고용해 자기 자녀들을 최고 명문대 의대생으로 만들어가는 과정을 설득력 있게 그렸다. 여주인공은 술주정뱅이 아버지를 둔 부끄러운 과거를 숨기고 결혼한다. 그리고 자신의 딸을 삼대를 잇는 명문대 의대생으로 만들어 자기 존재감을 확인하려려고 애쓴다.

엄마는 수십억 원의 돈을 들여 입시 전문 코디네이터를 고용한다. 전문 코디네이터는 마치 사육사처럼 딸을 입시 맞춤형 인간으로 만들어간다. 도가 지나친 엄마의 자식 사랑은 사실 내면에 오랫동안 잠재되어 있던 불안에서 비롯됐다. 자신의 출신 성분을 속이고 성과 이름까지 바꿔가며 결혼에 성공한 엄마가 얼마나 깊은 불안 속에서 살았을지 짐작해보라. 그렇게 감추고 싶었던 진짜 모습은 결국 딸들과 이웃에게까지 들통나고 만다.

엄마는 자신이 남편과 집안에서 쫓겨나지 않고 인정받을 수 있는 유일한 방법이 딸을 의대에 합격시키는 일이라 믿었다. 딸의 대학 합격과 의학 공부는 결코 딸을 위한 것이 아닐 수 있다. 엄마는 딸의 의대 합격증이 언젠가 버려질 것만 같은 유기 불안에서 자신을 유일하게 지켜줄 수 있는 보증수표라고 믿게 되었을 것이다.

안타깝지만 엄마의 불안은 딸에게 고스란히 전이된다. 드라마 후반부까지 딸은 무례하기 짝이 없는 까칠한 아이로 그려진다. 태생적으로 기질이 못된 아이였을까? 아니다. 아이가 원래 욕심이 많아 일등만 하려는 듯 보이지만, 실은 부모의 불안이 은근히 아이를 부채질하고 있다. '내가 명문대 의대 진학에 실패하면 내 존재 가치는 바닥으로 떨어질 거야.' 딸의 마음속 깊은 곳에는 엄마의 짙은 불안이 전해져 똬리를 틀고 있다.

부모의 과도한 불안은 자녀의 진로나 미래에 대한 실제적 불안이 아니다. 부모 자신의 과거로부터 전수되어온 아주 오래된 불안이다. 그래서 더욱 세심하게 주의를 기울여야 한다.

주위를 둘러보라. 배울 만큼 배운 부모도 일단 학부모가 되면 함께 가지 말고 앞서 가라고 자녀를 닦달한다. 윤리의식과 도덕성이 결여되어서가 아니다. 지식과 교양이 부족해서는 더더욱 아닐 것이다. 자식을 좋은 대학에 보내야 부모 자신이 품고 있는 해묵은 불안을 잠재울 수 있기 때문일지 모른다.

불안이 전염되지 않도록

드라마에서는 부모가 그토록 원하던 명문대 의대에 합격한 직후, 부모에게 합격증을 안겨주고 나서 자신을 입시로만 내몬 부모와 인연을 끊는 어느 남학생의 비극적인 이야기가 나온다. 나는 꼭 그 학생과 같은 상담 사례를 겪은 적이 있다. 상담센터를 찾아온 내담자 가족도 대대로 명문대 의대에 진학하고 화려한 학벌을 가문의 자랑처럼 여기는 가정이었다. 내담자 가정의 딸도 명문대 의대를 합격한 뒤 합격증을 엄마에게 갖다 바치며 파격 선언을 했다. "이제 엄마 소원 이뤄줬으니, 내 할 일 다 했어. 이제 내 맘대로 살 거야. 말리지 마." 딸은 무작정 유럽여행을 떠났고, 의대 입학은 취소되고 말았다. 딸이 여행에서 돌아오자, 엄마는 딸과 함께 상담을 신청했다. 엄마의 호소는 명료했다. 딸이 왜 명문대 입학을 포기했는지 그 이유를 알고 싶다는 것이었다.

딸은 더 이상 공부에 매달려 불안하게 살고 싶지 않다고 말했다. 딸이 경험한 불안은 당연히 엄마의 불안에서 물려받은 것이었다. 딸은 등수가 하락하면 마치 목숨이 끊기기라도 하는 것처럼 불안해하는 엄마를 10년 넘게 지켜봤다. 그러니 의대 합격증만 안기면 엄마는 살아날 거라 느꼈던 모양이다.

상담 도중 딸은 한 번도 엄마에게 아프다는 말을 하지 못했다며 그간 오랫동안 참아왔던 서러움을 통곡하듯 쏟아냈다. 특히 시험 기간에 아픔을 호소하면 엄마의 역정과 분노가 하늘을 찔렀다고 했다. 어린 딸은 시험을 앞두고 아픈 자신에게 버럭 소리를 지르면서 화를 내던 엄마의 모습이 잊히지 않는다고 울부짖었다. 엄마도 말을 잃었다. 아이러니하게도 결혼 전 엄마의 직업은 간호사였다. 엄마는 왜 그랬을까?

상담을 하면서 나는 엄마의 해묵은 불안을 탐색할 수 있었다. 그는 초등학생 시절에 폐병으로 어머니를 잃었다. 그가 기억하는 어머니는 늘 아파 누워 있는 모습이었다. 어릴 때부터 그는 습관처럼 안방에 들어가 아직도 어머니가 숨을 쉬는지 확인했다. 그는 평생 자신과 타인의 건강에 대한 과도한 불안을 달고 살았다. 사랑하는 자녀가 아프다고 하면 마음을 쓰는 게 당연하건만, 어머니의 죽음과 연관된 불안한 과거가 소환될까 봐 무의식적으로 딸에게 역정부터 냈는지 모를 일이다. 어머니의 오랜 투병으로 내재된 불안은 자신을 간호사로 이끌었지만, 오래 일하지는 못했다. 의사 남편과 결혼한 뒤 외동딸을 무조건 의사로 만드는 일이 자신의 오랜 불안을 잠재울 수 있는 최선의 방법이라고 여겼을 수 있다.

엄마는 상담을 통해 점차 자신의 해묵은 불안과 딸의 진로가 별개라는 사실을 깨달았다. 상담이 끝난 뒤 딸은 다시 좋아하는 여행을 떠났다. 그리고 여행 전문작가가 되기 위해 문예창작을 전공하는 대학생이 되었다. 자신의 불안을 다루기 시작한 엄마는 어느새 딸에게 멀리 보고 너만의 꿈을 꾸라고 권하는 학부모로 변해가고 있었다. 자신을 잘 아는 부모가 좋은 학부모가 된다.

세상에 못된 아이는 없다

신약성서를 보면, 예수가 제자들을 나무라는 장면이 나온다. 어린아이들이 무리를 뚫고 자신에게 다가오자 제자들이 막아섰다는 이유였다. "아이들을 받아들이고, 내게 오는 것을 금하지 말라. 어린아이 같은 이들이야말로 천국에 갈 자격이 있다." 성서 주석가들은 대개 이 이야기는 예수가 어린아이와 같은 순수한 마음을 강조한 부분이라고 해석한다. 그런데 과연 그게 전부일까?

가장 취약한 존재

어린아이에 대한 이 같은 시각은 자칫 어린아이의 마음을 지나치게 이상화하는 형태로 발전할 수 있다. 일례로, 어른들은 가끔씩 거짓말을 해도 되지만 아이들은 절대 거짓말해서는 안 된다고 믿는다. 어른들은 종종 화를 내고 물건을 던져도 되지만, 아이들은 어른 앞에서 버릇없이 자신의 격한 감정을 드러내면 안 된다고 금한다.

예수는 어린아이들을 품에 안고 축복하기도 하고 설교할 때 옆에 앉혀 두기도 했다. 이런 모습은 당시 관념으로는 파격적이었다. 2천 년 전 이스라엘에서 여자와 어린아이는 온전한 인격체로 받아들여지지 않았다. 신약성서에는 당시 계수법에 의해 여성과 아이를 제외한 숫자만 인구로 명시했다고 기록되어 있다.

이와 같은 상황에서도 예수는 소외되고 고립감을 느끼는 아이들을 이례적으로 받아들였다. 아이들이 자신에게 다가오는 것을 과감하게 허용했다. 당시 아이들은 가정이나 사회에서 제일 무시되고 곧잘 천덕꾸러기 취급을 받았을 것이다. 예수는 이런 소외감과 불안한 심정을 깊이 공감하였기에 먼저 나서서 아이들을 수용하려 했던 것 아닐까.

아이들의 불안한 내면이 비단 2천 년 전의 이야기만은 아닌 것 같다. 안타깝지만 지금 우리가 사는 사회도 별반 다르지 않다. 어느 사회에서든 아이들은 가장 소외받기 쉽다. 도덕적으로 쉽게 판단의 대상이 되는 이들도 아이들이다. 그런데도 기성세대는 아이들이 아직 미성년자라 윤리의식이 희박하므로 강력한 계도와 질책이 필요하다고 여긴다.

가족을 유기체로 이해하는 측면에서 보면, 가족이 위기를 경험할 때 가장 불안해지는 대상이 아이들이다. 잠재된 불안을 떨쳐내기 위해, 가족 전체의 생명을 유지하기 위해, 아이들이 무의식적으로 일탈행동을 할 수도 있다고 앞서 설명했다. 아이의 뿌리 깊은 불안을 이해하지 못하

면 아무리 똑똑한 어른이라도 아이들을 그저 못된 존재로 여길 수밖에
없다.

전혀 다른
접근법

동생이 태어난 뒤 착하고 말 잘 듣던 첫째 아이
가 못된 짓만 골라 한다고 하소연하는 부모가 적지 않다. 이때 부모가 첫
째 아이를 지나치게 못된 아이로 몰아세우면 아이는 더 포악해지기 쉽
다. 엄마나 아빠 눈에는 동생 앞에서 갑자기 질투를 표현하는 아이, 공격
적으로 변한 아이로 보일 수 있다. 그러나 첫째 아이가 실제로 가슴 깊이
느끼는 감정은 미움이 아니라 불안이다.

아이의 불안을 헤아리는 방법은 무엇일까. 우선 섣불리 아이를 판단해
서는 안 된다. 엄마 아빠 몰래 나이 어린 동생에게 해코지를 하더라도 심
하게 야단치면서 비난해 못된 아이로 만들면 불난 집에 부채질하는 모양
새와 같다. 큰애가 못된 행동을 하는 건 착한 마음을 잃어버려서가 아니
다. 어린 동생이라는 존재 때문에 아이는 가족 안에서 묘한 불안을 경험
한다. 이 사실을 부모는 미리 감지하고 있어야 한다.

큰애에게 불쑥 이렇게 말하는 부모도 있다. "혹시 불안해서 그러니?
너 혼자 몇 년 동안 엄마 아빠 사랑을 많이 받았잖아." 부모는 아이의 어
떤 반응을 기대하는 걸까? "네, 불안을 공감해줘서 고마워요. 그동안 엄

마 아빠 사랑을 받을 만큼 받았으니 이제 제가 양보할게요. 제가 생각이 짧았네요." 이런 답이 돌아올 리 없다. 이미 사랑을 많이 받지 않았냐는 부모의 말은 아이를 더욱 불안하게 만들 뿐이다. 마음속에서 단절감마저 느낄지 모른다. '드디어 올 것이 왔구나. 이제 이 집에 더 이상 내 자리는 없을 거야!'

가족을 유기체로 이해하는 '가족 시스템 이론Family System Theory'에 따르면, 가족 내에 공격적이고 적대적인 못된 아이는 없다. 나는 시스템 이론을 바탕으로 가족상담을 하는 센터에서 처음 훈련을 받을 때 다소 해괴한 지시사항을 접했다. 내 상담을 지도 감독했던 교수는 내담자 가정의 아이들에게 나타나는 행동을 묘사할 때 'is'라는 표현을 쓰지 않도록 주의하라고 말했다. 이게 무슨 뜻일까?

'데이비드는 동생에게 적대적이다(David is hostile to his brother)'와 같은 표현은 절대 쓰지 말라는 얘기였다. 그럼 여기서 데이비드의 적대성을 어찌 표현해야 할까? 교수는 내게 'is(~이다)' 대신 'show(~을 보여준다)'를 쓰라고 말해줬다. 즉 '데이비드가 동생에게 적대감을 보여준다(David shows his hostility to his brother)'라고 표현하는 것이다.

둘은 어떤 차이가 있을까? 나는 하루에도 몇 번씩 지적을 받으며 언어 습관을 바꿔나갔다. 어린 내담자일수록 그가 '보여주는' 혹은 '드러내는' 행동의 배후를 찾기 시작했다. 그렇게 보니 아이들의 행동은 단순히 못된 행동이 아니었다. 아이들은 자신의 깊은 불안을 보여주거나 말하지 못할 억울함, 감당하지 못할 공포감을 행동으로 드러내는 경우가 많았다. 또한 가족상담을 받기 위해 찾아오는 가족들이 자녀를 바라보는 관점도 서서히 바뀌어가는 것을 확인할 수 있었다. 아이에 대한 판단이 앞설 때마다 배후 사건과 감정을 먼저 살피게 되니 스스로 해결법도 찾을 수 있었다.

내 아이는
무엇을 드러내고 있나

내가 배운 훈련법은 이탈리아 밀라노에서 시작된 '밀란 가족치료 학파'의 방법이다. 이 기법은 가족상담 전문가가 아니더라도 효과적으로 사용할 수 있다. 자녀를 대할 때 먼저 판단부터 하는 부모라면 이 기법을 사용해보길 권한다.

우선 '우리 아이는 문제가 있어'라고 단정하지 말자. 아이 자체가 문제가 아니다. 자녀를 문제 있는 아이로 규정하고 나면 해결책도 묘연해질 수밖에 없다. '어쩌자고 저런 문제 있는 애가 태어났지?' '뭘 잘못 먹고 갑자기 문제 있는 애가 됐지?' 그럴수록 혀를 차고 한숨을 내쉬게 될 뿐이다. 그 대신 '우리 아들이 지금 문제를 보여주고(드러내고) 있다'고 생각해보자. 아이가 하는 행동은 내면 깊은 곳에 숨겨진 느낌을 대변하고 있을 때가 많다.

아이와 아이의 문제를 동일한 선상에 놓지만 않아도 부모가 아이를 덮어놓고 비난하는 상황은 피할 수 있다. 아이가 문제를 드러내는 데 뭔가 특별한 이유가 있으리라 짐작할 수 있는 여유가 생긴다면 금상첨화다. 현재 아이가 불안한지, 혹은 소외감을 느끼는지 살피고 감정을 공감해 주면 전문 가족상담 수준의 대화도 가능해진다. 자꾸 문제점을 지적하고 반복해서 야단만 친다면 아이는 더 큰 불안과 소외감을 느껴 더욱 극단적으로 행동할 수밖에 없다.

어느 날 한 엄마가 사춘기 딸에게 문제가 생겼다며 아이와 함께 상담을 하러 왔다. 중학생이 되자 갑자기 못된 친구와 어울리더니 결국 가방에서 담배와 라이터가 발견되는 상황에 이르렀다고 했다. 엄마는 아이의 친구관계가 문제라고 말했다. 초등학교 때 못된 친구와 어울려 마트에서 물건을 훔치다 걸린 적이 있었는데, 중학교에 와서 다시 못된 친구와 어울리더니 또다시 문제가 터졌다고 하소연했다.

다시 한 번 떠올려보자. 중학생 자녀에게 문제가 '있다(is)'고 말하면 안 된다. 이 문제는 뭔가 보여주고(show) 있는 것이다. 초등학교 때 문제는 어떤 사건과 연관이 있었고, 당시의 감정은 어땠을까? 지금 발생한 문제를 통해서는 어떤 정서적 경험을 드러내려 하는 걸까?

나는 밀란 학파의 방법을 십분 활용했다. 상담을 통해 알게 된 사실은 이렇다. 엄마는 딸이 초등학교 2학년이었을 때 남편과 이혼했고, 최근에는 직장에서 만난 새 남자친구와 교제하기 시작했다. 딸이 초등학생이던 당시와 현재 겪는 정서적 경험은 유사했다. 아빠와 엄마의 이혼 과정에서 심각한 수준의 불안을 경험한 딸은 새 남자친구를 사귀는 엄마를 보면서 다시 엄마에게 버려질 것만 같은 불안을 느끼고 있었다. 상담을 통해 이러한 사실을 알게 된 엄마는 아이의 오랜 불안을 충분히 공감해주기 시작했다. 그러자 아이는 서서히 일탈에서 벗어나 안정을 찾아갔다. 세상에 못된 아이는 없다.

이별의 원인은 내게 있다

"남편이 이런 사람인 줄 몰랐어요!" "아내가 갑자기 이상하게 변했어요!"

부부나 남녀 사이에 관계 위기가 찾아올 때 가족상담사가 흔히 듣는 얘기다. 상대가 변심했다거나, 상대방에게 전에 없던 못된 성격이나 행동이 나타났다고 믿는 것이다. 과연 그럴까?

누가 뭐래도
제 눈에 안경

신혼여행에 간 신랑이 신부의 민낯을 처음 보고 "누구세요?" 하고 물었다는 농담을 종종 듣곤 한다. 남편이 정말 속았다고 느끼거나, 그동안 봐온 얼굴이 사람이 아니라 유령이었다고 말할 수 있을까? 만나는 대상이 늘 같은 사람이어도 우리는 보고 싶은 것만 보고 좋은 것만 골라서 받아들인다. 모두 다는 아니어도 그런 경우가 상당하다. 어쩌면 우리는 상대방의 진짜 모습을 보지 못하고 유령을 따라다니며 사랑한다고 느끼고 부부의 연까지 맺는지도 모른다.

남녀가 처음 만나 사랑을 싹 틔울 때 '눈에 콩깍지가 씌었다'고 말하곤 한다. 다른 사람에게는 보이지 않는 매력이 내 눈에만 보인다. 남들은 주책바가지 같다고 이야기해도 나는 내 남자친구의 아재 개그가 재미있어 미치겠다. 그래서 옛 어른들은 버선도 짝이 있고, 누구에게나 인연이 있다고 말씀하신 모양이다.

그런데 가만히 보면, 가족이 함께 살면서 익숙해진 감정을 경험할 때 좋다는 느낌이 드는 한편, 전혀 경험해보지 못한 점을 찾을 때 신선한 느낌이 들기도 한다. 내가 간절히 바라는 점을 상대방이 충족시켜주면 나의 만족도는 높아진다. 결국 상대방의 성격이나 행동만으로 높은 점수를 주기는 어렵다. 내 욕구가 우선이다. 내 경험과 욕구에 따라 상대방은 고득점자가 될 수도 낙제점을 받을 수도 있다.

침묵을 금으로 여기는 아빠와 오빠 사이에서 자란 여성은 남자친구가 과묵할 때 쉽게 익숙해질 수 있다. 만약 여성이 아빠나 오빠와 친밀한 관계를 맺고 있다면 과묵한 남자친구는 꽤 괜찮은 점수를 딸 수 있다. 하지만 평소 과묵한 가족 분위기가 답답했다거나 숨이 막힌다고 느꼈을 수도 있다. 그렇다면 이야기는 달라진다. 과묵한 남자친구에게 쉽게 익숙해지지만 싫증도 쉽게 느낄 수 있다. 말도 안 되는 아재 개그를 해도 이때

만큼은 말 많은 남자친구가 유리해진다. 자신을 웃게 만들려고 노력하는 유치한 남자친구가 귀엽게 느껴진다. 제 눈에 안경, 버선 짝이 탄생하는 순간이다.

천생연분이라고 믿고 살던 상대가 어느 순간 꼴도 보기 싫은 인간으로 돌변하는 이유도 마찬가지다. 부부가 헤어지자고 결정할 때, 그건 온전히 상대방의 잘못 때문일까? 이혼 위기에 처한 부부 가운데 일부는 정말 억지로 결혼한 경우도 있다. 하지만 대부분은 한때 불꽃 튀는 사랑을 한 커플이다. 나는 가끔 갈등을 겪는 부부에게 연애 시절 사진이나 신혼 초기에 찍은 사진을 가져오라고 주문한다. 연애 시절의 그 사람은 정말 유령처럼 사라진 걸까?

갑자기
사람이 변했어요

미국에 있는 전문 상담기관에서 처음 부부상담을 시작했을 때의 일이다. 이상하게도 이혼 직후의 부부가 상담을 신청하는 경우가 많았다. 나는 잘 이해가 되지 않았다. 이혼 전에 상담을 하러 와야지, 왜 이혼 직후에 찾아올까. 나중에서야 주 정부 측에서 부부가 합의이혼을 할 때 아직 어린 자녀가 있다면 필수적으로 상담을 요구한다는 사실을 알게 되었다. 그 이유는 어렵지 않게 짐작할 만하다.

남남으로 갈라서도 두 사람은 여전히 건강한 양육에 대한 책임을 안고 있다. 원수처럼 살면서 이혼 전의 관계를 지속한다면 아이가 모든 불안을 떠안고 불행한 삶을 살 수도 있다. 이혼 후 상담은 부부의 연이 끊어지더라도 두 사람이 아이를 위한 양육자로서 서로 협력하고 마음을 모을 수 있게 돕는다.

어떤 사람들은 이혼한 뒤에도 전 남편이나 전 부인과 아무렇지 않게 만나는 게 서구 사회 또는 영화에서나 가능한 먼 나라 이야기라고 여길지도 모른다. 상대방 탓에 결혼생활을 망쳤다고 생각한다면, 다시 만나는 건 더욱 상상할 수 없는 일이다. 그러나 부부상담 전문가로 훈련받으면서 나는 이혼을 경험한 부부가 원수가 아닌 친구로 살아가는 방법도 가능하다고 믿게 되었다.

한번은 이혼 위기에 처한 부부가 상담을 신청했다. 각자 전문직에 종사하는 엘리트 부부였다. 40대 중반의 부부는 운동도 함께하고, 쌍둥이 자녀와 주말에 외식도 자주 했다. 그 정도로 꽤 여유 있고 풍족한 결혼생활을 유지했다.

그런데 언제부터인가 남편은 아내가 점점 이상해지고 있다는 느낌을 받았다. 자녀가 사춘기에 접어들 무렵 아내는 날카로워지기 일쑤였고, 점점 신경질이 늘더니 갑자기 각방을 쓰자고 선언하기에 이르렀다. 하루는 남편이 과음을 하고 집에 늦게 들어왔는데, 현관에 들어서자마자 아내가 남편에게 신발을 집어던졌다. 그러고는 그 길로 가출해 호텔 생활을 시작했다. 남편은 아내에게 새로운 남자가 생긴 건 아닌지 의심하기

시작했다. 다행히 지인의 권유로 남편과 아내는 각자 따로 내게 상담을
받기 시작했다.

남편은 다른 사람처럼 변한 아내를 받아들이기 버거워했다. 사춘기 딸
을 버려두고 1주일이 넘게 가출한 엄마를 용서하기 힘든 듯했다. 남편은
아내가 다른 사람과 사랑에 빠졌다면 기꺼이 이혼해주겠다는 말도 했다.
남은 가족이 더 불행해지기 전에 아이들을 지키기 위해서라고 했다.

그런데 아내 또한 나와 상담하면서 똑같은 불만을 털어놓았다. 갑자기
남편이 이상해졌다는 것이다. 원래 남편은 금연금주를 하는 모범 가장이
었다. 직업이 회계사인 남편은 늘 정확했고, 가정사도 꼼꼼하게 돌봤다.
문제는 남편이 회계법인의 공동대표 자리에 오르면서부터 시작되었다.

아내가 가장 큰 불만으로 꼽은 것은 남편의 음주였다. 아내는 20년 가
까이 남편이 과음하는 모습을 한 번도 보지 못했다. 그런데 술을 잘 마시
지 못하는 남편이 갑자기 사업상 술을 마시기 시작하면서 만취한 채 돌
아와 거실에서 기절하는 일이 잦아졌다. 그때마다 아내는 극도의 분노를
느꼈다. 남편이 다시 금주하도록 만들기 위해서는 자신이 강하게 나갈
수밖에 없었다. 나는 남편이 금주하지 않는다면 어떻게 하겠냐고 물었
다. 그랬더니 아내는 이혼도 불사하겠다고 대답했다. 이유는 오직 하나,
남편이 갑자기 다른 사람으로 변했기 때문이었다.

어쩌면 내 안에

갑자기 돌변한 아내와 남편. 진짜 갈등의 원인은 무엇일까. 수개월간의 상담을 통해 나는 아내의 가족사를 탐색할 수 있었다. 아내는 남편에게도 말하지 못한 가족의 비밀을 털어놓았다.

자신이 대학생일 때 세상을 떠난 아버지에 대한 이야기였다. 주변 사람에게는 아버지가 사업을 하다 과로로 돌아가셨다고 둘러댔지만, 사실 아버지는 지독한 알코올의존증 환자였다. 사업이 어려워지면서부터는 술을 마시면 아예 집에 들어오지 않는 날도 많았다. 아버지는 결국 간암으로 투병하다 돌아가셨다. 아버지가 집에 들어오지 않을 때마다 어머니는 맏딸이던 그에게 동네 술집에 가서 아버지를 찾아오라고 시켰다. 술 취한 아버지를 모시고 집에 돌아오는 길에 학교 친구를 만난 적도 있었는데, 아내는 그게 자신의 학창 시절에서 가장 수치스러운 기억이라고 말했다.

아내는 두 가지 사실을 깨달았다. 하나는 남편을 만나 첫눈에 반한 이유가 자신이 그토록 원했던 '술을 입에 대지 않는 남자'여서라는 점이었다. 다른 하나는 자신이 사업상 어쩔 수 없이 술을 마셔야 하는 남편을 이해하지 못하고 분노했던 이유가 사실은 자기 내면에서 비롯됐다는 점이었다. 아내는 상담을 통해 자신이 과거에 입은 상처를 충분히 어루만지고 난 뒤 집으로 돌아갔고, 남편과도 관계를 회복할 수 있었다.

먼저 상대방이 변해야만 관계가 회복될 거라고 믿는다면, 아직 우리는 동전의 한쪽 면만 바라보고 있는 셈이다. 상대방에게 문제가 있어 둘의 관계가 회복 불능 상태에 빠졌다고 믿는다면, 상대를 향한 자신의 깊은 욕구도 함께 살펴봐야 한다. 어린 시절부터 가져온 자신의 간절한 바람이 갑자기 무너져 내린 것은 아닌지 되짚어볼 필요가 있는 뜻이다. 진짜 문제는 상대방이 아니라 내 안에 있을 수 있다.

콤플렉스의 시대, 신화와 비극에서 위로를 찾다

김은정

'인생은 연극이다'를 모토로 삼고 있는 연극연출가 겸 작가. 연극이 좋아 유럽으로 유학을 떠났다. 파리 국립8대학 연극학과 석사, 이탈리아 밀라노 국립미술원 무대미술학과를 수료했다. 대경대, 한양대, 경기대 평생교육원에 출강했으며, 고인돌(고전 인문학이 돌아오다) 등에서 대중 강연을 하고 있다. 연극 〈블로우업〉〈불면〉 외 다수의 연극을 연출했다.

콤플렉스는 인간의 본질

규칙과 규율이 해체된 시대에 우리는 과연 어디를 향해 나아가야 하는가. 얄팍한 유행들이 갈팡질팡하는 마음을 훔쳐간다. '성공하는 인간'이 되기 위해선 '아침형 인간'이 되거나 '외형적인 인간'이 되어야 한다. 탄탄한 복근으로 대표되는 철저한 자기관리는 성공하는 인간의 필요 덕목이 되었다. 우리는 휴가철마다 공항의 긴 대기 대열에 합류해 자신이 아직은 시대에 뒤처지지 않고 있음을 확인한다. 물론 대열에 합류하지 못했다고 낙담하긴 이르다. '아침형 인간'이 되지 못한 당신을 위해 서점가에는 한밤중에 깨어 있는 게 더욱 창의적이라는 내용을 담은 '저녁형 인간'이라는 책이 등장한다.

불완전한 신의 모습에서
나를 찾아보라

정형화된 틀 안에서 우리는 늘 고민한다. 아침에 일찍 일어나면 창의력이 없어서, 늦게 일어나면 성공할 수 없어서, 외형적이면 번잡스러워서, 내성적이면 사회적 기회가 적어서……. 우리는 도대체 어디를 향해 나아가야 하는가. 그래서 생각한다. 이 시대는 어쩌면 '콤플렉스의 시대'가 아닐까 하고. 우리 앞에 놓인 수많은 좌표 가운데 무엇을 선택해야 우리 자신과 만날 수 있을까.

콤플렉스의 시대에 신화를 떠올린다. 태곳적 신들은 불완전함이 나만의 콤플렉스가 아니라 존재의 '필연적 조건'임을 말한다. '유행'을 좇아 허덕이는 대신 '진정한 나'를 만나고자 한다면 신화에서 답을 찾을 수 있다. 일그러지고 못난 나의 콤플렉스는 나만의 것이 아니다. 나아가 신들은 과감히 콤플렉스를 드러내며 위로와 공감을 끌어내고 있다.

신화의 힘은 함부로 진단하지 않고 평가하지 않는다는 데 있다. 어떤 사고도 틀렸다고 지적하지 않고 포용한다. 다만 격랑에 휩쓸리지 않고 진정한 자신을 찾아야 비로소 콤플렉스의 시대에서 벗어날 수 있음을 말한다. 불완전한 신들의 모습에서 나를 발견하고 스스로를 위로해보자.

대체로 연극은 인류의 역사와 함께 시작되었다고 본다. 그래서 그 기원을 정확히 밝혀내는 일은 쉽지 않다. 다만 선사시대 어딘가에 있다고 추측할 뿐이다. 전쟁의 승리와 사냥의 성공을 기원하기 위한 일련의 의식은 부분적이긴 하지만 이미 연극에 필요한 대부분의 요소를 갖추고 있다. 이런 의식이 점차 규모를 갖춘 축제적 제의 형태로 바뀌는 과정에서 어렴풋이 연극의 연원을 추측할 수 있다.

통상적으로 서양 연극의 시발점으로 간주되는 고대 그리스의 희비극 역시 그 연원이 디오니소스 축제라고 유추한다. 포도주와 광기의 신인 디오니소스를 찬미하는 축제는 다산과 풍요를 약속함과 동시에 다른 한편으로는 일련의 질서를 해체하고 재정비한다. 그리스 비극Tragodia이 염소Tragos의 노래ode, 즉 디오니소스 신에게 염소를 바치며 부르는 노래라는 뜻을 가지고 있는 데 반해, 희극Komodia은 얼큰하게 취한 남자들이 행진Komos을 하면서 부르는 노래라는 어원이 있다. 여기서 고대 제의와 연극의 상관관계가 다시 한 번 드러난다.

초기 그리스극의 코러스들 역시 양자의 관계성을 드러내기에 충분하다. 다수의 코러스들이 신을 향해 그들의 염원을 춤과 노래로 기원하는 모습은 극장이라는 공간으로 무대를 옮겼다. 오늘날 아테네에 남아 있는 디오니소스 극장은 270년경에 개축했다고 보고 있다. 하지만 무대가 달라졌어도 고대의 제의 형식과 그다지 다르지 않다. 현재 우리에게 익숙한 연극무대 구성 역시 고대 코러스의 분화에 따라 형성됐다. 한 무리의 코러스에서 빠져나온 하나의 배우와 무리로 구성된 공연 형태에서, 두 명의 배우와 코러스, 세 명의 배우와 코러스로, 그러니까 점진적으로 한 덩어리의 무리가 각각 분화된 인물로 세분화하면서 지금의 형태로 바뀌었다. 공연의 내용도 형식 분화와 함께 다변화했다. 그리고 여기에 이야기, 즉 신화가 작동한다.

콤플렉스를 질병으로 간주한 신화를 다시 들여다보는 작업

사실 극의 형식은 대단히 다양하지만, 여기서는 크게 희극과 비극으로 분류해 살펴보고자 한다. 먼저 희극이 인간 군상의 우매한 행위를 풍자함으로써 당대 사회상과 정치를 비판하고 있는 데 반해, 비극은 고대의 신화와 전설을 모티브로 한다. 아이스킬로스Aeschylos*를 선두로 소포클레스Sophocles**, 에우리피데스Euripidēs***에 이르기까지 그리스 비극 작가들이 쓴 작품은 예외 없이 그들의 신화에서 출발하고 있다. 철학자 박규철은 《그리스 계몽주의와 신플라톤주의》라는 책에서 그들이 신화나 영웅의 이야기를 당대의 사건과 접목해 시민 사이에 논쟁을 이끌어내려는 목적이라고 설명한다. 다시 말해, 도시국가

---

* BC 525(?)~BC 456. 고대 그리스의 비극시인으로 총 90여 편의 비극을 썼다고 전해진다. 〈오레스테이아〉 〈페르시아인〉 〈구원을 바라는 여자들〉 〈포박된 프로메테우스〉 등 7개의 비극이 현전하고 있다.

** BC 496~BC 406. 고대 그리스 3대 비극 시인이자 정치가. 총 123편의 작품을 쓰고, 비극경연대회에서 18차례 우승을 차지했다. 작품 〈아이아스〉 〈안티고네〉 〈오이디푸스왕〉 〈엘렉트라〉 〈크라키스의 여인〉 〈필로크테테스〉 〈콜로노이의 오이디푸스〉가 전해진다.

*** BC 484년 추정~BC 406년 추정. 에우리피데스는 92편의 작품을 썼으나 현재까지 전하는 것은 〈메데이아〉 〈타우리스의 이피게네이아〉 등 18편이다.

가 추구하는 일련의 가치 기준과 정치구조, 그리고 도덕적 규범을 돌아 보고 반성할 수 있는 기회를 비극이 제공하고 있다는 것이다. 그렇다면 수세기가 지난 지금 우리에게 신화와 비극이 지닌 의미는 무엇인가?

고대 그리스 사람들은 우주의 섭리, 즉 진리를 탐구하고 이해하기 위 한 방법론으로 로고스Logos적 사유와 뮈토스Mythos적 사유를 분류해 설명 했다. 로고스란 '논증의 말'로, 이성을 기반으로 하는 사유방식을 뜻한 다. 뮈토스는 '이야기하는 말(공상적인 이야기)'로, 로고스와는 개념적으로 대립된다. 그러나 정신과 몸이 결합되어 있을 때 하나의 온전한 생명체 로 기능하는 것과 마찬가지로 로고스와 뮈토스는 상호보완적 관계로 진 리를 탐구한다.

우리가 살펴보려고 하는 신화Myth는 이 두 개의 개념 중 뮈토스를 어원 으로 하고 있다. 즉, 신화란 전승자들의 입에서 입으로 구전되며 내려오 는 이야기다. 주로 전승집단이 신성시하는 신들의 이야기를 다룬다. 그 러나 신화의 신들은 창조주와는 다르다. 태초에 카오스의 상태에서 가이 아Gaia와 에로스Eros가 모습을 드러내고 있지만, 이들은 '생겨났다'처럼 피동적인 서술로 묘사된다. 즉, 구전자들에 의해 창조된 신들이 바로 신 화 속 신들이다. 따라서 초월적인 신의 일방적인 강령은 존재하지 않는 다. 오히려 신화의 세상에서 인간은 세상을 구성하는 주체로, 영생불멸 의 신들을 통해 로고스적으로 해독할 수 없는 불가사의한 세상의 이치를 탐독한다. 그러므로 신화는 신들의 이야기라기보다 사람들의 이야기다. 먼 과거에서 출발했지만 고고학적 사료가 아닌, 여전히 삶의 이치를 탐독하려는 사람들에 의해 새로 고쳐 쓰여지는 현재 진행형 생물生物이다.

사랑과 증오, 욕망과 질투, 오만과 치졸함 등 논리적으로 규명할 수 없는 그로테스크한 삶의 민낯이 생경하게 살아 있는 신화 속에서 우리는 자신과 자신을 둘러싼 세계를 발견하게 된다. 꽁꽁 숨겨두었던 콤플렉스가 이곳에선 더 이상 숨겨야 할 수치가 아니다. 긍정과 부정이 날카롭게 나뉘지 않는 신화의 세상에서 콤플렉스는 도려내야 할 암 덩어리가 아니라 삶을 이루는 요소로 자리한다. 따라서 신화는 콤플렉스의 원인을 분석하고 진단하지 않는다.

그럼에도 불구하고 '오이디푸스 콤플렉스' '엘렉트라 콤플렉스' 등 신화가 일련의 콤플렉스를 진단하는 프레임으로 기능하는 데는 프로이트의 역할이 크다. 모든 콤플렉스가 통제할 수 없는 무의식의 깊고 어두운 심연에서 발생한다고 생각하는 프로이트에게 신화는 감춰진 무의식의 보고로 작동하며 콤플렉스는 치유해야 할 일종의 질병으로 전락하고 만다. 그러나 우리는 프로이트가 진단하듯이 무의식의 포로만은 아니다. 프로이트는 인간의 의지적인 힘의 방향성을 간과하고 있다.

나는 신화를 콤플렉스 진단 도구 차원에서 다루지 않을 것이다. 오히려 신화가 비극으로, 또한 비극이 현대작품으로 전향하는 과정에서 작동하는 '의지적인 힘의 방향성'을 고찰하려 한다. 다시 말해, 신화가 담고 있는 그로테스크한 인간 본성을 치유해야 할 일련의 질병(콤플렉스)으로 바라보지 않겠다는 말이다. 오히려 '일상적인 사회적 현실과 대립하고,

기만적인 현실의 충위를 벗겨내는' 날카로운 메스로 사용하려고 한다. 신화가 다루고 있는 인간 본성의 극단적 폭력성으로 층층이 쌓인 이미지를 해부하고 실재를 파악하고자 한다.

구체적으로 우선 의붓아들을 향한 어그러진 욕망에 사로잡힌 페드르를 통해 통제할 수 없는 정념의 실체를 다루고, 그다음 신화가 비극으로 전환되는 과정에서 메데이아가 어떻게 희대의 악녀가 되었는지 알아볼 것이다. 세 번째로는 자식까지 살해하는 메데이아의 파괴적 힘의 원천을 '질투'의 관점에서 바라보면 어떻게 될지 생각해보려 한다. 벨기에의 극작가 크롬멜린크가 질투를 모티브로 쓴 현대극 〈오쟁이 진 남편〉도 살펴볼 것이다. 마지막으로는 끊임없이 재생산되는 신화의 생물성을 다양한 〈메데이아〉 판본을 통해 확인할 것이다.

가혹한 현실과 콤플렉스의 실재를 마주하는 일

이 글을 쓴 목적은 콤플렉스를 진단하고 치유책을 찾는 데 있지 않다. 그러나 콤플렉스의 원인이 되는 상처를 마주하고 인정하는 순간, 아이러니하게도 상처는 더 이상 상처로 남지 않을 것임을 믿는다. 질투, 복수, 살인과 증오 등 음습한 곳에 숨겨놓았던 마음 한쪽을 잠시 내려놓고 신화를 모티브로 한 비극과 현대작품을 만나보시라. 눈 흘김 없이 응시하면 작은 위로를 받을 수 있을 것이다.

영화평론가 허문영은 우리 시대를 과거 서부영화에 빗대어 '풍경 landscape을 상실한 세대'라고 표현한다. 깊게 눌러 쓴 카우보이모자, 길게 늘어뜨린 라이플, 뿌연 흙먼지를 일으키며 말을 몰던 주인공이 멈춰 선 곳은 광활한 대지가 한눈에 내려다보이는 언덕 위다. 엔딩 크레디트와 함께 주인공의 시선이 끝없이 펼쳐진 미지의 세계로 고정된다. 카메라는 천천히 그 세계를 비춘다. 마치 내가 정복해야 할 곳이 저 산 너머 어디쯤에 있다고, 빨리 일어나 짐을 싸라고 고함치듯 말이다.

그러나 이제 우리에겐 봇짐을 메고 찾아 나설 '저 너머'가 없다. 자고 일어나면 새로운 세상을 열어주는 첨단과학과 초고속 정보통신기술이 '저 너머'의 비밀을 정복한 지 오래다. 우리는 언제 어디서든 세계 곳곳의 소식을 실시간으로 확인할 수 있다. 더 이상 남아 있는 풍경은 존재하지 않는다. 남극과 북극을 넘어 우주에 이르기까지, 정복할 유토피아가 사라진 것이다. 역설적이게도 미지의 유토피아가 이미지로 현실화하는 순간, 우리는 '실재하는' 현실에서 추방당했다.

그리고 우리는 자문한다. 우리는 누구인가? 어떤 공간에 소속되어 있는가? 우리가 소속되어 있다고 생각하는 이 공간은 실재하는 공간인가, 아니면 가상의 공간인가? 이제 우리가 갈망하는 것은 유토피아의 완성이 아니다. 이미지의 폭우 속에 침식된 실재에 대한 열망이다. 19세기가 과학적 혁명을 기반으로 완벽한 미래를 꿈꾸었다면, 우리 시대는 소위 완성된 시대를 해체하고 파편화해 가혹한 현실의 실재를 체험하고자 한다. 바로 여기, 연극과 신화가 다시 팔딱거리며 소생의 몸부림을 친다.

팜므파탈의 비애, 페드르

17세기 프랑스의 극작가 라신Jean Baptiste Racine의 손에 의해 다시 탄생한 여인 페드르Phèdre는 누구도 거부할 수 없는 치명적인 매력을 지녔다. 페드르는 비극의 주인공 이름이자 극의 제목인데, 흔히 '팜므파탈Femme fatale'의 대명사로 불린다. 어떠한 희생을 치를지라도 결코 거부하거나 피해 갈 수 없는 운명과도 같은 여인, 팜므파탈은 인간이 스스로 제어할 수 없는 '욕망'의 비밀 단지다. 누구든 욕망에 대항해 살아남을 수 없다. 적수가 될 수 없다면 피하는 게 상책이다. 우리에겐 적어도 그 정도의 지각은 있다. 그러나 욕망의 치명성은 그것이 늪인 줄 알면서도 스스로 걸어 들어간다는 데 있다. 디뎌서는 안 될 늪 너머에 짜릿한 욕망의 대상이 놓여 있다면, 당신은 과연 어떤 결정을 내릴 것인가?

버림받은 사랑과
좌절된 욕망의 씨앗

크레타섬의 미노스 왕과 파이드라 왕비 사이에서 태어난 페드르. 그녀의 불운은 외조부인 태양신 헬리오스와 아프로디테 여신 사이의 불화에서 시작된다. 헬리오스는 아프로디테 여신이 전쟁의 신 아레스와 한눈을 팔고 있다는 사실을 그녀의 남편 헤파이스토스에게 귀띔해준다. 자고로 남의 가정사에는 끼어들지 않는 것이라고 했던가. 헬리오스에 대한 아프로디테의 노여움은 대를 물려 끈질기게 이어진다.

우선 헬리오스의 딸 파이드라가 황소와 사랑에 빠져 괴물 미노타우로스를 낳는다. 그리고 그녀의 딸 페드르 역시 아프로디테의 농간으로 의붓아들 히폴리투스를 사랑하게 된다. 그러나 히폴리투스는 순결과 정절로 상징되는 아르테미스 여신을 섬기는 청년으로, 페드르의 정념에 가혹하리만큼 차갑게 응대한다. 신화 속 페드르의 비극은 이와 같이 사랑하는 대상에게서 외면당하는 외로움에서 시작된다.

페드르가 정념의 화신으로 혹은 악녀의 대명사로 등장하기 시작한 것은 기원전 5세기경, 고대 그리스 비극작가 에우리피데스에 의해서다. 그러나 에우리피데스가 정면으로 내세운 인물은 페드르가 아니라 그녀의 정념에 희생당한 히폴리투스다. 에우리피데스가 쓴 비극의 작품명이 〈히폴리투스〉라는 점에서 우리는 에우리피데스의 관점을 파악할 수 있다. 따라서 극의 서두는 달의 여신 아르테미스를 섬기는 히폴리투스에 대한 아프로디테 여신의 분노에서 시작한다.

> 햇빛을 보고 사는 자들 가운데 날 존중하는 자, 나도 그를 존중하겠다. 하지만 나를 무시하는 자, 반드시 파멸로 이끌리라! 우리 신들 또한 인간에게 존경받고 싶어 하는 마음이 있지. 내 말이 진실임을 당장 보여주겠다.
> 히폴리투스는 테세우스와 아마존 여인의 아들이다. 트로이젠에서 피테우스의 손에 자랐지. 그런데 트로이젠의 시민 가운데 유독 그만이 나를 몹시 싫어하고 있다. 날 가장 사악한 여신이라고 하면서…….
> 그는 사랑의 침상을 조소하고 결혼 따위는 아랑곳하지 않아.
>
> ─ 에우리피데스, 〈히폴리투스〉 중에서

　달의 여신 아르테미스를 섬기는 히폴리투스에게 사랑은 순수와 정절을 의미한다. 그러나 넘실대는 화염 없이 순수만으로 사랑이 가능할까. 아프로디테는 히폴리투스의 오만함을 시험하기 위해 아들 에로스를 시켜 페드르의 심장에 그를 향한 정념의 화살을 쏘게 한다. 그러나 불행히도 히폴리투스에게 정념 따위가 통할 리 만무하다. 여기까지는 신화의 내용과 별반 다르지 않다. 그러나 에우리피데스는 히폴리투스를 향한 페드르의 좌절된 성적 욕망을 복수의 광기로 바꾸면서 원래의 신화에 독자적인 해석을 가미한다.

어떠한 유혹에도 넘어오지 않는 히폴리투스에게 복수하기 위해 페드르가 선택한 것은 자살이라는 극단적 방법이다. 가질 수 없다면 함께 소멸할 수밖에 없다. 페드르는 남편 테세우스에게 의붓아들인 히폴리투스가 자신을 욕보이려 했다는 거짓 편지를 남기고 스스로 목숨을 끊는다. 이제 초인적인 고결함으로 페드르의 정념에 맞서던 히폴리투스는 자신의 아버지에 의해 죽음을 맞는 신세가 된다.

정념을 알아차리는 순간
비극이 시작된다

에우리피데스의 비극은 이처럼 신들의 전쟁에서 시작해서 인간의 비극으로 막을 내린다. 이 과정에서 그릇된 정념에 굴복하지 않고 꿋꿋이 맞서는 히폴리투스를 정면으로 내세우며 당대 도시국가의 윤리적 질서를 공고히 한다. 그러나 한편 '사랑의 침상과 결혼을 조롱하는' 히폴리투스에 대한 아프로디테 여신의 분노가 과연 부당했는지 묻고 있다.

자신의 아버지로부터 죽임을 당하는 히폴리투스의 비극은 어쩌면 사랑의 화염을 무시한 채 순수만을 고집하며 절름거리는 그의 아집에서 비롯되었을지 모른다. 그렇다면 이 비극의 중심에 서 있는 또 다른 인물 페드르를 과연 정념에 휩싸인 악녀로 보는 게 타당한가? 라신은 에우리피데스가 던진 질문에 정념을 극복하기 위한 페드르의 인간적 고군분투로 대답한다.

나는 이 인물(페드르)의 성격이 에우리피데스 시절에 그토록 운 좋은 성공을 거두었고, 우리 시대에 또한 그토록 훌륭한 성공을 거둔 게 결코 놀랍지 않다. 이 인물은 아리스토텔레스가 비극의 주인공들에게 요구한 모든 특성을 지니고 있으며, 나아가 연민과 공포를 불러일으키기에 알맞기 때문이다.

사실 페드르는 전적으로 유죄도 무죄도 아니다. 페드르는 숙명과 신의 분노에 의해 부당한 정념 속으로 빠져들었고, 그 정념에 대해 생후 처음으로 공포를 느낀다. 페드르는 이 정념을 극복하기 위해 온갖 노력을 다한다.

— 라신의 〈페드르〉 서문

라신이 작품 서문에서 밝히고 있는 내용 가운데 가장 흥미로운 점이 있다. 비록 페드르의 정념이 아프로디테 여신의 분노에서 기인한다 하더라도, 페드르가 정확히 자신의 정념을 인지하고 있다는 사실에서 출발한다는 것이다. 더불어 이폴리트(에우리피데스의 히폴리투스가 라신의 작품에서는 이폴리트로 명기)를 향한 페드르의 애욕이 좌절되는 가장 큰 이유는 따로 있다. 이폴리트가 페드르가 아닌 다른 사람에게 정념을 품고 있기 때문이다. 라신은 아르테미스와 아프로디테의 이항대립 구도에서 벗어나 정념 자체에 주목한다.

자신의 결함을 직시하는 고통

라신은 페드르와 이폴리트를 일렬로 나란히 세웠다. 라신의 작품에서 이폴리트는 더 이상 초인적인 고결함으로 표상되는 인물이 아니다. 더 이상 사랑의 열병을 이해하지 못하는 풋내 나는 청년이 아니다. 그런 이폴리트가 페드르의 치명적인 매력을 알아차리지 못했을 리 없다. 라신은 영리하게 의붓어머니와의 패륜적 사랑을 피하면서 이 둘의 엇갈린 열정을 등가의 가치로 병치하기 위해 제3의 인물, 아라시 공주를 창조해낸다.

총 5막으로 구성된 〈페드르〉에는 이폴리트를 향한 페드르의 열병과 아라시 공주를 향한 이폴리트의 열정이 나란히 그려진다. 다시 말해 페드르를 순수의 이름으로 단두대에 세울 수 없다는 것이다. 비극의 원인은 페드르 스스로 내면에서 솟구쳐 오르는 정념의 정체를 정확히 알고 있다는 데 있다.

자신을 엄습한 열정에 난생처음 공포를 느끼는 페드르에게서 우리는 동변상련의 연민을 느낀다. 건널 수 없는 늪임을 알기에 온몸으로 저항하지만 끝내 정념의 재가 되어야 끝나는 게임. 페드르는 유죄도 무죄도 아니다. 그저 불완전한 인간일 뿐이다. 라신은 오랜 시간 페드르에게 덧씌

워져 있던 악녀의 오명을 벗겨낸다. 그러나 라신은 어쩌면 가장 가혹하게 페드르를, 그리고 우리를 절벽 끝으로 몰아붙이고 있는지도 모르겠다.

자신의 내면을 객관화하고 똑바로 쳐다보는 것보다 무거운 형벌이 있을까. 팜므파탈의 치명성은 자신의 결함을 직시하는 데서 온다. 라신은 다시 한 번 우리에게 힘주어 이야기한다. 인간의 비극은 사악과 불의가 아니라 인간의 전제조건인 결함에서 기인한다고. 그 결함을 인지하는 순간, 결함은 더 이상 결함이 아닌 미덕이 될 수 있다는 심심한 위로와 함께 말이다.

괴물이 된 여자, 메데이아

신화 속 인물 중에서 자식을 살해한 모진 어미 메데이아만큼 뭇사람에게 질타를 받는 여인도 없을 것이다. 메데이아 신화는 콜키스의 공주 메데이아가 황금 양털을 가지러 온 이아손에게 반해 아버지와 조국을 배신하고, 그에게 황금 양털을 넘겨주면서 시작된다.

자신의 친동생까지 토막 내어 죽이며 지켜낸 사랑. 메데이아의 사랑은 시작부터 녹록하지 않다. 그러나 여기까지는 그나마 고개를 주억거릴 수 있다. 사랑에 눈이 먼다면 무얼 못 하겠는가. 문제는 황금 양털을 가지고 이아손과 코린토스에 도착한 이후부터다. 코린토스의 왕 크레온은 자신의 딸 글라우케와 이아손을 혼인시키려 하고, 이에 메데이아는 마법으로 왕과 공주를 죽이고 자신의 아이들까지 살해한다. 도대체 메데이아는 왜 자신의 아이들까지 죽여야 했나.

만들어진 오명

친족 살해를 저지른 악녀로 낙인찍힌 메데이아는 엄밀히 말해 극작가 에우리피데스가 탄생시킨 여인이다. 전설로 떠돌던 메데이아 신화에 에우리피데스가 살을 붙여 만든 비극 작품이 오늘날 우리에게 메데이아 신화로 고착되었다.

실상 메데이아 신화에 관한 가장 오래된 기록을 담고 있는 것은《신통기》다. BC 8세기 무렵 활동한 고대 그리스의 시인 헤시오도스가 지은 서사시로, 천지창조에서 신들의 탄생 및 계보, 그리고 인간의 탄생에 이르는 과정을 서술한 작품이다.《신통기》에서는 메데이아를 그저 아르고호 전설의 일부로, 이아손의 아내로만 짧막하게 기술한다. 이후 만들어진 다른 고대 문헌을 보아도 메데이아를 자식 살해범으로 볼 수 있는 기록은 찾아보기 어렵다.

어떤 문헌에 따르면 메데이아가 헤라 신전의 사제로 등장하고, 외국인인 그녀가 신전을 지킨다는 사실을 탐탁지 않게 여긴 코린트 주민들이 신전에 맡겨둔 아이들을 살해했다고 전해진다. 또 다른 판본에서는 메데이아가 연적 글라우케를 죽인 데 분노한 크레온 왕이 아이들을 죽이도록 사주했다는 설도 있다. 혹은 마법사인 메데이아가 아이들에게 영원한 젊음을 부여하려다 실수로 죽었다고도 나온다. 요컨대 오늘날 우리가 알고 있는 끔찍한 악녀, 이아손에 대한 복수심으로 자식까지 살해한 메데이아는 극작가 에우리피데스에 의해 창조된 인물이다.

신화에서 비극으로 넘어오면서 메데이아는 남편의 배신에 처절한 복수로 응대하는, 자신의 부당한 처지에 맞서 싸우는 여인으로 재탄생했다. 에우리피데스는 이처럼 신화에서 건져 올린 메데이아에게 구체적인 인간상을 부여하고 생경한 인물로 되살려냈다. 바로 이 지점이 신화와 비극의 변별점이다.

신화가 일련의 행위와 그 결과만으로 구성된 이야기인 데 반해, 비극은 개별적으로 등장인물의 성격과 심리묘사가 추가된다. 좀 더 복합적인 인물로 바뀌면서 더 구체적인 시대상이 반영된다. 그렇다면 에우리피데스는 왜 메데이아에게 자식 살해라는 악랄한 오명까지 씌웠을까. 작품을 통해 살펴보자.

여자의 숙명에 맞선 새로운 질서

에우리피데스가 〈메데이아〉를 쓴 기원전 5세기경은 그리스 사회가 이미 부계 중심 사회로 이행된 시기다. 여자, 어린아이, 노예 등은 한 집안의 재산이었고, 가장에게 속해 있는 단위에 가까웠다. 에우리피데스의 작품에서도 우리는 철저히 주변인으로 밀려난 당대 여성의 사회상을 엿볼 수 있다. 악녀이자 마녀로, 강인한 인상을 남기고 있는 메데이아 역시 남편 이아손의 변절을 그저 속절없이 받아들여야만 하는 처지다.

메데이아는 코러스와의 대화를 통해 당대 여성들의 불합리한 상황을 조목조목 비판한다. 거금의 지참금을 주고 결혼한 뒤에 남편을 상전으로 모셔야 하는 것부터 불합리라고 지적한다. 특히 어떤 경우에도 남편과 헤어진다거나 남편을 거절하는 것이 불가능한 사회 관습에 대해 목소리를 높인다. 철저히 주변인으로, 남성들의 소유물로만 기능하는 당대 여성의 지위에 대한 통찰이다.

여기서 흥미로운 점은 '어쩔 수 없는' 기존 질서에 대한 넋두리로 끝내지 않는다는 것이다. "새로운 관습과 규범 속으로 뛰어들게 된 여자는 집에서 배운 적이 없으니 어떻게 해야 남편을 가장 잘 다룰 수 있을지 아는 예언녀가 되지 않으면 안 돼요"라는 메데이아의 발언은 그녀가 새 질서의 선두에 나설 것임을 암시한다.

신전을 지키는 예언자 메데이아. 극의 전반부에는 앞으로 메데이아가 구질서에 맞서 칼을 뽑아 들 것임을 암시하는 복선이 깔려 있다. 남편 이아손의 변절에 대한 복수심은 자녀 살해 욕구를 부추기는 강한 모티브가 되고 있지만, 메데이아의 자식 살해를 단순히 복수심 탓으로만 규정해버리기에는 분명히 어딘가 석연치 않은 구석이 있다. 그렇다면 에우리피데스는 메데이아를 통해 당대 여성들의 상실된 권익 회복을 주장하고자 한 것인가?

이아손:

어디서 그대가 나를 도와주었든 그것은 좋은 일이었소.

하나 그대가 나를 구해준 대가로, 준 것보다 받은 것이 더 많다는 사

실을 내가 그대에게 보여주겠소. 첫째, 그대는 야만족의 나라 대신

헬라스 땅에서 살고 있고, 정의를 배웠으며 폭력을 멀리하는 법을 사

용하는 것을 배웠소.

– 에우리피데스, 〈에우리피데스의 비극〉 중에서

야만족의 여인. 메데이아는 문명국 그리스(헬라스)의 여인이 아니다. 야
만족의 나라 콜키스의 여인이다. 아무리 행위의 이유가 정당해도 자식
살해라는 끔찍한 범죄는 정당화될 수 없다. 에우리피데스는 메데이아의
잔인성을 야만족의 속성으로 간주한다. 또 결혼의 신성한 의무를 저버린
이아손의 부덕 역시 야만족의 여인 사이에서 태어난 혼혈 아이들을 위한
선택이었음을 강조한다. 코린토스의 공주 글라우케와의 재혼은 아이들
의 출셋길을 열어주겠다는 부성의 발로다. 그럼에도 불구하고 악녀 메데
이아는 자식을 살해한다.

근원적 힘은
신화와 비극의 원형

에우리피데스는 메데이아를 통해 일면 남성 중

심적인 시대정신에 파격적인 도발을 감행한다. 그러나 메데이아를 야만인의 한계로 묶어버림으로써 영리하게 그 시대 관객의 이해와 공감을 끌어낸다. 또 속국에 대한 그리스의 우월성, 여성에 대한 남성의 지배적 우위 역시 잊지 않는다. 비록 덕행을 통해 야만국을 탈출했으나 폭력과 무질서의 야만적 본성은 어떤 상황에서도 변하지 않는 뿌리 깊은 속성이라고 매도해버린다.

물론 작품 곳곳에 나타나는 코러스와 메데이아의 연대는 인종의 차이를 넘어 여성들만의 동맹을 형성하기도 한다. 남편에게 모든 것을 바쳤지만 결국 빈껍데기로 추방당해야 하는 메데이아의 처지는 그리스 여성들과 별반 다를 바 없기 때문이다. 따라서 작품을 보는 시각에 따라 에우리피데스의 〈메데이아〉를 남성에 대한 여성의 복수극으로 해석할 수도 있다. 그러나 자식 살해라는 강렬한 복수 수단으로 판단하건대, 메데이아의 복수가 과연 여성의 권익을 회복하고 새 질서를 확립하는 기초가 될 수 있었는지는 의문이다.

신화가 시대정신과 시대상의 반영이라는 차원에서 에우리피데스의 〈메데이아〉는 충분히 그 기능을 해내고 있다. 그러나 우리가 이 작품에 열광하는 이유는 비단 고대 그리스 도시국가의 시대상을 엿보기 위해서만은 아니다. 에우리피데스에 의해 붙여진 불명예스러운 꼬리표인 '악녀 메데이아'가 금단의 열매처럼 끊임없이 창작자들을 자극해 새로운 신화를 쓰도록 부추기기 때문이다. 연극, 오페라, 영화, 회화 등 다양한 장르에서 메데이아 신화만큼 끊임없이 재생산되는 신화도 없을 것이다. 에우리피데스의 위대함은 여기에 있다.

그래서 이번 장에서는 '괴물이 된 메데이아'에 대한 감각적 이해보다 탄생 과정에 좀 더 주목했다. 다음 장에서는 자식까지 살해하는 메데이아의 엄청난 폭발력을 조금 다른 시각에서 바라보고, 원시적인 파괴력을 '질투'의 차원으로 이해해보고자 한다. 그리고 이어지는 마지막 장에서는 에우리피데스가 창조한 메데이아 신화가 현대 작가들에 의해 어떻게 재해석되는지를 살펴 신화의 생명력을 포착할 것이다.

사과 한 알에서 시작된 사건,
오쟁이 진 남편

인류 역사상 에리스 여신의 '황금 사과'에 견줄 만한 복수극이 있을까. 불화의 여신인 에리스 여신은 오직 자신만 결혼식에 초대받지 못한 데 대한 앙갚음으로 연회장에 미스터리한 문장이 새겨진 황금 사과 하나를 던져 넣는다. 황금 사과에 새겨진 문구 '가장 아름다운 여신에게'는 신들의 세계를 갈라놓기에 충분했다. 과연 사과의 주인은 누구인가. 가장 아름다운 여신은 누구란 말인가.

황금 사과 복수극은 인류 역사가
질투에서 출발했다는 증거

헤라, 아프로디테, 그리고 아테나 여신은 모두 자신이 황금 사과의 주인이라고 주장한다. 이 분쟁에 말려들기 싫었던 제우스는 세 여신을 이데산으로 보내고, 자신의 양떼를 돌보던 양치기 파리스에게 심판을 맡긴다. 여신들은 파리스에게 각각 달콤한 제안을 한다. 헤라는 권력과 부를 주겠노라고 약속한다. 아프로디테는 가장 아름다운 여인을 아내로 맞이할 수 있게 해주겠노라 약속한다. 아테나 여신은 전쟁의 영광과 광명을 약속한다. 파리스의 선택은 아름다운 여인이었다. 공교롭게도 가장 아름다운 여인은 스파르타 메넬라오스 왕의 아내 헬레네였다. 스파르타 전쟁과 함께 신들의 전쟁이 시작된다.

황금 사과가 누구의 손에 들어가든 전쟁은 예견된 것이다. 불화의 여신이 쏘아 올린 작은 불씨는 들불처럼 번져 에리스의 소망대로 인간과 신이 서로를 죽이는 대란으로 이어진다. 호메로스의 위대한 서사시 〈일리아스〉는 바로 이 사과 한 알에서 시작됐다. 그러니 인류의 역사가 질투에서 출발했다고 해도 과언은 아닐 것이다.

'가장 아름다운 여신에게'! 에리스가 복수의 촉매로 사용한 질투의 파괴력을 통해 메데이아의 극단적 폭력성을 이해한다면 어떻게 될까. 숙주의 소멸과 함께 비로소 사그라지는, 보다 정확히는 스스로 결코 멈출 수 없는 질투의 여로는 자식까지 집어삼키는 메데이아의 폭력성과 닮아 있다.

이 장에서 주요하게 살펴보려는 점은, 자식 살해에 관한 메데이아의 동기가 아니다. 가공할 만한 메데이아의 폭력적 에너지다. 누군가 또는 무언가를 향한 거부할 수 없는 어떤 힘, 스스로 자가 증식하며 종국에는 자신마저 삼켜버리는 브루노의 여로는 메데이아의 극단적 선택을 이해하는 데 길라잡이가 되어준다.

현대 희곡 〈오쟁이 진 남편〉은 고대 그리스 비극이나 특정 신화에서 직접적인 모티브를 얻어 변형한 작품은 아니다. 그러나 질투가 인간 본성 가운데 주요 요소인 만큼, 질투는 여러 신화에 등장하는 주요한 소재다. 〈오쟁이 진 남편〉의 주인공 브루노 또한 질투에 사로잡힌 인물이다.

이해할 수 없는
인간의 불안

"나는 오쟁이 진 남편이다"라고 외치며 기쁨도 슬픔도 아닌 알 수 없는 격정에 쌓인 남자가 있다. 벨기에의 극작가 페르난드 크롬멜린크Fernand Crommelynck*가 1921년에 발표한 〈오쟁이 진 남편〉의 주인공 브루노다. 〈오쟁이 진 남편〉은 외도하는 아내를 둔, 보다 정확히는 그렇다고 생각하며 스스로 위험한 상상을 멈추지 못하는 남자를 그린 작품이다. 우리에겐 다소 생소하지만 발표 이후 현재까지 꾸준히 무대에 오르고 있다. 이탈리아 감독 안토니오 피에트란젤리Antonio Pietrangeli에 의해 1964년 동명의 제목으로 영화화되기도 했으며, 프랑스에서는 TV 드라마로 제작되는 등 서구권에서는 익히 알려져 있다. 먼저 작품 줄거리를 간략하게 살펴보자.

* 페르난드 크롬멜린크는 극작가이자 배우, 연출자였다. 드라마트루그 등 다양한 방면에서 활동한 예술가다.

행운아 브루노는 마을에서 가장 아름다운 스텔라를 아내로 맞이했다. 브루노는 모두의 부러움을 받으며 가장 축복받은 사내로 등극한다. 그런데 그런 브루노가 밤마다 찬 이슬을 밟는다. '저토록 아름다운 스텔라가 어떻게 온전히 나의 여인이 될 수 있겠는가?' 브루노를 행운아로 만들어준 스텔라의 아름다움은 이제 브루노를 불안으로 잠 못 들게 하는 이유가 된다. 신혼의 단꿈에 젖어 있어야 할 사람이 밤마다 흰 이빨을 드러내며 연적을 찾아 헤매고 있을 줄 누가 상상이나 했겠는가.

스텔라의 아름다움은 브루노에게 자긍심이면서 동시에 불행의 근원이다. 밤마다 스텔라의 방 앞에서 나타나지 않는 연적을 기다리며 브루노는 지쳐간다. 단 한 놈, 한 놈만 잡으면 된다. 그놈은 브루노가 미치지 않았음을 증명해줄 소중한 증거가 되어줄 것이다. 얼마를 더 잠복해야 그놈의 얼굴을 볼 수 있는가. 나타나지 않는 연적, 그럴수록 증식해가는 브루노의 불안은 이제 폭발 직전에 다다랐다. 급기야 브루노는 스텔라에게 다른 남자와 잠자리할 것을 권하는 지경에 이르게 된다.

자신을 집어삼켜
고통을 벗다

브루노는 자신의 머릿속을 채우고 있는 근거 없는, 그러나 떨쳐버릴 수 없는 상념을 치유하려 한다. 그래서 아내에게 외도를 권유한다. 브루노의 이런 행동을 우리는 어떻게 받아들여야 하는

가. 브루노가 제시하는 부조리한 치유법에 우리는 일순간 경악할 수밖에 없다. 어떠한 이유에서든, 자식까지 살해하는 메데이아의 극단적 선택과 무엇이 다른가.

일반적인 상식으로 이해한다면, 브루노는 의처증에 시달리는 병자며 한 걸음 더 나아가 자기 병을 고치기 위해 아내를 제물로 바치는 파렴치한이다. 동정할 여지도 아까운 불한당이다. 메데이아 역시 별반 다르지 않다. 철저한 복수를 위해 남편의 핏줄까지 몰살하는 부조리함을 어떻게 받아들여야 하는가. 그러나 잠시, 그들에게 돌팔매질을 하기에 앞서 부조리한 치유법을 제시하고 있는 그들의 내면을 조금만 더 자세히 들여다보도록 하자.

날마다 아내의 방문 앞을 지키며 브루노는 이미 알았을 것이다. 이곳에 찾아올 연적이 없다는 것을. 그럼에도 불구하고 한번 자리한 불안은 결코 브루노를 놓아주지 않는다. 자기 자신을 숙주로 삼아 기생하는 질투의 덫에서 브루노가 빠져나올 방법은 어쩌면 부조리한 방법밖에는 없었을지도 모른다.

스스로를 집어삼킴으로써 숙주의 소멸과 함께 사그라지는 불합리한 고통을 이치에 맞게 치료할 방법은 과연 무엇인가. 아내에게 다른 남자와의 동침을 권유하는 브루노의 행위를 우리가 단죄하지 못하고 주춤거리는 이유도 여기에 있다. 실체 없는 고통의 실체화를 통해 비로소 질투의 덫에서 벗어나려는 브루노의 애잔한 노력을 이해하기 때문이다.

자기 자신을 제물로 바치는 메데이아 역시 마찬가지다. 그녀에게 자식은 어쩌면 타자화된 객체가 아니라 자기 자신이었을지도 모른다. 만약 우리가 메데이아를 브루노의 관점에서, 스스로를 집어삼킴으로써 종식되는 자기 파괴적 힘의 관점에서 바라본다면 말이다.

메데이아는 이아손을 따라 고국을 떠나는 순간부터 이미 자신의 운명을 감지했을 것이다. 신전을 지키는 사제이며 마법사였던 메데이아 아닌가. 그런 메데이아도 어찌할 수 없는 늪에 빠졌다. 브루노가 스텔라라는 올무에 걸려 허우적거리듯 말이다.

비록 깊은 곳에서 잡아당기는 심연의 어둠을 밝혀내진 못하더라도 메데이아와 브루노는 이곳에서 벗어나는 방법은 알고 있는 듯하다. '단 한 놈'을 잡는 것! 그들을 옭아매는 보이지 않는 고통의 실체가 다름 아닌 자기 자신이라는 사실을 알고 있다. 자신의 분신을 끊어내는 메데이아, 그리고 스스로 '오쟁이 진 남편'이 되어 비로소 안도하며 미소를 찾는 브루노는 그래서 서로 닮아 있다.

마지막으로 브루노의 입가에 번지는 아이러니한 미소의 의미를 통감하는 당신에게 위로의 시 한 편을 바친다.

아주 오랜 세월이 흐른 뒤에
힘없는 책갈피는 이 종이를 떨어뜨리리
그때 내 마음은 너무나 많은 공장을 세웠으니
어리석게도 그토록 기록할 것이 많았구나

구름 밑을 천천히 쏘다니는 개처럼

지칠 줄 모르고 공중에서 머뭇거렸구나

나 가진 것 탄식밖에 없어

저녁 거리마다 물끄러미 청춘을 세워두고

살아온 날들을 신기하게 세어보았으니

그 누구도 나를 두려워하지 않았으니

내 희망의 내용은 질투뿐이었구나

그리하여 나는 우선 여기에 짧은 글을 남겨둔다

나의 생은 미친 듯이 사랑을 찾아 헤매었으나

단 한 번도 스스로를 사랑하지 않았노라.

— 기형도, 〈질투는 나의 힘〉

신화, 여전히 콤플렉스를 말한다

사람들이 모이는 곳에 이야기가 있고, 이야기가 모이는 곳에 신화가 있다. 신화는 불완전하게 흔들리는 삶을 담아 때로는 위로를, 때로는 미완의 인간을 고발한다.

이 장에서는 서양문학이 창조한 여인 가운데 가장 악랄하고 가장 유혹적인 메데이아가 어떻게 변화하는 시대상과 조응하며 현재진행형의 이야기로 재생산되는지 살펴보자.

다시 영원의 불변함을 묻는
얀의 〈메데이아〉

앞에서 살펴본 것처럼, '악녀 메데이아'는 에우리피데스가 신화를 모티브로 창조해낸 인물이다. 그러나 오늘날 메데이아 신화는 에우리피데스가 창조해낸 악녀의 이미지로 굳어져 전승되고 있다. 신화를 모티브로 에우리피데스가 새로운 신화를 만들어낸 것이다. 그렇다면 그로부터 바통을 이어받은 20세기 현대 작가들은 또 어떤 '메데이아 신화'를 써내려가고 있는가. 한스 헤니 얀Hans Henny Jahnns*, 하이너 뮐러Heiner Müller**, 그리고 크리스타 볼프Christa Wolf***는 메데이아의 자식 살해 모티브를 다양한 각도에서 해석한다.

1926년에 발표된 한스 헤니 얀의 〈메데이아〉는 신화의 분석과 이해의 차원을 넘어 새로운 창작의 단계로 발돋움한다. 전승하는 메데이아 신화에서 얀이 집중하는 문제는 이방인으로서의 메데이아와 여성의 섹슈얼리티다. 얀은 신화의 내용에서 인종 문제와 섹슈얼리티만 선별해 그만의 새로운 〈메데이아〉를 창조했다.

콜키스에서 온 이방인 메데이아. 얀은 먼저 메데이아를 흑인으로 설정하면서 백인 사회로 대표되는 코린토스에 하나의 낯선 '점點'으로 부각시킨다. 여기에 노화와 비만으로 성적 매력마저 상실한 메데이아는 언제나 젊음을 상실하지 않는 이아손과 극명한 대립을 이룬다. 솟구치는 욕정으로 자기 아들과도 관계를 맺는 이아손의 성애에 관계성이란 사라진 지

---

* 한스 헤니 얀은 독일의 극작가, 소설가다. 1926년 〈메데이아〉를 발표했고, 같은 해 5월 펠링Jürgen Fehling이 연출을 맡아 베를린 국립극장에서 처음 무대에 올렸다.
** 하이너 뮐러는 독일 출신 작가로 희곡, 소설, 시 등 다양한 분야에서 창작활동을 했다. 동독보다 서구 연극계에서 주목받았다. 작품에 대한 평가는 엇갈리지만, 포스트모던 연극의 선구자로 알려져 있다.
*** 크리스타 볼프는 구동독을 대표하는 작가다. 독일 분단을 다룬 소설 《나누어진 하늘》로 큰 성공을 거뒀다. 1996년 《메데이아, 목소리들》을 발표했다.

오래다. 오로지 동물적 성욕만이 존재한다.

안은 성욕과 흑인이라는 인종적 변수를 '낯섦'의 테두리 안에서 결합한다. 성적 욕망 역시 오랜 세월, 아니 어쩌면 지금까지도 가지런히 정돈된 세상에서 도려내야 할 이질적인 '점'이기 때문이다. 특히 여성에게 말이다. 안의 메데이아는 더 이상 늘어진 뱃살과 축 처진 가슴을 찾지 않는 이아손을 향한 성적 좌절감으로 울부짖는다. 그리고 이질적인 섬으로 떠돌던 메데이아의 포효는 자식 살해의 동기가 된다.

메데이아 :

당신의 도둑질로 인해 버림받고 외로운 아들은

그때 동생을 보고서, 그를 얼싸안고

반은 욕망에 싸여서, 아니 그보다 죽을 각오를 하고서

사랑하는 마음으로 그와 사랑을 나누었지. (중략)

아무런 분별도 없이, 바닥에서 울면서 헐떡이며

서로 몸을 포개어 뒹구는 그들을 난 본 거야.

마치 첫날밤 같았지. (중략)

욕망인지 신음소리인지

서로 구별이 안 되었지. (중략)

내 자식의 등에 나는 날카로운 칼을 꽂았지.

— 한스 헤니 얀, 〈메데이아〉 중에서

아버지와 사랑을 나누던 큰아들이 아버지의 결혼 소식에 절망해 동생과 근친상간을 하는 순간, 메데이아는 두 아들의 등에 칼을 꽂는다. 그러나 메데이아는 동성애와 근친상간에 대한 징벌로 그들에게 칼을 겨눈 것이 아니다. '마치 첫날밤처럼' 죽을 각오를 하고 숨을 헐떡이는, 그 희열의 순간을 영원으로 응고시키고자 했을 뿐이다.

메데이아가 그토록 간절히, 다시 한 번 쟁취하고자 했던 그 희열의 순간에 사랑하는 아들들이 있다. 메데이아는 알고 있다. 영원이란 존재할 수 없다는 사실을. 다시 완전한 사랑의 순간을 쟁취할 수 없음을. 역설적이게도 메데이아는 자식들이 가장 최고의 희열을 맛볼 때 죽음을 통해 완전한 행복의 영원성을 구축해주고자 했던 것이다.

얀은 '낯섦'과 '영원'에 관한 테마로 우리를 도발한다. 과연 '영원'이란 존재하는가. 죽음으로 응고시키지 않는 한 영원함이란 존재하지 않는다. 사랑도 증오도. 얀은 그럼에도 불구하고 하나의 가치체계를 불변의 사상으로 우상화하는 우리의 어리석음에 대해 묻고 있다. 좌와 우, 젊음과 늙음, 흑인과 백인, 선과 악, 이성애와 동성애 등 소위 질서라는 미명 아래 양단으로 갈리는 견고한 체제의 중심에서 흑인 메데이아는 정제되지 않은 자연 그대로의 모습으로 우리를 응시한다.

새 시대의 도래를 위해
끊어내야 할 역사

1982년에 발표된 하이너 뮐러의 〈황폐한 물가 메데이아 자료 아르고호 사람들이 있는 풍경〉은 3부작으로 구성되었다. 현재와 메데이아의 신화를 다룬 과거, 그리고 미래를 묘사하고 있는 작품이다. 뮐러는 한 인터뷰에서 "이아손의 이야기는 식민지화를 말해주는 최초의 신화"라고 밝혔다. 그리고 메데이아와 이아손의 관계를 피해자와 약탈자의 관점에서 조명한다. 약탈자로 표상되는 이아손은 남성적 폭력의 역사를 상징한다. 뮐러의 관점에서 찬란한 현대문명은 약탈과 정복 그리고 배신으로 점철된 '피폐한 쓰레기장'을 딛고 완성된 것이다.

메데이아가 자식들을 살해하는 이유는 바로 그 폭력의 근원을 제거하는 데 있다. 아들들은 아버지의 폭력성을 유산으로 안고 나온 배반의 열매다. 그들은 어머니의 비참한 처지는 아랑곳하지 않는다. 자신의 영달을 위해 아버지의 재혼에 축원을 올리는 그들은 메데이아에게 또 다른 이아손일 뿐이다. 메데이아는 정복과 배반의 역사를 단절하고자 한다. 뮐러는 메데이아를 통해 남성 중심적, 유럽 중심적인 인류 역사와의 단절을 꿈꾼다. 그리하여 황폐한 물가를 딛고 새로 발돋움하는 세상을 그리는 것이다.

구동독을 대표하는 작가 크리스타 볼프는 에우리피데스에 의해 자식 살해의 오명을 뒤집어쓴 메데이아의 명예 회복을 시도한다. 1996년에 발표된 소설 《메데이아, 목소리들》에서 볼프는 에우리피데스 이전 문헌을 토대로 메데이아의 본모습을 복원해내려 한다.

볼프의 메데이아는 힘의 원리가 지배하는 야만성에 항거하는 잔 다르크 같은 인물이다. 메데이아의 고국 콜키스는 모계 중심에서 부계 중심으로 넘어가는 과정에 있다. 권력 쟁취가 모든 가치체계의 중심에 위치하는 비인륜적 국가로 변해가는 과정이다. 이제 인간과 인간을 연결하는 고리는 오로지 힘의 원리뿐이다. 여성은 남성의 아래에 위치하며, 남성은 서열에 따라 줄을 서는 야만의 세계로 진입하고 있는 것이다.

메데이아는 이 야만성에 항거하며 문명국으로 탈출을 시도한다. 메데이아가 이아손의 도움을 받아 코린트로 넘어간 이유다. 그러나 메데이아가 만난 '문명'은 잔혹한 야만성을 어떻게 정교하게 숨기는가 하는 기술에 달려 있을 뿐이다. 문명국 코린트는 폭력의 진화일 뿐 고국 콜키스와 다를 바가 없다.

크리스타 볼프의 역사관은 이런 면에서 하이너 뮐러와 일부 상통한다. 뮐러 역시 폭력의 역사를 남성의 역사로 귀결하며, 새 시대의 도래를 위해 끊어내야 하는 쓰레기더미로 비유한다. 그러나 크리스타 볼프가 뮐러와 변별성을 갖는 지점은 따로 있다. 남성적 권위주의의 폐단에 항거하는 차원을 넘어 잃어버린 여성의 권익 복원을 시도한다는 점이다.

메데이아는 왜 악녀가 되었을까? 볼프는 다시 한 번 우리에게 묵직한 질문을 던진다. 누가, 무엇 때문에 메데이아를 악녀로 만들었는가? 우리는 왜 단 한 번도 메데이아의 목소리에 귀 기울이려 하지 않았는가?

지금까지 언급한 세 작가는 신화를 단순히 문화 콘텐츠 차원에서 다루지 않는다. 즉, 신화를 새로운 문화상품 개발의 소재로 도구화하지 않는다는 얘기다. 최근 문화예술계에 다시 한 번 부활하는 신화 열풍이 알맹이 없는 얄팍한 가십으로 전락하는 데 반해, 세 작가는 신화를 삶의 원형으로 삼으려 한다. 그런 까닭에 우리에게 진리를 탐구하고 이해하려는 신화의 근원적 목표를 상기시킨다.

어쩌면 메데이아를 바라보는 세 작가의 시선처럼, 오늘날 우리가 받아들이는 신화 속 이야기는 저마다에게 서로 다른 말을 속삭이는지도 모르겠다. 한마디로 인간은 저 신처럼 불완전한 까닭에 서로 다른 이유로 서로 다른 길에서 헤매고 있는지도 모른다. 긍정할 수도 부정할 수도 없는 부조리와 콤플렉스로 뒤엉킨 세상 속에서 묵묵히 자신의 짐을 짊어지고 가는 우리에게, 세 작가는 조용히 위로를 전하는 듯하다. "괜찮아요. 눈흘김 뒤엔 당신을 바라보는 또 다른 시선이 있어요"라고 말이다.

얀이 제시하는 '낯섦'에 대한 묵직한 질문, 하이너 뮐러가 파헤친 찬란한 문명 뒤의 그림자, 메데이아가 악녀가 되어 지켜내야 했던 고대 도시국가의 이데올로기를 다시 묻는 크리스타 볼프. 우리는 이들의 질문을 통해 자각 없이 흘러가는 일상의 반복적 리듬에서 깨어난다. 그들과 함께 신화는 다시 우리 곁으로 소환된다.

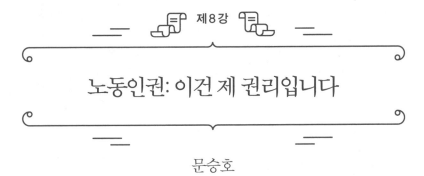

제8강

노동인권: 이건 제 권리입니다

문승호

고려대학교 노동대학원에 재학 중이며, 고용노동연수원 청소년 노동인권 전문 강사다. 더 많은 청소년이 노동인권을 인식하고 자신의 권리를 주장할 수 있으면 좋겠다는 바람으로 비영리 스타트업 '새싹공작소'를 시작해 현재 대표로 활동하고 있다. 성장과 이윤 추구보다 사람의 소중함을 더 많이 이야기하면서, 특히 일하는 청소년들에게 힘이 되어주고 싶은 바람을 가지고 있다.

참아가며 일하는 세상 아니잖아요

일요일 저녁이 되면 직장인들은 대체로 절망감에 빠진다고 한다. 새로운 한 주가 시작된다는 활기찬 기분보다는 다시 일터로 출근해야 한다는 심리적 압박에 사로잡히기 때문 아닐까. 그래서 가급적 일요일 저녁에는 부담스러운 일정을 잡지 않으려 하고, 가능하면 일찍 잠자리에 들기도 한다. 우리는 왜 월요일이 부담스러운 세상, 일하기 싫다는 생각에 사로잡혀 살고 있을까?

노동자가 누려야 할
마땅한 권리

우리나라 노동자들은 장시간 노동과 저임금이라는 열악한 환경에서 신음하고 있다. 대한민국은 OECD 국가 가운데 멕시코, 코스타리카에 이어 3위를 차지할 정도로 오랜 시간 일을 한다.

아침 8시에 출근해 오후 3시에 퇴근하는 독일을 모델로 삼을 수야 없는 일. 그러나 밥 먹듯이 하는 야근에 왜 아무런 문제의식을 느끼지 않는 걸까? 주 52시간으로 노동시간을 줄이는 일은 왜 이리 힘든 걸까? 모든 대통령 후보가 이야기했던 '시급 1만 원' 공약은 왜 지금 허망한 구호가 되어버린 걸까? 가파르게 올랐다는 최저시급 8천350원, 평균 월급 175만 원에 관한 뉴스가 국민 1인당 GDP 3만 달러가 넘었다는 소식과 오버랩되면서 쓸쓸함을 안겨다준다.

'주 52시간 근무제'와 '최저임금 상승'은 최근 우리나라에서 가장 뜨거운 노동 이슈이지만, 이에 대해 경영계 일부는 여전히 비판적인 입장이다. 기존에 연장근로를 포함해 68시간까지 가능하던 노동시간을 최대 52시간으로 줄이면 기업 경영에 무리를 줄 수 있다고 한다. 2년 연속 가파르게 올린 최저임금이 경영 악화로 이어질 수 있다는 우려도 나온다. 이렇게 많은 숙제를 안은 채 우리는 주 52시간 근무제를 향해 나아간다.

오랜만에 국어사전을 들춰봤다. 사전에서 '인권'은 이렇게 정의된다. 사람이 개인 또는 나라의 구성원으로서 마땅히 누리고 행사하는 기본적인 자유와 권리. 특히 세계인권선언 제23조에 따르면 모든 사람에게는 노동, 자유로운 직업 선택, 적절하고 알맞은 노동 조건, 실업에 대한 보호를 요구할 권리와 차별 없이 동일한 노동에 대한 동일한 보수를 요구할 권리가 있으며, 자신의 이익을 보호하기 위해 노동조합을 조직하고 참여하도록 요구할 권리가 있다.

즉, 노동인권은 노동자가 마땅히 누리고 행사하는 기본적인 자유와 권리라고 정의할 수 있다. 노동하는 사람이 사람답게 노동의 현장에서 일할 수 있는 권리, 안전한 작업환경과 합법적 노동시간, 합당한 임금을 받는 것도 모두 노동인권에 포함된다. 오너의 뜻과 의사를 존중해야 한다는 건 노동자로서 당연한 생각일 수 있다. 그러나 기본권에 해당하는 노동인권을 제대로 인식하지 못해 결국 모두가 불행한 노동을 하게 된다면?

내 권리를 아는 것부터 시작하자

한 고등학생이 일식집에서 아르바이트를 했다. 그런데 연장근로가 수없이 이어졌다. 아르바이트를 처음 시작할 때 근로계약서를 작성하지 않았던 게 문제였다. 직원들은 학생에게 반말을 했고, 정규직 근무자가 아니라는 이유로 식사도 제공하지 않았다. 학생은 밥을 굶고 일에만 매달렸다. 그래도 밥집인데 일하는 사람을 굶겼다는 게 상식적으로 이해하기 어려웠다.

2018년 여성가족부가 실시한 청소년 매체이용 및 유해환경 실태조사에 따르면, 아르바이트를 경험한 청소년 중 최저시급을 받은 청소년은 34.9퍼센트, 근로계약서를 작성하지 않은 비율은 61.6퍼센트로 나타났다. 아르바이트를 했던 청소년 중 초과근무를 요구받은 경우는 17.7퍼센트, 임금이나 급여를 늦게 받은 사례는 16.3퍼센트였다. 응답자 가운데 부당한 처우를 받아도 계속 참고 일한다고 응답한 비율은 70.9퍼센트에 달했다.

청소년이 노동자로서 응당 보장받아야 할 권리를 생각해보고 따질 수 있으려면 보편적인 노동교육이 이루어져야 한다. 교육을 받은 청소년이 각자의 위치에서 자신의 권리를 인식하고 주장할 때 청소년에게 유해한 근무환경이 줄어들 수 있다. 노동교육의 기회는 생각보다 많다. 고용노동연수원, 서울시교육청 등에 노동 관련 강의가 개설되어 있고, 관련 자료도 받아볼 수 있다. 지방노동청이나 공인노무사회에서 운영하는 청소년근로권익센터 등 부당하게 노동인권을 침해당했을 때 구제받을 수 있는 기관을 확인해두는 것도 필요하다.

성인도 마찬가지다. 근로현장에서 어떤 권리를 주장할 수 있는지 미리 알고 있는 게 중요하다. 서울노동권익센터에서는 기본 노동법이나 노동인권 강의가 꾸준히 진행된다. 지자체와 노사, 교육단체 등에서도 교육을 진행한다. 가만히 보면 오히려 청소년을 위한 노동인권 교육보다 성인 대상 교육 기회가 더 적은 듯하다.

모든 노동자의 권리는 존중받아야 한다는 사실을 모든 노동자가 이해하고 받아들이는 데서 노동교육이 출발한다. 인간으로서 당연히 갖는 기본적 권리가 인권인 것처럼 노동자로서 당연히 갖는 기본적 권리가 있음을 기억해야 한다.

을이면서
갑이기도 한 사람들

아침에 일어나 다시 잠자리에 들 때까지 우리 대부분은 노동현장 속에서 살아간다. 아파트를 나서며 만나는 경비원, 출퇴근길에 만나는 버스 기사와 지하철 운전사, 회사 복도에서 만나는 청소 아주머니, 점심식사를 하러 가서 만나는 서빙 아주머니, 카페에서 커피를 만드는 아르바이트생, 편의점 알바생 등 내가 매일 만나는 대부분의 사람이 노동자다.

"손님이 왕이다"라는 말이 있다. 다소 옛날 말이 되어버렸지만, 소비자 만족을 위해 최선을 다하겠다는 의도가 담긴 표현이라 지금도 이런 인식을 가진 기업이 많다. 그러나 노동자에게는 이 말이 자칫 독으로 작용하는 경우가 많다. 정말 왕이 된 듯 착각하는 사람들이 저지르는 비상식적인 사건 소식이 심심치 않게 들려온다.

항공사에서 승무원으로 일하는 내 친구는 자기 일터에서 생기는 불편한 진실을 자주 털어놓는다. 욕을 듣는 일은 다반사고, 무리한 요구를 아무렇지도 않게 들이미는 승객이 생각보다 많다고 한다. 그래도 늘 웃는 얼굴로 대해야 하는 게 자신의 일이라고 했다. 과도한 서비스 경쟁은 이런 상황을 부추긴다. 우리에게 최선의 예의를 갖추는 사람이니 어느 정도는 함부로 대해도 된다고 착각하는 것이다. 서비스를 받는 자와 제공하는 자의 처지가 언제든지 바뀔 수 있다는 사실을 망각한 사람들이다.

　사회 지도층의 갑질 논란이 연일 언론을 장식하고 있다. 그들의 어처구니없는 행태에 분개하며 같이 손가락질하는 건 쉽다. 하지만 가만히 생각해보자. 나는 그런 사람이 아니라고 단언할 수 있는가? 나도 어느 순간에는 갑질에 가까운 언행을 일삼지 않았나? 언제든 나는 을의 위치에 설 수 있다. 혹은 내 친구, 혹은 나의 부모가 그럴 수도 있다.

　어떻게 하면 노동을 존중하는 사회를 만들 수 있을까? 어떻게 하면 노동이 행복한 나라로 나아갈 수 있을까? 업무 효율은 줄이지 않으면서 근로시간을 단축하기 위해 노력하고, 최저임금을 높이려 노력하고, 열악한 근로조건을 개선하기 위한 여러 정책이 만들어지고 있다. 그러나 노동을 바라보는 기본적인 사고의 틀이 깨지지 않는다면 우리는 결코 행복한 일터를 만들 수 없다.

　그러기 위해서는 첫째, 노동자 스스로 자신의 인권과 노동 권리를 인식하고 있어야 한다. 일을 잘 못한다고 해서, 느리다고 해서, 말귀를 제대로 못 알아듣는다고 해서 인권까지 무시당하는 일이 있어서는 안 된다. 둘째, 사회적 인식 변화가 일어나야 한다. "직업에는 귀천이 없다"는 오래된 진리가 있다. 어떤 일을 하든 어떤 지위에 있든 가치의 높고 낮음은 따질 수 없다. 노동 그 자체가 가진 신성함이 있고, 따라서 모든 노동은 존중받아야 한다는 인식이 자리 잡아야 한다. 다시 말하지만 생각의 변화는 내 안에서 시작되어야 한다. 각자의 생각이 바뀌어야 사회 전체의 변화를 기대할 수 있기 때문이다. 참아가며 일하는 시대는 지났다.

너와 나의 일상,
노동 그리고 노동인권

'노동'이라는 단어를 들으면 제일 먼저 어떤 생각이 드는가? 어두컴컴한 공장에서 미싱을 돌리는 사람이나 무더위와 추위를 견디며 공사 현장에서 일하는 사람? 혹은 머리에 빨간 띠를 두르고 광화문 광장에 모인 노동자? 그렇다면 '근로'라는 단어를 들었을 때 떠오르는 이미지는 무언가? 노동보다는 강도가 덜하면서 좀 더 온건한 느낌이 들지 않는가? 아무래도 '근로' 하면 화이트칼라, '노동' 하면 블루칼라를 떠올리기 쉬운게 현실이다.

노동이 노동다운
세상

몇 년 전 우연히 시민교육에 참여했다가 노동자의 삶과 관련된 강의를 접한 뒤 나는 청소년들과 노동에 대해 함께 이야기할 자리가 필요하다고 생각했다. 그래서 '새싹공작소'를 만들었다. 우리는 노동의 진정한 의미를 생각하고, 그 속에서 우리가 지켜야 할 인권이 무엇인지 같이 고민하고 있다.

그런데 처음 청소년들을 만났을 때 어쩐 일인지 다들 '노동'이라는 단어에 익숙하지 않다는 느낌이 들었다. 새싹공작소에 모인 청소년들 모두 '노동'이라는 단어를 어색하게 받아들이고 있었다. 아직 사회에 진출하지 않은 청소년들이라 멀게 느낀다고만 생각했다. 그런데 상대적으로 '근로'는 폭넓게 느껴지고 세련되어 보이기까지 한다는 대답이 이어졌다. '노동'보다는 '근로'를 현실에 더 적합한 단어로 받아들이고 있었다. 노동과 근로는 사전에 각각 이렇게 정의되어 있다.

> **노동**: 사람이 생활에 필요한 물자를 얻기 위하여 육체적 노력이나 정신적 노력을 들이는 행위.
>
> **근로**: 부지런히 일함.

2018년 청와대는 헌법에 표기된 '근로'를 '노동'으로 수정하자고 제안했다. '근로'라는 용어가 일제강점기와 군사독재시대에 사용자 관점에서 만들어진 용어라는 이유에서였다. 실제로 1930∼1940년대에 일제는 식민지배 당위성을 주장하기 위해 '근로정신대'나 '근로보국대' 같은 명칭을 주로 사용했다. 그러나 반대 진영에서도 '근로인민당'을 만들고 〈근로자〉라는 기관지를 발행했다.

그러다 1963년, 박정희 정권에서 '근로자의 날 제정법안'을 만들면서 노동절을 '근로자의 날'로 변경했다. 공산 진영에서 이날을 정치적으로 이용하고 있다는 이유에서였다. 노동과 근로의 개념을 정치적으로 받아들인 건 이때가 시작이 아니었나 싶다. 박정희 정권은 이 개념을 통해 노동하는 사람의 정체성을 바꿨다. 노동자는 더 이상 사용자와 대등한 계약 조건을 갖춘 존재가 아니었다. 국가를 위해 근면 성실하게 일하는 산업역군으로서의 근로자만 양성해내기 시작했다.

그런데 얼마 전 서울시의회는 서울시 조례에 명시된 '근로'라는 단어를 모두 '노동'으로 바꿨다. 첫째는 역사를 바로잡는다는 의미였고, 둘째는 사용자들의 언어에 가까운 '근로'보다 주체적 의미를 담은 '노동'이 더 합당하다는 이유였다.

생각해보면 노동만큼 역사에서 시달린 단어도 없을 것이다. 노동이라는 단어는 시대에 따라 정치적으로 의미를 달리했다. 편견이나 오해가 있는 건 어쩌면 당연한 일. 하지만 역사적 배경을 잠시 뒤로하고 한번 살펴보자. 삶을 지속하기 위해 하는 모든 일은 결국 노동이다. 생활에 필요한 물자를 얻기 위해 쏟는 노력 모두 노동에 해당한다. 몸을 많이 써야 하는 일에서부터 간단한 아르바이트, 사무실에서 일하는 회사원, 공무원, 변호사나 의사 같은 전문직까지 노동자 아닌 사람이 없다. 노동의 형태가 다를 뿐이다.

시대가 변했다. 이제는 내 의지를 갖고 주체적으로 일하는 세상이다.

그런 면에서 우리는 '노동'이 가장 '노동'다운 세상을 살아가고 있는지 모른다.

우리의 삶처럼
당연한 권리

　　　　　　　　새싹공작소가 청소년에게 노동인권 교육을 시작한 계기는 2017년에 일어난 특성화고 학생 홍모 양의 자살이었다. 특성화 고등학생들은 3학년이 되면 진로를 선택하는데, 대학 진학이 아닌 취업으로 진로를 선택하면 곧장 노동현장으로 실습을 나가게 된다. 모 통신사 하청업체로 현장실습을 나갔던 홍모 양은 과다한 업무와 스트레스를 이기지 못하고 스스로 목숨을 끊었다. 이처럼 현장실습을 나가거나 고졸후 취업하는 청년들의 열악한 노동환경에서 지금도 여러 문제가 표출되고 있다.

　시대를 조금 거슬러 올라가보자. 1960~1970년대에 10대 초·중반의 많은 언니, 누나들이 앞다퉈 서울로 올라왔다. 대부분 어려운 집안 형편을 돕거나 동생 학비를 대기 위해서였다. 당시 쉽게 일을 시작할 수 있는 곳으로 공장만 한 곳이 없었다. 바야흐로 산업화시대였다. 노동자들이 많이 필요한 시기였다. 기업은 노동자들의 저임금과 장시간 노동을 이용해 회사의 몸집을 키웠다. 덕분에 기업과 국가 모두 고속 성장할 수 있었다. 저임금과 장시간 노동이 횡행했지만, 국가는 모르는 체 눈을 감았다.

밀폐된 공간에서 하루 15시간 넘게 일하면서 합당한 임금도 받지 못하는 노동이 오래 지속됐다. 그리 오래되지 않은 우리 역사다.

'전태일'이라는 이름을 들어본 적 있을 것이다. 1970년 22살의 청년 전태일이 자신의 몸을 불살라 근로기준법의 존재를 알렸다. 전태일은 여성 노동자들을 바라보며 안타까워했고, 회사와 국가를 상대로 인간으로서 누려야 하는 최소한의 권리를 주장했다. 우리는 기계가 아니라고 부르짖었다. 우리의 노동인권 인식은 그때보다 나아졌을까? 50여 년 전 청년 전태일이라면 지금 우리에게 어떤 말을 하고 싶을까? 고용주의 권리가 중요하다면 함께 일하는 피고용인의 권리도 그에 못지않게 중요하다는 이야기 아닐까.

노동은 우리의 삶 자체다. 우리 어머니와 아버지가 살아온 역사이며, 자녀 세대로 이어져야 할 삶 자체다. 노동인권은 누구나 보편적으로 인정받아야 하는 권리다. 노동인권을 정치적 진영 논리와 이념 논리로 해석해 갈등을 일으키는 행위, 특정 부류에 있는 사람의 일로 치부하는 행위는 이제 멈춰야 한다.

노동의 5가지 권리

새싹공작소에서는 노동의 5가지 권리를 소개한다. 첫 번째, 안전하게 노동할 권리. 두 번째, 인격적으로 노동할 권리. 세 번째, 자유롭게 노동할 권리. 네 번째, 새로운 노동을 시작할 권리. 다섯 번째, 행복하게 노동할 권리. 5가지 권리의 핵심은 간단하다. 자본은 노동자의 안전과 인격 위에 존재하지 않고, 개인의 자유를 억압할 권리를 갖고 있지 않으며, 노동자는 언제든 새로운 노동을 시작할 수 있고, 이를 통해 행복하게 노동하며 살아갈 권리가 있다는 것이다.

청소년은 기본적으로 반항적이고, 자신의 권리를 무리하게 요구하는 아이에 가깝다는 어른들의 선입견이 있다. 하지만 현실은 이와 반대다. 2018년 여성가족부 조사에 따르면, 70퍼센트에 가까운 청소년들이 사회에서 부당한 처우를 받아도 아무 행동도 하지 않았거나 하지 못했다. 어떤 식으로든 항의라도 하는 청소년은 그나마 나은 편이다. 우리 사회에서 청소년은 아직도 약자 중의 약자다. 잘 보이지 않는 곳에서 피해를 입고 있다. 새싹공작소가 제일 먼저 위의 5가지 권리를 학생들에게 알려주는 이유다.

이는 청소년을 넘어 노동에 참여하는 모든 사람이 기억해야 할 권리다. 누구도 부인하거나 부정할 수 없는 권리다. 이 보편적 권리를 인식하고 외칠 때 우리 사회는 비로소 행복한 노동환경을 이야기할 수 있다.

노동의 개념에 정치적 대립이나 이념은 들어 있지 않다. 노동은 일상의 삶 속에 있다. 우리는 모두 노동하며 살아가고, 노동 속에서 보람을 얻고, 노동 속에서 행복해지기를 원한다. 노동이 행복하면 삶은 저절로 행복해진다.

노동법을 아시나요

우리나라의 교육체계는 초등학교 6년, 중학교 3년, 고등학교 3년으로 구성되어 있다. 나 역시 12년간 착실하게 정규교육을 받았다. 우리나라에서 자녀가 있는 집이라면 '교육'이라는 단어 하나 가지고도 장편소설 몇 권 분량은 쓸 소재를 갖고 있으리라 생각한다. 아마도 많은 학생과 부모가 보이지 않는 목적지를 향해 맹목적으로 달려가고 있기 때문이 아닐까 생각한다. 자녀가 고3이 되면 집안 분위기는 그 어느 때보다 엄숙해지고, 부모는 알아서 자녀의 눈치를 봐야 한다. 이런 나라가 또 어디에 있을까?

우리가
놓치고 있는 교육

자녀 인성에까지 영향을 주는 입시제도와 사교

육 문제는 지금 우리 사회가 가장 숨기고 싶어 하는 부분 아닐까. 조기교육과 사교육이 난무하고 가정 수입 중 엄청난 비율의 금액을 교육비에 투자하고 있지만, 정작 필요한 교육 하나가 빠졌다. 바로 노동인권 교육이다.

최근 청소년들의 노동 참여가 늘고 있다. 2018년 조사에 따르면, 전체 학생 중 약 10퍼센트가 아르바이트를 비롯한 노동현장에 참여하고 있었다. 아르바이트를 해본 경험이 있는 학생의 비율이 30퍼센트를 웃돌고 있으니 꽤 많은 학생이 의외로 일찍 노동을 경험하는 셈이다. 그런데 정작 노동현장에 뛰어들기 전 학생들은 어떤 준비를 하고 있을까?

정규교육 과정 12년 동안 학교에서 근로기준법이나 노동조합, 노동삼권에 대해 배운 적이 있는가? 이런 단어가 너무 거창하게 들린다면 다음의 내용은 어떤가? 일을 시작할 때 근로계약서 작성하는 방법, 근로계약서에 꼭 들어가야 하는 내용, 내가 받아야 할 최저임금, 주휴수당 포함 여부는 알고 있는가? 퇴직금은 얼마나 되는지, 또 근무시간과 휴식시간은 어떻게 배분되는지 교육받은 적이 있는가?

고등학생은 차치하고 대학생을 포함한 20대 중반까지 연령대를 높인다 해도 우리나라에서 노동교육을 받아본 사람의 비율은 굉장히 낮다. 실제 직장생활 중인 직장인들에게 성희롱 예방 교육이 포함된 법정의무교육은 익숙할지 몰라도 노동교육이나 노동인권 교육은 여전히 생소하다.

기초 교육으로
권리를 배우는 나라

"프랑스에서 노동조합은 항상 민주주의의 중요한 행위자였는가?" "노동시장의 유연성은 일자리를 창출하는가, 노동자의 권리에 타격을 주는가?" "노동시장에서의 남녀 차별을 어떻게 줄여 나갈 것인가?" 프랑스 인문·실업계 고등학교 1학년 학생들이 배우는 시민·법률·사회교육 교과목에 실린 토론 주제다.

프랑스에서는 초등학교에서부터 실업과 노동조합, 파업의 개념과 역할을 배운다. 특히 중학생들은 한 주에 서너 시간 이상 시민교육 교과 시간에 이런 주제에 대해 토론하고 공부한다. 여기에는 노동자의 권리와 자유, 고용에서의 평등 등 노동인권이 포함된다. 프랑스에서는 학생들이 국가를 상대로 시위하는 것을 막지 않으며, 만약 아이들이 시위를 준비하면 부모들이 아이들을 위해 자발적으로 폴리스라인을 만들어준다. 학생이 누군가? 미래를 이끌어갈 주인공이다. 따라서 자신들에게 불리한 법률이 제정되거나 여론이 형성되면 주저 없이 자신들의 권리를 주장하는 것이다.

프랑스는 소방관, 경찰 등 국가 공무원도 노동조합에 가입한다. 그러다 보니 철도나 항공 등 국가 기관시설이 파업으로 운행을 중단하는 경우가 종종 발생한다. 해외 여행객들에게는 불편한 일이다. 하지만 프랑스는 이런 불편을 감수하면서 노동법의 선진화를 택했다. 2018년 1월에는 근무시간 외에 서로 이메일이나 문자메시지를 보내거나 받지 않는 '연결되지 않을 권리right to disconnect'를 인정한 법안을 시행 중이다. 이에 대해 노사가 합의를 맺었다.

휴가는 어떤가. 프랑스에서는 유급휴가가 무려 5주나 된다. 우리나라의 유급휴가는 15일부터 시작해 근속 연수에 따라 조금씩 늘어나지만, 제대로 사용하지 못하는 노동자들이 많다. 어려서부터 노동교육을 받는 프랑스 학생들은 노조 가입을 지극히 당연한 권리이자 의무로 여긴다. 자신(노동자)의 주장이 관철되지 않는 경우 파업은 예정된 수순이다. 노동자들이 누리는 혜택이 상대적으로 더 많을 수밖에 없다는 사실을 확인할 수 있다.

영국은 2002년부터 '시민교육'이라는 교과목을 정규교육 과정에 도입했다. 개인의 권리와 책임을 이해하고, 중요한 사회문제를 분석하고 토론해 사회 작동 원리를 이해하는 데 목표를 두고 있다. 여기에는 민주주의와 인권에 대한 이해, 경제와 기업, 노동세계의 권리 등 노동 기초 교육이 담겨 있다. 시간제 노동을 하는 학생들이 자신의 권리와 책임에 관해 토론하거나 전문가를 초빙해 설명을 듣는 체험 위주 학습 방법이 주를 이룬다. 독일과 스웨덴은 학교 수업에서 노동 주제를 다루면서도 현장실습을 강조한다. 직업학교 투어를 하거나 작업장에 투입되어 실제 노동 과정을 경험하면서 자신들의 권리를 배운다.

노동교육에 상대적으로 보수적일 것 같은 미국은 어떨까? 미국의 학생들은 중학교 사회 교과서인 《시민론》 등에서 노동조합과 노사관계를 배운다. 여기에는 노동조합 형성과 노사관계, 노동조합의 현주소 등이 다뤄진다. 이를 통해 학생들은 노동자 권리에 대한 확고한 가치관을 확립한다.

그렇다면 우리나라는? 다행히 내가 학교에 다니던 그때 그 시절에 머물러 있지는 않다. 서울시 동작구와 강동구, 강남구, 성북구 포함 36개 지자체에서는 직접적으로 청소년 노동인권, 노동교육과 관련된 조례를 통과시켰다. 그리고 청소년을 포함한 광의적인 인권 개선의 의미로 총 80여 개 지자체에서 조례를 운영하고 있다.

서울시 교육청과 경기도 교육청 등도 노동인권 교재를 만들고, 학교에서 관련 수업을 실시할 수 있도록 유도하고 있다. 고용노동연수원에서는 청소년에만 집중해 청소년 노동교육에 관련한 강사를 양성하고, 콘텐츠를 만들어 배포하고 있다. 각 지자체와 시민단체에서도 노동교육 강사를 양성하고, 청소년 눈높이에 맞는 영상과 게임을 만들어 좀 더 친화적인 교육을 진행하는 중이다.

궁극적으로 사회에 기여하는 방향

일부에서는 노동인권 교육 보편화가 사회 불안정과 대립을 자극할 거라고 말한다. 성공회대 노동아카데미의 하종강 교수는 이에 대해 이렇게 언급한 바 있다. "노동인권은 노동자의 이기적 이익을 추구하는 데 불과하고, 결과적으로 회사에 경제적 손실을 끼치며 시민에게 불편을 초래한다는 여론을 형성하는 이들이 있다. 이는 명백한 노동 기본권의 곡해이고 조종이다."

　노동자들이 정말로 자신의 이익만 추구하며 회사에 손실을 끼치고 시민 불편을 나 몰라라 하는 것이라면, 앞서 살펴본 선진국들은 왜 '노동인권'이라는 이 무모한 권리를 필수 교과목으로 삼는 것일까? 노동인권을 이해하고 주장하는 게 사회 전체에 유익하기 때문이다. 하종강 교수는 말한다. "산업화가 진행되어온 수백 년 동안 그러한 손해와 불편을 감수하는 게 궁극적으로 사회 전체 발전에 기여한다는 사실을 많은 이가 깨달았다. 수많은 경험과 연구가 그 사실을 증명했다."

　불과 최근 몇 년 사이에 우리 사회에도 큰 변화가 일어나고 있다. 하지만 선진국에 비하면 아직 시작 단계에 불과하다. 아이들에게 필요한 교육은 학교에서 일방적으로 제공하는 지식 쌓기 교육을 넘어서야 한다. 우리가 사회 구성원으로 살아가는 데 기초가 되는 교육, 주체적인 인간으로 살아가는 데 필요한 교육이어야 한다.

　학교를 졸업하고 사회에 나가면 대부분 노동을 하며 살게 된다. 노동은 인생 전체로 볼 때 절반이 넘는 기간 동안 수행해야 하는 행위다. 좁게는 나를 지키고, 넓게는 우리 사회와 국가를 지키는 일이다. 이런 점에서 노동교육은 우리 모두 반드시 받아야 하는 필수 교육이다.

　최근 발생하고 있는 노동인권 침해 사건을 보면 아직도 우리 의식이 기대에 못 미치고 있다는 사실을 절감하게 된다. 상하 위계질서가 강한 노동현장에서는 인권 개념을 더 강조할 필요가 있다. 노동 과정에서 우리의 권리와 자존감은 그대로 유지된다. 노동현장에서 법적 권리만 따질 게 아니라 인격적 권리를 반드시 지켜야 하는 이유다. 어쩌면 인격적 권리는 훨씬 더 중요한 개념인지 모른다. 권리의 중요성을 단순히 알고 있는 것과 실행하는 것도 큰 차이가 있다.

마지막으로 하나만 덧붙이자. 청소년들에게 노동교육을 진행할 때 내가 강조하는 게 하나 있다. 권리에 따른 책임이다. 일을 제대로 하지 않고 무조건적인 권리만 이야기하는 경우가 종종 있기 때문이다. 그만한 권리에는 그만한 책임이 따른다. 책임을 다하는 사회 분위기에서 우리는 더 큰 목소리로 내 권리를 주장할 수 있다. 책임과 권리를 인식하는 것, 그게 모든 사회 구성원의 바람직한 자세 아닐까.

파업하면 나쁜 사람들 아닌가요

2016년 4월, 프랑스에서 청소노동자들의 파업이 일어났다. 청소노동자들이 일을 멈추자 시내 곳곳에 쓰레기가 넘쳐나고 악취가 진동했다. 분노한 프랑스 시민은 어떻게 행동했을까? 사람들은 쓰레기를 가져다 관공서 앞마당에 내다 버리기 시작했다. 국가와 정부, 지자체가 중재자 역할을 제대로 하지 못해 시민이 피해를 본다고 생각했기 때문이다.

우리나라에서도 종종 파업이 일어난다. TV에서 또는 거리에서 파업을 목격하는 우리의 시선은 어떠한가? 저들이 왜 거리로 나왔는지 잠시 생각해본 적 있는가? 시민의 불편함을 초래하며 제 할 일을 멈춘 사람들. 그래서 나도 모르게 미간이 찌푸려지는가?

대한민국 노동의
현주소

우리나라 노동조합의 역사는 1946년부터 시작
됐다. 하지만 본격적으로 생겨난 것은 1970~1980년대라고 볼 수 있다.
산업화에 돌입해 중공업이 발전하면서 노동집약적 산업이 비약적으로
발전하던 시기였다. 이때 일부 자본가들, 그러니까 일부 기업 경영자들
이 노동자에게 적절한 임금을 주지 않으면서 도리어 노동시간을 최대한
늘려 그만큼의 이득을 더 챙겼다. 그들이 챙긴 자본과 경제적 발전은 노
동법을 어겨가면서 얻어낸 결과물이었다.

당시 노동법에도 근로기준이 명확히 명시되어 있었지만, 대부분의 노
동자는 하루 15시간에 이르는 장시간 노동을 하면서 한 달에 이틀도 쉬
지 못했다. 상대적으로 불리한 위치에 있던 노동자들이 자신의 의견을
주장하기는 쉽지 않았다. 당장 눈앞에 일거리가 있다는 사실에 감사하는
사람이 많았다. 그러나 오래 지나지 않아 '이대로 살긴 힘들다'고 말하는
노동자들이 늘어났다. 인간의 기본적인 욕구에서 움직임이 일었다. 그게
바로 노동조합이었다. 힘없는 사람들이 모여 힘 있는 회사와 고용주를
상대로 목소리를 내기 시작했다. "우리도 사람답게 살고 싶다!" "우리는
기계가 아니다!" "근로기준법을 준수하라!"

대한민국 헌법 33조 1항은 다음과 같이 적시하고 있다. "근로자는 근
로 조건의 향상을 위하여 자주적인 단결권 · 단체교섭권 및 단체행동권

을 가진다." 근로자는 언제든 자신들의 근로 조건 향상을 위해 모일 수 있고, 회사에 이야기해보자고 제안할 수 있다. 이런 요구가 제대로 이뤄 지지 않으면 단체행동권, 이른바 파업에 돌입할 수 있다. 대한민국 헌법 이 보장하는 권리다.

그렇다면 우리나라 노동자의 노동조합 가입률은 얼마나 될까? 1987년 '노동자 대투쟁' 직후 1989년 노동조합 가입률은 19.8퍼센트로 역대 가 장 높았으나 지속적으로 떨어지기 시작했다. 2018년 6월 고용노동부가 발표한 조사에 따르면, 노동자 1인 이상 사업체의 노조 가입률은 10퍼센 트였다. 이 가운데 정규직 가입률은 12.7퍼센트, 비정규직 가입률은 1.9 퍼센트에 불과했다.

2016년 자료를 보면 OECD 국가의 평균 노조 가입률이 27.8퍼센트였 으니 우리나라는 OECD 평균의 3분의 1 수준에 머물러 있다고 볼 수 있 다. 영국(23.5%), 일본(17.3%), 호주(14.5%), 미국(10.7%) 등의 국가보다도 노조 가입률이 낮다. 아이슬란드, 핀란드, 스웨덴, 덴마크 등 북유럽 국 가의 노조 가입률은 우리의 6~7배 수준으로 그야말로 '넘사벽'이다.

중소기업중앙회가 2016년 통계청 자료를 가공해 발표한 자료에 의하 면, 우리나라 전체 기업 가운데 중소기업 종사자 비율은 80퍼센트를 넘 는다. 나보다 조직을 먼저 생각해야 하고, 윗사람 눈치를 볼 수밖에 없는 처지에 놓인 노동자가 많다는 얘기다. 노동조합에 가입하기는 그만큼 쉽 지 않은 실정이다. 지금 대한민국에서 노동자들의 위치가 어떤지 다시 생각해보게 된다.

연대만이
할 수 있는 일

남극 설원을 줄지어 이동하던 펭귄 무리에서 펭귄 한 마리가 쓰러진다. 펭귄 무리를 뒤따르며 기회를 노리던 갈매기들이 쓰러진 펭귄을 낚아채기 위해 부리를 들이댄다. 갈매기는 쓰러진 펭귄의 목을 집요하게 공격한다. 이때 놀라운 일이 벌어진다. 함께 이동하던 펭귄 무리가 쓰러진 펭귄을 무리 안쪽으로 들여보낸다. 그리고 무리 바깥쪽에 있는 건강한 펭귄들이 장벽을 쌓기 시작한다. 기회를 놓친 갈매기는 멀리서 한참을 기다리다 결국 포기하고 날아가버린다.

놀라운 건 이뿐만이 아니다. 펭귄은 영하 50도의 추운 겨울을 견뎌내기 위해 '허들링huddling'을 진행한다. 무리가 모여 안과 밖을 만들고, 바깥의 펭귄들이 엄청난 강풍과 저온을 견디다가 일정 시간이 지나면 안과 밖의 무리가 주기적으로 위치를 바꾼다. 엄혹한 기온에서 모두가 얼어 죽지 않고 생존하는 비법이다.

앞에서 그린 내용은 영국 BBC 방송사가 방영한 다큐멘터리의 한 장면이다. 나는 여기에 노동조합의 핵심 개념이 담겨 있다고 생각한다. 펭귄의 방식이 우리에게 주는 교훈의 포인트는 '함께하는' 삶에 있다. 한자로 말하면 '연대連帶'다. 여럿이 함께 무슨 일을 하거나 함께 책임지는 일, 한 덩어리로 서로 연결되어 있는 상태, 나만의 생존이 아니라 우리의 생존을 생각하는 일, 함께 고민하고 회사와 싸우기도 하면서 좀 더 나은 방향을 향해 나아가는 것, 이게 바로 연대의 의미다.

이러한 행동양식이 노동현장으로 오면 노동조합이 된다. '그렇게 과격하게 행동하는 건 비상식적이지 않나?' '그건 몸으로 일하는 사람들이나 하는 거 아냐?' '비교적 안정적이고 연봉 수준도 나쁘지 않으니 난 노동조합 필요 없어.' 이런 생각을 하고 있다면 그건 노동조합을 너무 좁은 시야로만 바라보는 것이다.

과거에는 지금보다 사용자와 노동자의 상하관계가 더 뚜렷했다. 노동력이라는 것 자체가 계측하기 힘들고, 사용자는 노동의 결과가 아닌 가능성을 구매하기 때문에 노동력은 불확실성을 지닐 수밖에 없다. 그러니 사용자는 노동자를 자꾸 통제하려 들고, 결국 상하관계가 굳어진다. 이때 노동조합이 균형을 맞추는 역할을 한다. 노동자는 노동조합을 통해 사용자와 대등한 위치에서 대화하고, 적정한 수준의 임금을 논의하며, 노동환경 개선을 도모할 수 있다. 노동자와 사용자의 상하관계를 대등한 관계로 변화시키는 장치, 그게 노동조합의 핵심이다.

우리가 있어야 당신이 있다

이쯤에서 〈송곳〉이라는 드라마 얘기를 하지 않을 수 없다. 〈송곳〉은 한 대형마트에서 투쟁했던 노동조합의 실화를 바탕으로 만들어진 작품이다. 사측의 일방적인 부당해고가 발생하고, 이에 맞선 직원들이 하나둘 노동조합의 필요성을 인식하기 시작하지만 현실은 녹록하지 않다. 개인의 각성으로 파업에 나섰지만, 내 편일 것 같던 사람들이 모두 내 편은 아니었다는 현실에 맞닥뜨린다. 파업에 돌입한 사람들은 경제적·심리적으로 적지 않은 고통을 받는다. 여기에 더해 노동조합에 가입되어 있지 않은 비정규직 문제가 드러난다. 사측은 집요하게 회유하며 노동조합 와해를 시도한다. 동료들은 말한다. "웬만하면 조용히 넘어가자. 그냥 적응해서 살자."

누구나 언젠가는 외로운 싸움을 해야 할 때가 온다. 별안간 회사에서 요구하는 퇴사의 순간을 맞이할 수도 있고, 일을 하다가 심각한 부상이나 질병을 얻기도 한다. 인격 모독과 성적 모멸감을 느끼는 발언을 듣는 날도 올 수 있다. 억울해서 잠을 이루지 못하는 날이 오기도 한다. 이때 혼자 힘으로 이에 맞서는 게 얼마나 힘든지 많은 사람이 증언한다. 드라마 〈송곳〉의 주인공은 이런 대사를 남긴다. "사람마다 절대 넘을 수 없는 선이 있잖아요. 각자가 넘을 수 없는 선 앞에서 찾은 돌파구가 노동조합이었던 거겠죠."

외국인들이 모여 각 나라의 문화를 이야기하는 TV 프로그램이 있었다. 그중 한 외국인 출연자가 자신의 나라에서 벌어진 노동조합의 행동 사례를 설명한 적이 있다. 이 나라에서는 1960년대부터 노동조합이 자주 행동에 옮기는 의사표현 방식이 있는데, 노동자들이 사장을 납치하고 감금한다는 거였다. 실제로 2009년에 어느 노동자들이 C은행 지사장을 납치했고, 2015년에는 A항공사 인사팀장을 납치하기도 했다. 이 나라에서는 이게 일종의 트렌드로 자리 잡았다는 설명이 이어졌다. 사장 한 명만 잠시 피해를 입으면 노사 갈등이 해소되는, 꽤 효과적인 방법이라고 말하는 모습에 나는 적잖이 놀랐다. 과격한 방법이어서 실제 노동자들이 고소를 당하기도 하는데, 판사들이 노동자 편에서 이해를 많이 해주고, 비교적 엄격하게 처벌하지 않는 게 관행이라고도 했다. 심지어 납치당해 감금되는 사장도 이런 상황을 어느 정도는 이해하는 분위기라고 했다. 짐작했겠지만 프랑스 얘기다.

노동조합을 만들고 운영하는 권리는 대한민국 헌법에서 보장한 권리다. 노동법을 준수하지 않거나 노동인권을 무시하는 상황이 벌어진다면 노동자는 노동자끼리 집결할 수 있다. 이는 합법적인 행동이다. 회사와 사장을 상대로 교섭을 요구하거나 진행할 수 있고, 단체 행동도 할 수 있다. 논의가 진전되지 않을 때 파업으로 나아갈 수밖에 없는 이유는 사람(인권) 위에 돈(자본)이 있지 않아서다. 프랑스의 노동조합처럼 적극적인 행동은 현재 우리나라에서 다소 이상적이라고 할 수 있다. 하지만 적어도 펭귄의 연대의식만큼은 따라가야 하지 않을까.

새 시대의 노동인권

2016년 3월, 컴퓨터와 인간이 100만 달러(약 11억 원)를 걸고 한판 대결을 벌였다. 종목은 바둑. 인류 역사에서 가장 오래된 게임 중 하나지만, 경우의 수가 너무 많아 동일한 게임은 한 번도 없었다는 바둑이었다.

이 대결에 전 세계의 이목이 집중됐다. 컴퓨터 선수는 알파고, 인간 선수는 우리나라의 이세돌 선수. 이세돌 선수는 승리를 자신했으나 결과는 1 대 4, 인간의 패배였다. 충격적이라는 내용의 보도가 이어졌다. 알파고가 인간 한 사람을 이긴 것만으로도 우리는 충격을 받았다. 그렇다면 기계가 인간의 일자리를 위협하는 미래에는 어떨까?

함께 사는 방법을 이야기하자

"대부분의 노동을 기계가 대체해 인간의 일자리

가 사라질지 모른다." 2차 산업혁명 이후 산업사회에서 지속적으로 제기되어온 문제다. 19세기 증기기관 발전과 대량생산 체제를 불러왔던 산업혁명 시기에도 기계가 들어서면 인간이 하던 일은 줄어들 거라고 예측했다. 20세기 초 컴퓨터와 인터넷 발달로 일컬어지는 3차 산업혁명 시기에도 마찬가지였다. 하지만 오히려 그 안에서 파생된 일자리로 인해 많은 사람이 새 직업을 얻기도 했다. 그리고 4차 산업혁명기에 접어들었다.

많은 사람이 걱정한다. 인공지능을 장착한 기계가 인간의 일자리를 상당히 많이 빼앗을 테니 미리 준비해야 한다, 살아남을 방법을 고민해야 한다, 암울한 미래가 그냥 다가오게 둬서는 안 된다……. 그러나 나는 이 시점에 조금 다른 측면의 고민이 필요하다고 생각한다. 기술혁명이 인간에게 가져다준 희망적인 부분을 바라봐야 한다고 생각한다. 기술적으로 완벽하게 노동이 구현된다 해도 복합적 사고를 통해 문제를 처리해야 하는 경우 앞으로도 기계만으로 이를 대체하긴 어렵다. 인간들이 함께 사는 방법을 고민할 수 있다면, 기계와도 함께 사는 방법을 찾을 수 있지 않을까.

2018년 말, 택시 기사들이 거리에 모였다. 파업이었다. 정보산업기술의 발달로 공유경제 시스템이 생겨나고, 이 줄기에서 카풀 제도가 도입된 게 발단이었다. 택시 기사들은 카풀 제도가 자신들의 일자리와 생존권을 위협한다고 주장했다. 강력한 의사 표시로 분신이라는 극단적 방법을 선택한 택시 기사도 있었다. 안타까운 일이었다. 기술의 발달로 급변하는 이 시대에 우리는 어떤 이야기를 해야 할까?

기술 발전에 따라 자연스럽게 밀려나는 산업이 발생하고, 이 일이 아니면 먹고살 방법이 없다고 외치는 노동자들이 늘어선 모습은 앞으로 우리가 수없이 마주할 상황이다. 여기서 우리가 잊지 말아야 할 개념은 '상생'이다. 공급자는 수요자 없이 존재할 수 없고, 수요자도 공급자 없이는 존재할 수 없다. 노동자와 소비자 없이 제품만 만들어내는 기업이 있다 한들 의미를 가질 수 있을까? 노동자가 곧 소비자인 시대이니 노동자의 존재를 더욱더 고민해야 하지 않을까?

거꾸로 노동자에게도 기업은 필요하다. 노동조합 이전에 기업이 노동자의 권리와 책임을 보장하는 측면이 있고, 국민 개개인이 더 잘살 수 있게 국민소득을 만들고 분배하는 기능을 하는 주체가 기업이기 때문이다.

상생의 희망을 보여주는 사례들

'상생'을 준비하는 국가의 사례를 살펴보자. 독일은 명품 자동차로 유명하다. 독일의 국민차 폭스바겐은 2016년 디젤차 배기가스 조작 사건으로 대중의 신뢰를 많이 잃었다. 매출은 물론 믿음과 신뢰를 회복하기 위해 대안이 필요했다. 그중 하나가 전기차 생산 계획이다.

폭스바겐은 2025년까지 최대 300만 대의 전기차를 생산하기로 했다.

그에 따른 기술 개발을 진행하면서 불필요한 노동자 3만여 명을 정리해 고하겠다고 밝혔다. 하지만 노사는 지속적으로 만나 타협안을 논의했고, 경영상 해고를 하지 않겠다는 '미래협약'을 체결했다. 자연적 감소, 고령자 파트타임 제도를 활용해 일자리 감소에 대응하며 협조한다는 내용이었다.

이뿐만 아니다. 독일노조총연맹은 노사정 사회적 대화 기구인 '산업의 미래 협의체'를 두고 직업교육 기회 확대, 직업과 지역에 초점을 맞춘 교육과 직업교육의 질 강화, 직업교육 성과 향상 등에 중점을 두고 움직이고 있다. 결국 노동자들의 직업교육을 강화하고, 재교육을 통해 미래를 준비할 수 있도록 만드는 데 목적이 있다.

우리의 경우는 어떨까? 대통령 소속으로 경제사회노동위원회를 두고 사회적 협의체를 만들기 위해 노력하고 있다. 과거에 비해 많이 진전했다고 볼 수 있지만, 논의 과정을 지켜보면 여전히 준비가 충분치 않다는 느낌을 지울 수 없다. 그렇다고 낙담하기엔 이르다.

우리나라에도 희망을 보여주는 기업이 있다. 인공지능 자율주행 자동차를 개발하고 있는 현대모비스가 예가 될 수 있다. 현대모비스는 신기술과 신설비를 도입하고 자동화생산 등 기술 변화에 적극 대응하고 있다. 또 노사 간 단체협약을 통해 최신 기계 및 기술 도입, 작업공정 개선을 도모한다. 단체협약에는 경영상 또는 기술상의 사정으로 인한 인력의 전환배치가 필요할 경우, 재훈련 및 제반사항을 계획해 회사가 조합에 통보하면 고용안정위가 구성되어 심의·의결한다는 내용도 명시되어 있다.

4차 산업혁명과는 다소 거리가 있지만, 상생의 사례로 어느 프랜차이즈 카페를 들 수 있다. 이 프랜차이즈 카페는 가맹점과의 상생을 위해 연간 100억 원을 투자한다. 가맹점주의 자녀를 위한 장학금뿐만 아니라 프랜차이즈 매장에서 일하는 아르바이트생에게 장학 혜택을 주기도 하며, 홍보와 마케팅에 들어가는 비용도 모두 본사에서 책임진다고 한다. 눈앞의 이익만 생각하면 계획조차 쉽지 않은 일이고, 손익을 계산하지 않은 지출이라고 생각할지 모르지만 이 브랜드는 매년 높은 성장률을 기록하고 있다. 이밖에도 많은 기업이 노사가 함께 사는 법을 고민하고 있다고 생각한다.

'상생'은 서로를 배려하고 더불어 살아가는 모습이다. 궁극적으로 나만 살아남는 건 의미를 갖지 못한다. 함께 토론하며 미래를 준비하고, 같이 결정해서 미래의 위험을 줄여나가는 것. 이와 같은 과정의 전반에 인간의 존엄과 인권을 중심에 두는 것. 4차 산업혁명이라는 거대한 산 앞에서 우리에게 해답이 될 수 있는 자세다.

덕분에
잘살고 있다

아직도 많은 사람이 '노동'이라는 단어가 낯설다고 생각하는 것 같다. 가능하면 외면하고 싶은 단어라고 생각하는지도 모르겠다. 오늘도 '노동'하고 있지만 '노동자'라고 불리는 건 어쩐지 피하고 싶은 역설적인 사회다. 하지만 지금 이 순간, 이 짧은 글을 보고 노동의 개념에 대해 다시 한 번 생각해보는 기회가 되길 바란다. 좀 더 여유를 가지고 주변을 돌아본다면 노동이 친숙하게 다가올지도 모른다.

방송인 김제동이 방송에서 이렇게 이야기한 걸 들은 적이 있다. "너 공부 안 하면 더울 때 더운 데서 일하고 추울 때 추운 데서 일해야 한다고 몰아붙이는 사회가 아니라 더운 날 더운 데서 일하는 사람, 추운 날 추운 데서 일하는 사람 덕분에 우리가 잘살고 있다는 이야기를 들을 수 있으면 좋겠습니다." 그렇다. 노동은 더 이상 너와 나를 가르는 기준이 되어서는 안 된다. 서로에게 살맛 나는 세상을 선물해주는 당당한 권리이자 가치 있는 행위여야 한다.

무인시스템을 도입해 단 몇천 원을 아끼는 대신, 그 돈을 십시일반 모아 경비원 아저씨들의 일자리를 유지하기로 결정했다는 어느 아파트 입주자들의 회의 결과를 본 적이 있다. 청소노동자들이 마땅히 쉴 곳이 없어 화장실에서 도시락을 먹어야 했는데, 학생들의 지속적 요청과 연대로 작지만 발 뻗고 잠시 쉴 수 있는 공간을 확보했다는 어느 대학의 소식을 들은 적이 있다. 어쩌면 우리는 서로가 서로를 행복하게 만드는 방법을 이미 잘 알고 있는지도 모른다.

PART 3

소확행

제 9 강

취향의 발견

김동훈

철학과 고전이야말로 삶을 바꿀 수 있는 힘이라고 믿는 인문학자. 서울대학교 서양고전학협동
과정에서 희랍과 로마 문학 및 로마 수사학을 공부했고, 현재 고려대학교 대학원 철학과에서 플
라톤과 키케로를 연구하고 있다. 총신대학교 강사를 지냈으며, 대학에서 라틴어를 가르쳤고, 푸
른역사아카데미에서 서양사 고전 원강을 지도했다. 서울대 최고지도자인문학과정, 인생학교(서
울) 등에서 강의한다. 저서로《브랜드 인문학》《별별명언》 등이 있고, 역서로《몸젠의 로마사》《욥
의 노래》 등이 있다.

자유와 관용

누구나 취향대로 산다고 여기지만 취향을 '지녔다'는 것과 취향대로 '산다'는 것은 엄연히 다른 말이다. '자유를 의식한다'는 것이 '자유롭게 산다'와 분명히 다르듯이 말이다. 유럽 시민들은 프랑스혁명 이후 50여 년이 지나서야 취향에 관한 본격적인 사회적 담론을 시작했다. 그리고 한 가지 사실을 깨달았다. 취향의 선택이 곧 자유의 잣대라는 것을. 그들은 취향에 맞는 삶을 선택할 수 있을 때 비로소 개인적 자유가 실현된다는 결론에 이르렀다.

집단이 아닌 개인이 존중받는 사회를 꿈꾼다면 당신도 이제 진지하게 고민해봐야 할 때다. 나에게 취향이 있는지, 만약 있다면 어떻게 해야 그것을 자연스럽게 드러낼 수 있는지 말이다.

취향,
개인의 역사가 담긴 습관

　　　　　공장을 경영하는 세련되지 못한 부자남 카스텔라는 도통 미술에 관심이 없고, 제대로 읽은 문학작품도 하나 없다. 어느 날 카스텔라는 우연히 연극을 보면서 여주인공 클라라에게 호감을 느끼게 된다. 클라라는 늘 그에게 공짜로 대접을 받으면서 인문학적 소양이 없다는 이유로 매번 카스텔라를 무시하거나 놀려먹기 일쑤다. 그러던 어느 날 카스텔라가 베르디의 오페라 〈리골레토〉를 아는 척하자 클라라는 카스텔라에게 쳐놓은 장막을 슬며시 걷고 사랑을 시작한다.

　2001년 개봉한 프랑스 로맨틱 코미디 영화 〈타인의 취향〉의 줄거리다. 여배우 클라라가 사랑을 하기 위해 선택한 기준은 상대의 취향과 자신의 취향이 서로 통하는가였다. 한 개인의 취향에는 그가 지난날 어떤 삶을 살았는지가 드러난다. 성장하면서 겪은 경험에 따라 클라라는 자연스레 문학을 접했을 테고, 사업가 카스텔라는 문학보다는 세상의 변화에 촉각을 곤두세웠을 것이다. 이렇듯 취향에는 각자 경험한 개인의 역사가 녹아 있다. 프랑크푸르트학파의 테오도어 아도르노는 이에 대해 "취향은 역사적 경험을 정확하게 기록하는 지진계"라고 정의 내렸다.

　경험을 통해 몸에 배는 취향에 대해 아도르노보다 더 과격하게 접근했던 학자도 있다. 프랑스 사회학자 피에르 부르디외는 《구별짓기: 문화와 취향의 사회학》에서 "취향은 가장 강하고 폭력적인 습관"이라 말한다.

한 걸음 더 나아가 부르디외는 "취향은 계급적 구별의식에 지나지 않는다"라고까지 주장했다.

영화 〈타인의 취향〉에서 여배우 클라라가 사업가 카스텔라를 은근히 무시하는 '계급의식'이 바로 부르디외식 취향 이론의 단적인 예다. 베푸는 호의는 다 받으면서도 상대를 문학적 무식쟁이로 구분하는 클라라의 태도에서 부르디외가 정의한 취향이 정확하게 들어맞는다. 취향을 말할 때 조심해야 할 어떤 부작용이 있다면 바로 '구별 짓기'인 셈이다.

"비싼 것 가져와!"의 속물주의와 자유를 가진 취향의 경계

'구별 짓기'라는 취향의 부작용은 역사에서도 찾을 수 있다. 18세기 프랑스의 살롱문화가 대표적인 사례로 꼽힌다. 루이 15세는 선왕 루이 14세가 베르사유궁전에 불러 모았던 수많은 귀족을 각자의 고향으로 돌려보냈다. 하지만 베르사유에서 쫓겨난 귀족들은 그동안 도취되었던 궁정문화의 화려함을 떨쳐버리지 못하고, 고향으로 발길을 돌리는 대신 지금의 파리 마레 지구에 위치한 '생폴Saint-Paul'에 자리를 잡고 궁정의 향수에 젖은 삶을 선택한다. 그곳에서 귀족들이 궁정문화를 모방해 만든 것이 바로 살롱이다.

살롱을 이끌던 마담은 지식인과 귀족을 서로 연결하고, 프랑스 밖 유럽의 인사들까지 살롱으로 이끌었다. 궁중과 살롱의 가장 큰 차이점은 살롱에서는 문학이나 정치에 관해 자유롭게 토론하고 비평할 수 있다는 것. 이곳에는 수많은 문화계 명사가 초대되었다. 정치인, 예술가, 철학가, 문인 등이 자신들의 사상과 철학을 공유하면서 서로 끌고 당기는 자극을 주고받았다. 급기야 신흥 부르주아까지 가세하면서 살롱은 다양한 계층과 분야에 속한 인사들의 집합소가 된다.

신분은 고귀하나 돈이 없는 귀족과 갑자기 부자가 됐지만 신분상의 약점을 지닌 신흥 부르주아가 모인 것이다. 이들은 서로를 견제하고 모방하는 가운데 결혼이란 과정을 거치기도 하는데, 이를 반영하는 또 하나의 취향 흐름이 탄생한다. 진정한 취향이라고 보기 어려운 속물주의 취향이 생긴 것이다. 프루스트는《잃어버린 시간을 찾아서》에서 자유인의 호불호에 따라 생긴 미적 감각이 아니라 이익에 따라 우애관계를 유지하는 태도를 '속물주의snobbism'라고 비꼬았다.

과열된 살롱문화는 프랑스혁명과 더불어 계몽주의적 혁명 이념에 의해 지탄받고 급속도로 냉각됐다. 혁명 이후에는 몰락한 귀족들과 한껏 부풀어 오른 부르주아들이 살롱을 그리워하며 새로운 문화 가교의 플랫폼인 카페에 모여들기 시작했다. 살롱이 귀족과 신흥부자를 중심으로 한 문화 가교의 플랫폼이라면, 카페에는 민중이 가세했다는 점에서 차이가 있다. 민중은 자신들이 무너뜨린 권력의 자리를 탐하며 귀족과 졸부들의 취향을 근사하게 흉내 내려고 했다. 흉을 보면서 타도하려 했던 유산계급의 취향을 무산계급이 모방하려 했던 것이다.

애석한 것은 취향의 부작용이 오늘날도 크게 변하지 않고 있다는 점이다. 일부 사람들은 자신의 취향을 찾기보다는 다른 사람을 모방하기 위한 '집단적 취향' 또는 '시장적 취향'으로 옮아가고 있다. 아도르노나 부르디외가 말했듯, 자본에 의해 길들여진 단순한 모방문화의 위험성에 주의를 기울여야 하는 것도 이 때문이다. 만약 문화산업이 오직 매출을 올리기 위한 데 불과하다면 대중은 속물주의에 퇴색된 '천박한 취향'에 무비판적으로 빠져들 것이다. 결국 상업적으로 동질화, 집단화되어 인간의 고귀한 본질인 '자유'를 잃고 살면서도 이를 망각하게 될지 모른다.

나에게 물어보자. 나의 취향은 자유로운 선택의 결과인가, 아니면 자본사회가 만든 사치의 소비에 불과한가? 취향이 소비에 더욱 집착하고 속물화할 때 '시장적 취향'으로 전락하고, 이는 '무취향'과 다를 바 없다.

차이는 있지만
차별은 없다

계몽주의와 때를 맞춰 취향의 본래 의미를 찾으려는 노력이 시작된다. 프랑스와 영국에서도 사물에 대한 쾌감, 즉 호불호를 판단하고 선택하는 능력을 취향이라 말했고, 칸트는 이것을 '취향 판단'이라고 했다. 아름다움이란 대상을 보는 사람의 내면에서 일어나는 결과물이기 때문에 칸트는 '나'라는 주체가 느끼는 쾌감을 '미美'라고 정의하고, 이런 쾌감에 근거한 판단을 취향 판단이라고 했다. 호불호에 대한 판별과 그에 따른 선택이 취향인 것이다.

미국의 사회학자 허버트 갠스도 '취향은 개인의 선택'이라는 전제 아래 "고급문화와 대중문화의 차이는 과장되었으며, 서로 다른 경제·교육적 기회를 가진 사람들이 선택한 취향은 동일한 가치를 갖는다"라고 주장했다. 결국 각 집단의 경제·교육적 수준에 따라 다른 취향, 곧 고급문화와 대중문화라는 차이가 있을 뿐 차별은 없는 것이다.

그렇다면 대상에 대해 호불호를 느끼는 나의 감성과 선택의 자유가 전제되어야 바른 취향이 발휘될 것이다. 각자가 취향을 찾는다는 의미는 자유를 만끽하는 '나답게 살기'의 시작이다. 또 취향을 유지하려면 여유로운 생활이 보장되어야 한다. '피로사회'에서는 취향을 찾기보다 집단의 획일성에 휩쓸려 나 자신의 정체성을 잃고 무작정 욕망만 키워가기 때문이다. 그런 의미에서 '일과 삶의 균형'을 사회 여기저기서 요구하고 있는 것은 무취향적인 삶의 방식을 거부하고 자신의 취향을 찾고자 하는, 통제사회에 대한 반격이라 할 수 있다.

'톨레랑스tolerance'란 유기체에 어떤 이물질이 들어와도 함께 공존할 수 있게 해주는 위장의 생물학적 장치다. 우유를 주사기에 넣어 혈관에 투입하면 쇼크사가 일어나겠지만 위 속으로 들여보내면 몸에 자연스럽게 흡수된다. 원래 톨레랑스는 16세기 초 종교적 차이에 대한 올바른 자세를 표현하는 용어로 등장했다. 관용은 취향이라는 말이 문헌에 등장한 것과 시대적 배경을 같이한다. 그러다가 18세기 말 프랑스혁명기에 이르면 톨레랑스는 모든 개인을 향한 국가의 처신임과 동시에 인간관계의 바람직한 태도를 지칭하게 된다.

누군가의 취향을 인정하는 것은 관용과 맞닿아 있다. 위장이 온갖 물질을 소화하고 조화시키듯, 취향은 개별 인간이 자기에 대한 관심과 타인에 대한 톨레랑스를 조화시켜 나아가게 한다. 타인과 다른 나의 모습을 찾고 자기다움을 당당히 드러내며 타인을 관용하는 취향은 자아와 타자를 품는 장이 된다. 취향은 다르지만 받아주는 것, 전혀 낯설지만 품어주는 것. 이를 통해 너른 '관용'의 장으로 나아갈 수 있는 터전이 마련된다.

취향에는 그에 따른 마니아들이 탄생해야 한다. 취향에는 고통스러운 투쟁이 따른다. 집단적 '문화 맹종'을 포기해야 하기 때문이다. 취향은 있어도 없어도 그만인 취미 정도가 아니다. 취향을 통해 우리는 진정 자유로운 개인성을 지니게 된다. 아웃사이더가 취향을 지님으로써 사회의 인사이더, 즉 시민이 되는 사회가 자유로운 공동체다. '개인'의 탄생은 여기서 출발한다.

자유사상은 봉건제의 생산구조로부터 뛰쳐나와 개성화에 부채질을 했고, 그 개성화는 '취향'으로 꽃피웠다. 결국 취향으로 증명되는 개성화가 자유에 대한 증거다. 간혹 취향 없는 사람은 있을 수 있어도, 취향 없는 개인은 있을 수 없다. 자유가 있는지 없는지는 취향으로 드러날 뿐이다. 그렇다면 나의 취향은 무엇인가.

위장과 전치

조선시대 여성들의 삶을 어림잡을 수 있는 두 권의 책이 있다. 두 권 모두 외국 여성들이 쓴 책으로, 하나는 마르티나 도이힐러의 《조상의 눈 아래에서》이고, 또 하나는 이사벨라 버드 비숍의 《조선과 그 이웃 나라들》이다. 비숍은 조선 각지를 4차례에 걸쳐 여행하면서 조선의 농촌 여성들에 대한 기록을 남겼다.

그들은 서른 살에 이미 쉰 살로 보이며 마흔 살에 이가 거의 빠진다. 개인적인 몸치장마저 인생의 초반에 사라져 버린다.

완전한 취향은 아니더라도 이 땅의 여성들이 자신의 취향에 눈길을 돌린 흔적은 어디서 찾을 수 있을까? 1935년에 찍은 백남준의 가족사진이 있다. 어느 더운 여름날, 한낮의 무료함을 달래기 위해 백남준 어머니의 제안으로 집안의 모든 여성들이 남장을 하고 찍은 사진이다. 사진에는

어머니와 누나, 사촌누이들이 나온다. 남자 한복이나 교
복, 사복을 입고 찍은 이 사진에서 예술가 집안의 자유로
운 분위기를 읽을 수 있다.

첫사랑처럼 다가오는
무의식적 취향

　　　　　　　진정한 자유는 자신의 '취향'이 어떤 모습인지를
보면 쉽게 드러난다. 취향의 모습은 우리가 이런저런 상품을 구입하는
과정에서 목격된다. 어느 날 점심은 천 원짜리 컵라면으로 했는데 차는 5
천 원짜리 커피를 마셨다면, 이날의 점심은 '끼니 때우기'라기보다는 하
나의 취향이다. 커피를 선택하기 위해 비싼 식사를 포기한 이유는 취향
때문이다.

　그런데 취향은 무의식적으로 일어난다. 그래서 특정 상품에 대한 욕망
을 느낄 때 그 상품을 좋아하는 구체적인 이유를 일일이 대기는 어렵다.
질 들뢰즈와 펠릭스 가타리는 《천 개의 고원》에서 "무의식은 사용에 관
한 문제만 제기한다. 무의식은 아무것도 표상하지 않고 그저 생산한다"
라고 했다. 우리는 의식하지 못하면서도 어떤 물건을 선택하고 사용한
다. 고객의 무의식적 욕망을 부추기는 상품은 곧 생산되어 진열장에 오
른다.

　까닭 모를 욕망을 무의식이라 치면 이 욕망은 무엇인가를 사용하고 무

엇인가를 생산해내지만 여기서 끝나지 않는다. 요즘 고객에게는 이전에 경험하지 않아도 선호하는 분명한 물건이 있다. 마치 첫사랑이 새로운 경험이어도 자연스럽게 끌리는 느낌이듯, 어떤 상품을 좋아하는 감정도 경험 이전에 생기곤 한다. 그런데 가만히 그 취향을 살펴보면 일정한 패턴을 갖고 있다. 그렇다. 취향은 무의식 속에서 일정한 패턴을 만들면서 반복된다.

'정체성'의 어원을 살피면 고대인들이 자기 안에서 되풀이되는 것을 정체성으로 통찰했음을 알 수 있다. 정체성을 의미하는 단어 'identity'는 '동일성'이란 뜻의 라틴어 'identitas'에서 왔다. 이 단어는 'idem et idem'의 축약형인데 여기서 'idem'은 '같은'이란 뜻이고, 'et'는 '그리고'를 말한다. 번역하자면 정체성이란 '같은 그리고 같은', 즉 '동일한 것의 반복'을 의미했다. 과거, 현재, 미래라는 시간의 흐름 속에서 사라지지 않고 반복되는 것이 있다면 그게 바로 정체성이다. 정체성을 이해할 때 흔히 세월이 흘러도 동일하게 유지되는 가치를 말하는 이유도 어원에 근거를 둔 것이다.

"한 해 한 해 나이 들면서도 계속 동일하게 나답게 유지되는 건 무엇 때문일까?" 우리 몸의 온갖 세포를 비롯해 혈액까지 완전히 다 바뀌었는데도, 그 바뀐 몸뚱이가 '나'임을 알 수 있는 건 무엇 때문인가? 질 들뢰즈는 《차이와 반복》에서 '어제의 나'와 '오늘의 나'는 차이가 나지만 그러면서도 계속 동일하게 유지되는 무엇인가가 있다고 말한다. 즉 차이를 뿜어내며 변하고 있는 시간 속에서 동일한 정체성이 나를 '나답게' 할 수 있다는 뜻이다.

반복은 차이가 있는데도 무언가가 계속 유지되는 것이다. 만일 그 반복 속에 차이가 없다면 그것은 이전과 동일하기 때문에 반복이라고 할 수 없다. 반복은 차이를 통한 동일성 유지를 의미한다. 들뢰즈는 이 동일성을 '항존'이라 했다.

가면 쓴 욕망에 이끌린 반복

그런데 우리는 이런 항존 속에서 동일성을 유지하는 반복을 의식하지 못한다. 들뢰즈는 그 이유를 반복이 '위장'과 '전치'로 나타나기 때문이라고 말한다. 어떤 대상을 향한 무의식적 욕망은 가면을 쓰고 다른 대체물로 향한다. 욕망이 가면을 쓴다는 게 위장이며, 대체물로 바뀌는 게 전치다.

욕망을 충족하려 하지만 그러지 못할 때 우리는 자신에게 다른 보상을 해준다. 때론 쇼핑을 하고, 때론 머리 손질을 하고, 때론 근사한 맛집을 찾는다. 혹은 좀 과하다 싶은 여행을 하거나 고급 휴양을 즐긴다.

취향에 따라 이루어지는 일련의 소비 패턴 속에서 내가 정말 간절히 원하는 것이 무엇인지는 애매하다. 하지만 일련의 소비 패턴에서 무의식적으로 반복되는 것이 있다. 예를 들어 나는 멋있는 스포츠카를 타고 싶은데 그것을 살 형편이 되지 않는다면 그 욕망은 신발을 사고, 노트북을 사고, 스마트폰을 바꾸는 등의 위장 소비를 부추긴다. 심지어 잠을 자도 자동차 게임을 하는 꿈을 꾼다. 즉, 욕망의 대상은 항상 반복을 통해 다른 사물로 위장되거나 다른 자리에서 등장한다. 차를 사는 욕망이 충족되지 않으면 그 반복은 멈추지 않는다. 나의 욕망은 저변에서 자신도 의식하지 못하는 수동적 반복을 되풀이하게 할 뿐이다.

> "그러므로 잠재적 대상의 자리바꿈(전치)은 여러 가지 위장 가운데 한 가지 위장으로 그치는 것이 아니다. 그것은 오히려 어떤 원리에 해당하는 위장이다. 이 원리를 통해 비로소 반복은 현실 안에서 위장된 반복으로 태어난다."
>
> — 질 들뢰즈, 《차이와 반복》

필요한 접속이 만드는 절대가치

위장과 전치를 통한 반복은 다른 기계와의 접속으로도 이해할 수 있다. 들뢰즈와 가타리는 《천 개의 고원》에서 생물체와 무생물체를 비롯한 모든 존재자를 '기계'라고 하면서, 자신과 다른 기계와 접속해 그 '기계의 정체성'이 확립된다고 말한다. 동일한 입술이라도 식도와 접속하면 '먹는 기계'가 되고 성대와 접속하면 '말하는 기계'가 된다. 입술의 정체성은 입술 자체로 알 수 있는 게 아니라 다양한 이질적인 대상과의 반복된 접속으로 분명해진다. 인간이 접속을 위해 이질적인 대상에 호기심을 갖는 것은 원초적 본능에 속한다.

고딕이란 4~5세기 로마제국을 위협했던 고트족Goth을 일컫는 말이다. 자신들을 위협했지만, 로마 시민은 고트족의 스타일에 끌리는 욕망을 어쩔 수 없었다. 고트족 스타일에 대한 강한 매혹은 이후 12~15세기 유럽 건축양식에도 다시 한 번 반복된다. 그 시대의 대표적 건축물이 노트르담 성당이다. 사람들은 노트르담 성당 꼭대기에 괴기하고 이질적인 건축상을 얹어놓았다.

이 양식은 르네상스를 거치면서 사라지지만 18세기에 다시 한 번 고딕문학으로 반복된다. 월폴이 펴낸 소설 《오트란토의 성》(1764년)이나 래드클리프의 《우돌포의 미스터리》(1794), 메리 셸리의 《프랑켄슈타인》(1818) 등이 대표적인 작품이다. 이들은 삐거덕거리는 계단, 거미줄 쳐진 폐허의 공간을 다루며, 주로 인간 영혼의 어두운 무의식의 세계를 파헤친다. 이질적인 요소가 문학에서 반복되어 이후에는 공포문학으로 거듭난다.

오늘날 소비자들은 제품의 품질이나 디자인 등 절대적인 가치에 의존해 상품을 반복적으로 선택한다. 소비자들 스스로 반복되는 접속을 통해 자신들이 어떤 제품을 욕망하는지 더욱 분명하게 알고 있기 때문이다.

"사치의 시대는 가고 가치의 시대가 온다." 이타마르 시몬슨 스탠퍼드대 경영대학원 교수의 주장이다. 취향 그 자체에 '사치'라는 낙인을 찍

을 수는 없다. 어떤 취향이 되었든 소비자들은 무의식적 반복으로 '절대
가치'를 추구하기 때문이다. 과거엔 브랜드 이름을 보고 상품을 택했다
면, 오늘날은 소비자들끼리 접속한 결과로 '절대가치'가 평가된다. 취향
은 가치 없는 불필요한 접속이 될 때 사치가 되고, 필요한 접속이 될 때
는 가치가 된다.

절대가치의 평가는 사물에 대한 호불호의 감정, 즉 취향 판단에서 시
작된다. 자신의 취향을 드러내지 못하는 개인의 삶은 죽음보다 더 슬프
다. 진정한 자유가 없기에 취향이 없는 것이라면 우리의 근대는 어땠을
까. 당신의 취향은 살아 있는가. 빼앗긴 취향에도 자유는 있는가.

순간과 영원

영화와 문학에서 사용하는 '플래시백' 기법이 있다. 이야기가 순차적으로 진행되다가 갑자기 과거로 넘어간다. 곧 너무나 생생하게 떠오르는 과거의 기억이 현재 속에 삽입된다. 이쯤 되면 과거는 현재에 어떤 영향을 끼쳤는지에 집중된다. 이윽고 현재의 사건은 새로운 의미를 지닌다. 이것이 '플래시백' 효과다.

사면이 둘러싸인 '거울의 방'을 떠올려보자. 각각의 거울에 비친 나의 모습은 사면의 거울에 반사된 이미지다. 반사되는 이미지와 침투하는 이미지는 더 풍성한 이미지를 만들면서 우리 눈에 도달한다. 우리 눈 속에는 허상과 진상이 잔뜩 얽혀 있다. 여기서 시간적 요소를 추가해 어느 것이 먼저의 상이고 어느 것이 나중의 상인지 따지는 일은 중요하지 않다. 이미지나 빛의 형태처럼 시간도 과거와 현재가 함께 어우러져 총체적으로 지금의 우리에게 다가오기 때문이다. 일단 무엇인가를 추억하면 과거와 현재의 두 측면이 중첩된다.

시공간을 초월한
영원의 취향

시간이 지나갔는데도 사라지지 않고 현재와 미래에 상당한 영향을 미친다는 생각을 들뢰즈는 "과거와 현재, 미래가 서로 얽혀 생성된다"라고 표현했다. 과거가 사라지지 않고 계속 영향을 주고받는다는 들뢰즈의 독특한 시간관은 '크리스털 이미지'로 설명된다.

크리스털 안에서 만들어지는 빛의 동선을 살펴보자. 각각의 다면체로부터 반사, 굴절된 빛은 시간에 따라 소멸하지 않고 지금도 미래에도 계속 빛난다. 크리스털의 빛은 과거, 현재, 미래에 구애받지 않는 시간관을 품고 있다. 그 수많은 빛의 스펙트럼 속에서 어떤 것이 먼저이고 어떤 것이 나중인지 분간하기 어려울 뿐만 아니라 분간할 필요조차 느끼지 못한다. 다양한 시간의 빛줄기가 굴절, 반사되면서 과거와 현재의 구분은 모호해지고 원인과 결과의 인과관계도 의미를 잃는다. 단지 지금 보이는 영롱한 무지개가 아름다울 뿐이다.

나라별로 보석을 선호하는 데도 다양한 취향이 있다. 우리나라의 보석 취향은 고대부터 조선시대까지 거의 변하지 않았는데, 특별히 비취와 백옥이 사랑받았다. 은은하면서도 안정감이 높은 보석을 선호한 것이다. 우리와 달리 서구 사람들은 화려하고 투명도가 높은 보석을 좋아했다.

서양의 보석은 아주 단단한 돌을 다면체로 가공했기에 각각의 면마다

반짝이는 빛깔과 광택을 지닌다. 통상적으로 58면이 다이아몬드 커팅의 최고 수준이었던 1878년, 티파니사는 총 82면으로 커팅한 '옐로 다이아몬드'를 선보였다. 이런 커팅 기술의 발달로 보다 많은 다면체를 지니게 되면서 보석은 더 많은 빛을 반사하게 되었고 그 빛은 상호 침투, 굴절해 영롱한 빛깔을 만들어냈다.

들뢰즈와 가타리에 따르면 유목민의 보석이 지닌 신비로움의 비밀은 보석 내부로 들어간 '무기(화살촉)의 움직임과 동일한' 빛의 속도와 빛의 반사, 그리고 빛의 굴절 현상에 있었다. 그런데 화살촉까지 보석으로 장식했을 정도로 보석 세공 기술이 탁월했던 고대 유목민은 우리와 시간관이 전혀 달랐다. 그들은 과거, 현재, 미래로 구분되는 순차적 시간관에 별 의미를 두지 않았다. 유목민들은 "마구馬具, 칼집, 전사의 갑옷, 무기 손잡이에 보석을 부착"하고 미지의 장소로 이동했다. 특히 이들은 꿈의 장소로 이동하기 전에 목표지점을 향해 먼저 보석이 박힌 화살을 쏘았다. 보석에서 반사된 빛이 꿈꾸는 목표 지점에 화살보다 더 빨리 도달하길 소원했다.

그런데 질 들뢰즈와 펠릭스 가타리는 전혀 다른 시간관을 소유한 고대 유목민에게 특별한 한 가지 사실을 덧붙여 지적하고 있다.

"금속 세공, 보석 세공, 장식, 치장은 문자를 형성하지 않는다. (중략) 그것들은 모든 면에서 문자와 동등한 추상의 능력을 갖고 있다."

– 《천 개의 고원》

추상의 능력이 있었기에 고대 보석 세공업자들은 문자체계를 만들지 않았다. 그래서 유목민의 세공 기법에는 세상에 대한 구체적인 표현이나 문자 대신 추상적 표현만 나타난다. 언어는 과거, 현재, 미래라는 시제를 기본으로 구성되지만, 고대 유목민은 이를 문자체계로 만들지 않았다. 순차적 시간관에 별 의미를 두지 않았기 때문이다. 유목민의 보석은 시간과 그 파생물인 언어에 묶이지 않는, 온 세상 어딘가에는 있을 자유를 향한 몸부림, 즉 추상을 향한 상징이었던 셈이다.

그렇다면 유목민이 꿈꾼 추상은 도대체 무엇이었을까? 유목민은 보석을 보면서 빛이 이동했을 동선을 그리며 자신들의 새로운 도시를 상상했다. 보석의 커팅면은 우연치고는 놀랄 만큼 신도시의 조감도와 닮았다. 영원을 향한 추상 능력은 고대 도시의 조감도와 좌우대칭을 이루는 보석의 구조가 거의 비슷하다는 사실에서 분명하게 드러난다. 유목민의 보석 취향은 곧 개척정신이 낳은 영원을 향한 과거, 현재, 미래가 혼재된 취향이었던 것이다.

나도 모르게 떠오르는 과거와 현재의 중첩

우리는 사랑이 필요할 때 사랑했던 과거를 떠올린다. 추억은 들뢰즈에 따르면 "현재의 필요에 따라 떠올리는 과거"이기 때문이다. 그래서 사랑이 그리워질 때 따스한 벚꽃 아래의 데이트를 추억한다. 또 추억은 특정 신체 부분과 연관되어 떠오르기도 한다. 세수하다 말고 내 얼굴에 비누칠을 하시던 할머니의 보드라운 손길이, 빗질하다 말고 초등학교 입학 시절 머리를 빗겨주던 어머니의 섬세함이 문득 떠오르기도 한다.

요즘 나는 가끔 요리책을 보는 취미가 생겼다. 원래 요리에는 관심도 없던 나였다. 처음에는 요리책에 끌리는 이유를 몰랐다. 그저 거기에 나오는 다양한 요리가 궁금했을 뿐이다. 그러던 어느새 나의 눈길은 강된장과 호박, 양파, 약간의 소고기를 뚝배기에 넣어 금세라도 맛있게 끓는 소리를 낼 듯한 된장찌개에 끌리고 있었다. 20년 넘게 외지에 살다 보니 어릴 적 어머니가 해주시던 된장찌개가 먹고 싶었던 것이다. 무의식적인 욕망에 이끌려 나도 모르게 요리책을 넘겼고, 결국 그날 저녁 맛있게 끓는 소리가 듣고 싶어 된장찌개를 만들었다.

또 가끔 앙증맞고 사랑스러운 젖먹이들을 볼 때마다 어렸을 때 들었던 할머니의 음성이 떠오른다. 주름진 손으로 내 얼굴을 어루만지며 해주셨던 말 "아이고, 내 새끼……." 몇십 년이 지난 이 시점에 아기를 보고 나의 어린 시절이 떠오르는 이유는 무엇일까?

추억이라는 잠재력이 만들어낸 취향

들뢰즈는 과거의 집합체를 잠재력으로 여겼다.

잠재력인 과거가 기억을 통해 현재 또는 미래와 얽힌다. 잠재적인 어떤 것이 현실화해 나타나는 것이다. 과거에 대한 추억 속에서 잠재력은 현실과 함께 있다. 앙리 베르그송의 말대로 "우주는 자신의 역사만큼이나 무한한 잠재력을 지닌 하나의 거대한 기억"이다. 잠재력이 현실적인 것과 함께 섞여 있을 때는 실재인지 회상인지, 현재인지 과거인지, 지각인지 기억인지 식별 불가능하다.

요리가 되었든, 글쓰기가 되었든, 예술이 되었든, 창의적인 생산이 가능하려면 과거의 어떤 요소가 현실로 올라와야 한다. 잠재된 과거로 추억을 되짚어 들어가 거기 있는 수많은 다면체 가운데 내가 필요로 하는 특정한 면을 끌고 나와서 현실과 조우하게 만드는 것이 창조의 힘이다. 사람들은 자신에게 얼마만큼의 잠재력이 있는지 알지 못한다. 자신이 무엇을 할 수 있는지, 어떤 변화가 가능하며 또 스스로의 역량은 어디까지 미칠 수 있는지에 관해 무심하다.

당신은 추억의 요람에 앉아 어떤 잠재력을 떠올리는가. 우리의 잠재력이 사라져버린 것일까. 시를 쓸 수도, 노래를 지을 수도, 그림을 그릴 수도 있는 그 능력은 어디로 간 것인가. 아마도 현실이 바쁜 나머지 회상과 추억을 애써 외면했기 때문이리라. 우리는 매일 수많은 선택과 결정을 반복하며 일상을 살아낸다. 과거의 선택을 후회하며 시간을 되돌리고 싶은 욕망에 사로잡히기도 하지만, 만약 미래를 볼 수 있는 능력이 생긴다면 우리는 현재의 선택을 돌이켰을까?

"길은 산책자를 어머니에게 이끌지는 않지만, 그를 과거로 데려간
다. 그 과거로 깊이 들어갈수록 그 과거는 사적인 과거가 아니다."

― 발터 벤야민

산책자는 맘껏 어리광을 부릴 어머니의 품이 그립다. 그렇다고 그 유
년의 그리움 때문에 어머니에게 갈 수도 없다. 오직 어머니와 함께 나누
었던 공간과 시간을 느끼고 싶어 길을 산책할 뿐이다. 추억은 나만의 과
거가 아닌 어머니와 함께했던 사랑을 현재로 불러낸다. 어머니와 나눈
사랑은 나만의 것이 아니기에 어머니와 연결된 나의 취향은 또 다른 자
들에게 과거의 그리움이자 미래의 생산력이 된다. 잠재적인 것을 현재로
끌어올리는 것은 과거에 대한 회상에 다름 아니다. 우리는 영원한 '유년
의 시기'를 살고 있기에 취향은 영원하다. 아이들이 막무가내로 모래사
장에서 놀이하듯, 그리고 한번 빠져들면 행복한 놀이판이 벌어지듯 시간
을 넘어선 취향의 세계로 들어가보자.

매몰과 항거

아이들이 지나치게 성가시다 싶으면 어른들은 대수롭지 않게 스마트폰이나 태블릿으로 동영상을 틀어준다. 너무 이른 나이에 디지털 매체에 노출되면 아이들의 두뇌는 비정상적으로 발달한다. 아무 생각 없이 스마트폰을 던져주는 것은 아이들의 두뇌를 비정상적으로 개조하는 무책임한 행동이다. 이른바 '팝콘 브레인'을 지닌 아이들이 성장하고 있다.

자극하거나
휘둘리거나

미국 워싱턴대 데이비드 레비 교수에 따르면, TV나 디지털 매체 등에만 아이를 내맡기면 뇌의 회백질이 줄어들면서 뇌가 '팝콘 브레인'으로 바뀐다. 결국 이런 아이들의 뇌는 요란스럽게 소리를 내며 튀는 옥수수 알갱이처럼 자극적인 콘텐츠에만 반응하게 된다.

정보를 온전히 수용하지 못하는 뇌로 바뀌는 것이다. 취향이 단지 미디어에 의한 학습 효과에 불과하다면 레비 교수의 경고에 주의를 기울여야 한다. 그런 취향은 대중매체의 자극에 따른 '팝콘 취향' 정도에 그치고 말 것이다.

현대의 미디어는 사회의 여론을 만들고 문화를 형성하는 중요한 역할을 한다. 물론 사람들은 미디어를 통해 자신의 취향을 전달함과 동시에 다른 사람의 취향에도 영향을 받는다. 하지만 미디어를 어원적으로 분석해보면 매체를 활용하는 주체성 회복이 절실함을 실감한다.

미디어media는 원래 라틴어 'medium'의 복수로 '매개물, 수단, 공구, 도구재' 등을 뜻한다. 즉, 한 주체가 어떤 자극을 한쪽에서 다른 쪽으로 전달하는 물체carrier 또는 방법mode으로 이해할 수 있다. 그런 점에서 주체가 의상이나 예술적 오브제를 통해 어떤 취향이나 의미를 전달한다면 이런 것도 일종의 미디어가 된다.

미디어와 관련해 자극을 주는 행위를 주체의 능동성, 영향을 받는 행위를 주체의 수동성이라고 한다. 그런데 질 들뢰즈에 따르면, 주체의 능동성과 수동성은 늘 자리를 바꾼다. 'Use of Media(매체 활용)'에서 'of'를 '주격'으로 이해해 '매체가 활용하는 것'으로 봐야 할지, 아니면 '목적격'으로 이해해 '매체를 활용하는 것'으로 봐야 할지 망설이게 되는 이유가 여기에 있다. 전자는 매체가 내게 어떤 자극을 전달하는 것이며, 후자는 내가 매체를 통해 자극을 전달하는 것이다. '나'라는 입장에서 보면 전자의 나는 '수동적 자아'이며 후자의 나는 '능동적 자아'다. 마케터들은

'능동적 자아'가 될 때 미디어를 활용해 자신들의 상품을 홍보하게 되며, 소비자들은 '수동적 자아'가 될 때 미디어를 통해 그 상품에 호기심을 품는다.

마셜 매클루언은 미디어를 '몸의 확장'과 동시에 '메시지와 마사지'로 봤다. 이 정의에 따르면 능동적 주체는 미디어를 활용해 몸을 확장하거나 메시지를 전달하고 다른 사람의 감각까지 자극할 수 있는 반면, 수동적 주체는 미디어의 영향을 받아 감각이 자극되면서 자신이 아닌 타자의 확장된 미디어를 경험하게 된다. 우리가 명품으로 온몸을 휘감고 있는 타인을 봤다고 치자. 이때 그 사람의 명품 매체는 곧 그 타자의 확장인 셈이다. 하지만 이런 매체에 휘둘린 '자아'는 수동성에서 벗어나지 못한다.

능동적 변신을 향한 욕망

나의 중학교 시절은 아직까지 일본식 검정 교복을 입던 때였다. 제5공화국의 갑작스러운 교복자율화로 나는 한동안 혼란을 겪었다. 하루하루 어떤 옷을 입어야 할지 난감해하다가 교복을 입는 편이 더 낫지 않을까 하는 회의에도 빠졌다. 취향에 눈떠야 했을 사춘기 시절 교복에 익숙해져 옷을 전혀 어울리게 입을 줄 몰랐던 나는 한참이 지나서도 촌스러움을 벗어나지 못했다. 미디어에 대해 '능동적 주체'가 되어야 하는 이유도 이와 마찬가지다. 오늘날 페이스북, 인스타그램, 유튜브 등 1인 미디어가 많아지면서 미디어가 사용자 의도대로 자유롭게 편집되고 있다. 심지어 미디어를 통해 콘텐츠를 얻은 수용자들마저 콘텐츠를 재배치하는 '트랜스 미디어' 현상이 본격화되었다.

하나의 미디어 속에 갇혀 있던 콘텐츠는 이제 변신을 거듭하면서 다른 미디어로 넘나들고 여러 종류의 미디어로 되풀이되곤 한다. 기존의 'OSMU One Source Multi-Use'와는 확연히 다른 양상으로 하나의 소스가 계속 패러디되고, 그 자체로 완결성을 지닌 수많은 변주를 낳으면서 재생산된다. 미디어를 활용할 때 능동성이 필요한 이유가 여기에 있다.

과거 마케터들은 자신들의 상품에 대해 풍부한 정보와 감동 스토리를 제공하는 데 집중했다. 때로는 사회적 기업을 자칭하며 도덕적 감성을 자극해 판매에 도움을 받고자 고객의 동정에 호소했다. 현실은 달랐다. 과거의 마케터는 매출이 마케팅에 의해 좌우되지 않는다는 사실을 알지 못했다.

이제 소비자의 능동적 자아가 깨어나고 있다. '트랜스 미디어 시대'에서 가장 절실한 능력은 하나의 콘텐츠를 일정한 방식 아래 각종 미디어로 표현하는 것이다. 여기에 눈뜬 일부 마케터는 소비자가 스스로 상품을 변주해 재생산할 수 있도록 능동적인 주체성을 발휘할 장소를 내어준다. 그 접점에서 고객은 특정 제품을 주도적으로 선별한다.

18세기 프랑스는 시민혁명 이후 엄청난 정보 과잉의 시대를 겪었다.

이미 구텐베르크의 인쇄혁명을 거치고 시민혁명으로 자유와 평등이 주어진 뒤였기 때문에 정보의 양은 가히 폭발적이었다. 19세기 교육 평등과 정보 과잉 속에서 불안에 떨던 프랑스 대중은 진정성 있는 편집을 선별하기 시작한다. 당시 갈리마르는 정보 과잉 시대에 독자적인 편집을 통해 의미 있는 읽을거리를 제공함으로써 큰 인기를 끌었다. 대중은 프랑스의 비평가 갈리마르가 편집한 책에서 그 진정성을 찾은 것이다.

마치 평행이론처럼, 100여 년 전과 같은 정보 과잉 현상이 오늘날도 반복되고 있다. 매체가 던져놓은 정보의 그물에 걸려 허우적대던 소비자는 더 이상 쓰레기 정보와 스팸에 휩싸여 수동적으로 나뒹굴지 않는다. 그도 그럴 것이 인간은 감각자극을 수동적으로 받아들이기만 하는 존재가 아니라 그 감각정보를 해석하는 일련의 과정을 해내는, 즉 지각하는 존재이기 때문이다. 우리는 이렇게 능동적으로 해석한 정보에 따라 우리 신체를 변화시키려고 한다.

이제 본격적으로 주체의 능동성이 꿈틀거린다. 들뢰즈 식으로 말한다면 우리는 '희극적 변장'이 아니라 어떤 고통도 감수할 '비극적 변신'을 시도하고 있는 셈이다. 미디어는 감각을 자극하는 것에 불과하지만 주체는 자신의 능동적 참여를 통해 변신하고자 한다. 그래서 현대의 인류는 능동적 참여와 변신을 위해 목숨 걸 진정성을 애타게 찾는다. 미디어는 다만 주체에 의해 작동할 뿐, 그 이상도 이하도 아니다. 미디어는 '희극적 변장'에 지나지 않지만, 능동적 주체는 '비극적 변신'을 욕망하기 때문이다.

취향의 발견에서
네트워킹 혁명으로

　　　　　　능동적 주체에 대한 현대인들의 강렬한 욕망은
로봇 콘텐츠를 살피면 더욱 분명해진다. 지금까지 방영된 로봇 애니메이
션을 포함한 로봇 영화는 동력원에 따라 4세대로 구분된다. 1세대는 '아
톰'으로, 자체 원자력에 의해 움직이는 안드로이드형 로봇이다. 2세대는
'마징가 제트'로, 사람이 조종해야 하는 탑승형 로봇이고, 상상의 에너지
원인 '재패니칸'이라는 '광자력'으로 움직였다. 3세대는 '건담'으로, 사람
이 걸치고 사용하는 모바일 슈트형 로봇이고 이론으로 증명된 '미노프스
키 입자'가 에너지원이다. 4세대는 '마블'에 나오는 로봇으로, 사람이 걸
치면 초인적 힘을 발휘하는 '슈트형 로봇'이다.

　로봇 매체의 진화를 한마디로 말하자면 인간의 능동적 주체성을 드러
내는 방식으로의 변화라는 것이다. 이것은 대중의 무의식에 깃든 능동성
에 대한 욕망의 반영이라 할 수 있다. 우리는 저마다 변신을 꿈꾼다. 그
변신은 미디어를 통한 능동적 주체가 만드는 몸의 확장, 즉 '능동적 자
아'를 욕망한다.

　프랑스혁명 이전 출판을 통해 확산된 엄청난 양의 새로운 지식은 이전
시대의 권력 집단이 소유했던 지식 독점을 불가능하게 했다. 혁명기의
사람들은 과거 평민은 모르고 지배층만 독점한 '정보의 비대칭성'에 따
른 권력층의 도덕적 해이를 목격했다. 하지만 중세의 교회와 대학을 중

심으로 버티고 있던 지식 권력과는 전혀 다른 '감성'이 인간이면 누구에게나 있다는 사실이 전파됐고, 그에 따른 새로운 취향이 능동적으로 회자되었다. 출판이라는 기술혁명과 마찬가지로 스마트폰에 온종일 기대어 사는 지금의 인류인 '포노사피엔스phonosapiens(폰+사피엔스)'는 들뢰즈가 묘사한 평등한 땅속줄기인 '리좀형' 네트워킹으로 혁명을 꾀한다.

태아기부터 '미디어'에 익숙해진 새로운 인류는 온갖 정보 과잉에 휘둘리다가 바다 한가운데 수장되는 트라우마를 겪은 뒤, 수동적으로 끌려가는 자신에게 저항하고 이후 '광장'으로 나와 권력에 '항거'했다. 이것이 바로 능동적 자아로서의 취향을 보여주는 대사건이다. 정치가나 권력자들이 휘두른 미디어의 부작용에 대한 강한 반격이 취향의 발견과 함께 시작된 것이다.

취향과 감각

"산업적 사치의 새로운 발명품인 아케이드의 지붕은 유리이며, 대리석으로 마감된 통로가 전체 건물을 관통한다. 아케이드의 소유자는 그러한 투기에 합의했다. 위에서 빛이 떨어지는 통로의 양편에는 우아한 가게들이 줄지어 있다."

– 발터 벤야민, 《아케이드 프로젝트》

도시의 거리는 상점으로 즐비하다. 언젠가 생긴 길이 거리로 탈바꿈하고, 그 거리에 상점이 들어섰다. 조금이라도 눈길을 끄는 물건이 있다면 우리는 아무렇지도 않은 듯 상점 문을 열고 들어간다. 거리를 지나칠 때마다 저마다의 취향과 마주하는 것이다.

혼돈을 거쳐
감각이 깨어날 때

상점으로 빼곡한 아케이드가 들어서기 전까지 시민들은 고단한 삶에 치여 물건을 구경하기조차 힘들었다. 혹여 상품을 접할 수 있던 평민들은 귀족들의 구입 목록에 있던 물건만 심부름이란 명목으로 훔쳐볼 뿐이었다. 하지만 이제 시민들은 아케이드를 거닐면서 자신들의 취향에 관심을 갖게 되었다. 아케이드는 상업적이고 집약적인 상품의 집합소이기 때문이다.

파리의 아케이드는 1820년경부터 만들어졌고 본격화한 것은 1830년 이후였다. 상점 거리가 없던 그 이전에 귀족들은 장인들에게 의뢰해 고급 상품을 독점했다. 하지만 프랑스의 '7월 혁명' 이후 많은 상품들이 일반 시민의 눈을 자극하기 시작했다. 1830년 이후로 예술이 상품화하는 데는 예술작품에 투자한 자본가의 역할이 컸다. 결국 예술가나 작가들의 작품은 아케이드의 거리 상점에서 상품으로 판매되면서 시민들의 감각을 더욱 자극했다. 이것이 곧 역사에서 드러난 시민 '취향'의 발로다.

프랑스혁명에 가장 큰 영향을 준 사조는 계몽주의였다. 로코코의 영향이 아직 건재하던 살롱에서 꽃피운 계몽주의는 감각을 배제하고 이성과 합리성만 강조했다. 하지만 프랑스혁명 이후 40여 년 만에 시민들은 아케이드에서 감각이라는 눈을 뜨게 된다. 예술이 사고 팔리기 시작하는 시점에, 아케이드는 취향을 판별하는 중요한 공간이 되어주었다.

그렇다면 감각을 자극해 자신만의 취향에 관심을 갖는 일이 왜 중요할까. 우리의 감각을 거치기 전 주변 세계는 이해되지 않는 혼돈의 덩어리에 불과하다. 원래 '날것' 그대로의 생생한 세계는 우리에게 혼돈으로 다가온다. 하지만 시각이든, 청각이든, 촉각이든, 미각이든, 후각이든 모든 감각은 이 혼돈, 즉 카오스의 세계를 파악해 하나의 질서체계로 이해하게 해준다. 감각을 거치고 나면 카오스로 다가오던 세계가 질서 잡힌 코스모스가 되는 것. 들뢰즈에 따르면 혼돈의 세계를 파악하기 위해 철학은 개념을, 과학은 기호를, 예술은 감각을 사용했다.

예술가들은 시민정신이 싹트기 훨씬 전부터 감각에 무척 예민했다. 색과 형태에 대해서는 화가가, 소리에 대해선 음악가가 탁월한 감각을 지니고 있었다. 예술가들은 자신들을 후원하는 귀족에게 작품을 선보여 감각자극을 전달했다. 자극을 받은 귀족들은 자신들의 취향을 확인하며 그 취향대로 상품을 소비할 수 있었다. 감각이 깨어날 때 취향은 비로소 회복되고, 감각을 깨울 수 있는 시민들만 진정한 자유를 누린다. 그렇다. 오늘날 우리도 취향이 가능해진 시대를 살고 있다.

능동적 주체로서
선택한 감각

그렇다면 아케이드의 상점 거리는 대중을 충동에 빠뜨리는 '마취제'였을까? 아니면 자유를 찾게 하는 '각성제'였을까? 취향은 유행과 다르다. 유행은 군중심리에 이끌리거나 광고의 현란함에 유혹되어 분별력을 잃게 하지만, 취향은 주체적으로 취사선택하도록 하는 힘이다. 충동에 이끌리는 유행과 달리 취향은 유행 속에서도 자신에게 걸맞은 잣대를 들이대는 자유다.

17세기 스페인 사제였던 발타사르 그라시안Baltasar Gracián은 취향을 충동과 자유의 중간 지대에 있는 것으로 여겼다. 그는 올바르게 취사선택할 줄 아는 사람으로 성장하기 위해 반드시 필요한 것이 취향이라고 정의했다. 그러니까 충동과 자유의 중간 지대에 있는 취향은 선택을 통해 발휘된다. 그것이 교양사회의 이상이라고 그라시안은 굳게 믿었다.

"테이스터스 초이스(Taster's Choice)". 커피브랜드 네스카페가 만든 라인의 한 종류다. "취향을 지닌 자의 선택"이라는 이 문구는 커피를 마시더라도 헤이즐넛 향으로 마실지, 바닐라 향으로 마실지, 또는 슈거-프리인지, 글루텐-프리인지, 저칼로리인지를 선택하도록 우리를 자극한다. 그만큼 취향은 자유와 맞닿아 있다. 하지만 취향이 일종의 환각을 불러일으켜 '유행중독'에 빠진 사람은 교양 시민과는 거리가 멀다.

과학자들은 사랑이라는 감정을 뇌 속에서 이루어지는 '화학적 작용의 결과'로 인식하고 있다. 뇌의 변연계라는 부위는 신경전달물질과 호르몬을 분비해 감정을 조절한다. 이곳에서 사랑의 감정 호르몬인 도파민, 페닐에틸아민, 옥시토신, 엔도르핀 등이 분비된다. 하지만 이런 호르몬의 유효기간은 3년을 넘기지 못한다고 한다. 사랑할 때 나오는 호르몬을 좇되 3년의 기한을 넘어서지 못하는 사람들이 단말마적인 연애를 평생 시도하는 것이 '연애중독'이다. 오로지 화학물질에만 의지해 쾌락을 느끼게 되면 내성이 생기는 중독 문제를 낳는다.

감각을 마약과도 같은 호르몬이 아니라 '몸'을 통해 얻게 될 때 우리는 비로소 진정한 주체가 된다. 들뢰즈가 존재자의 활동은 접속-배치-영토화-탈주-재영토화를 반복한다고 말할 때, 이는 중독이 아닌 능동적인 주체화를 의미한다. 어떤 대가가 따르더라도 몸을 쓰는 '몰입'만 진정한 주체가 될 수 있다는 논리다. 여기서 주체적인 참여 없이는 취향도 없다는 깨달음이 생긴다.

취향에는
정답이 없다

좋아하는 대상을 감각적으로 분별할 수 있는 것이 취향이다. 취향은 하나의 감각적 인식방식, 즉 감각을 통한 지각에서 시작된다. 그래서 가다머는 《진리와 방법》에서 취향을 일종의 감각이라고 했으며, 거기에 이성이 작용하는 것을 취향 판단이라고 했다. 또한 가다머는 취향이 개인적 차원을 넘어 플라톤이 주장한 바 있는 '좋음'의 영역으로까지 나아간다고 보았다. 한편 칸트는 "취향은 새로운 사회가 내세우는 이상이다. 그뿐 아니라 좋은 취향은 곧 좋은 사회를 말한다"고 하였다. 취향은 철학사에서 '아름다운 것에 대한 애호'뿐만 아니라 진정한 인간성의 이상으로 나타나고 있다.

취향과 관련한 라틴어로 '데 구스티부스 논 에스트 디스푸탄둠De gustibus non est disputandum'이라는 상투 어구가 있다. '취향에는 정답이 없다'는 뜻이다. 여기서 강조되는 점은 좋은 취향에 대한 반대는 나쁜 취향이 아니라 무취향이라는 사실이다. 나쁜 취향이라도 여전히 일종의 취향인 까닭이다. 좋은 사회란, 편협한 관심과 사적인 편애를 넘어 자유로운 취향을 수용할 수 있는 사회다.

거리에 즐비한 상점들 안에 있는 어떤 대상이 나의 취향을 만족시키는 지점을 들여다보면, 나의 감각이 깨어나고 나의 무의식이 무엇을 욕망하는지 알게 된다. 그 취향으로 우리의 이상이 드러나고 새로운 사회의 이상이 형성된다. 취향은 각자의 분야에서 혁신의 원동력이 될 수도, 평준화된 시장적 취향에 대한 저항력이 될 수도 있다. 하지만 자본에 의한 문화의 평준화는 무취향을 만들며, 결국 사치를 조장한다. 무취향적 사치는 바로 본능적 충동에 다름 아니다.

'비싼 것'과 '싼 것'에 대해 모르던 시절 우리는 고급 장난감을 찾기보다 모래사장에서 "두껍아, 두껍아, 헌 집 줄게, 새집 다오"를 외치며 놀기를 좋아했다. 우리에게 중요한 것은 고급 식당을 찾는 취향이 아니라 된장찌개에 무엇을 넣을지에 관한 취향이며, 특정 브랜드의 로스팅기를 사는 취향보다는 커피 원두를 얼마나 볶으면 내 입맛에 맞는지에 관한 취향이다. 특정 브랜드가 달린 청바지보다는 청바지의 워싱에 따른 어느 정도의 빛바램이 좋은가에 관한 취향이다.

이제 나에게 알맞은 취향을 살려낼 때다. 취향은 곧 인간다움의 회복이다. 나의 감각을 일깨우자. 감각자극으로 생긴 호불호의 감정에 솔직해지자. 그때 비로소 우리는 진정 자유인이 된다.

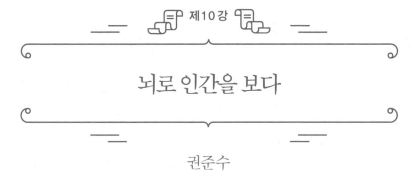

제10강

뇌로 인간을 보다

권준수

정신건강의학과 전문의. 정신질환의 낙인을 제거하고 조기 발견과 치료를 위해 뇌영상술을 이용하는 연구에 몰두한다. 정신분열증을 조현병으로 개정하는 데 주도적 역할을 했다. 현재 서울대학교 의과대학 정신과학교실 교수 겸 자연과학대학 뇌인지과학과 교수를 맡고 있다. 대한신경정신의학회 이사장, 대한정신분열학회 이사장 등을 겸하고 있다. 저서로《강박증의 통합적 이해》《나는 왜 나를 피곤하게 하는가》《쉽게 따라하는 강박증 인지행동치료(공저)》《마음을 움직이는 뇌, 뇌를 움직이는 마음(공저)》 등이 있다.

성격과 행동을 좌우하는 뇌

　무게 1.4킬로그램에 불과한 뇌는 인간의 신체 기능은 물론 성격과 행동을 결정하고 마음까지 좌우하는 중요한 기관이다. 19세기 이후 뇌과학의 발전으로 가소성, 기억력, 뇌세포의 재생능력 등 인간의 무궁무진한 능력이 뇌에서 발현된다는 연구 결과도 잇따르고 있다. 하지만 아직도 뇌는 신비에 싸여 있다. 뇌를 이해하는 것은 인간을 알아가는 지름길이다.

뇌기능 연구의
전환점이 된 사건

　1848년 9월 13일, 미국 버몬트주 철로공사 현장에서 다이너마이트가 폭발해 직경 3센티미터 길이 1미터의 쇠막대가 25세 청년의 얼굴을 관통하는 사고가 발생했다. 청년은 두개골과 왼쪽 대뇌 전두엽 부위에 손상을 입었다.

누가 보더라도 청년은 죽을 운명에 처했지만, 그 지역의 의사인 존 M. 할로John M. Harlow에게 한 달가량 치료를 받으면서 기적처럼 회복했다. 동료들은 청년의 복귀를 환영했으나, 문제는 이후에 발생했다.

청년은 시간이 지나면서 성격이 바뀌기 시작하더니 사고 전의 모습과는 딴판으로 변했다. 친구들조차 사고 전의 온유했던 모습을 찾아보기 어렵다고 할 정도였다. 청년은 신경질적이 되었고 참을성이 사라졌으며 충동적으로 행동했다.

앞의 이야기가 뇌과학 역사에 한 획을 그은 피니어스 게이지Phineas Gage 사건이다. 이 사건 전까지 전두엽 부위는 특별히 눈에 띄는 역할을 하지 않는다는 게 학계의 정론이었으며, 전문가들은 전두엽을 '침묵의 뇌'로 불렀다. 그러나 사고로 전두엽이 손상된 후 피니어스 게이지에게 나타난 성격 변화는 19세기 뇌과학 분야에서 큰 논쟁 거리였다. 이 사건을 계기로 전두엽의 기능이 본격적으로 연구되었으며, 전두엽 기능이 인간의 성격과 행동을 좌우한다는 사실이 처음으로 밝혀졌다.

피니어스 게이지가 죽을 때까지 그를 돌보며 관찰했던 할로 박사는 그가 사망한 후 피니어스 게이지의 뇌를 기증했다. MRI가 개발되자 신경생물학자 안토니오 다마지오Antonio Damasio 교수는 게이지의 두개골을 촬영해 실제 쇠막대가 뇌의 어느 부위를 관통했는지 확인한 후 두개골을 3차원으로 입체화해 전두엽 손상에 대해 연구했다. 연구 결과를 바탕으로 쓴 논문은 국제학술지 〈사이언스〉에 등재되면서 뇌과학 분야의 기념비적인 성과로 평가받았다. 이를 계기로 뇌기능에 대한 지식은 점차 확장되기 시작했다. 피니어스 게이지의 두개골과 쇠막대는 현재 하버드대학교 의과대학 박물관에 전시되어 있다.

신체 각 부위와 대응하는 대뇌 영역

인간의 뇌는 약 1.3~1.5킬로그램 정도로 체중의 2.5퍼센트에 불과한, 그리 크지 않은 조직이다. 하지만 뇌가 우리 몸에 필요한 전체 에너지 소모량의 20퍼센트를 사용하고 있다는 사실을 고려한다면 다른 조직에 비해 훨씬 더 활발하게 활동하고 있다고 볼 수 있다. 뇌는 약 1천억 개의 신경세포neuron로 구성되어 있고, 약 1천조의 시

냅스(신경세포 뉴런에서 다른 세포로 신호를 전달하는 연결 지점)로 이루어져 있다. 크게 대뇌, 간뇌, 중뇌, 뇌교, 연수, 소뇌의 5개 영역으로 구분되기도 한다. 흥미로운 것은 고등동물일수록 대뇌가 커지고 중요해진다

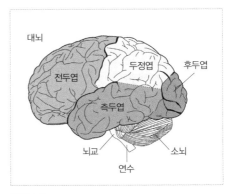

대뇌의 구조

는 점이다.

인간의 두뇌는 다른 동물에 비해 주름이 심하게 잡혀 있는데, 이는 한 정된 두개골 안에서 최대한 면적을 확보하기 위한 진화의 결과였을 것이다. 즉, 주름이 많이 잡혀 있는 뇌일수록 기능이 더 좋다고 할 수 있다.

대뇌는 좌뇌와 우뇌로 이루어져 있으며, 각 부위의 기능이 조금 다르다. 대뇌는 신경세포가 모여 있어 회색으로 보이는 피질인 회백질과 신경섬유가 모여 있어 흰색으로 보이는 백질로 나눌 수 있다. 회백질은 평균 2밀리미터 정도의 두께지만, 정신질환과 같은 병을 앓고 있을 경우에는 피질이 얇아지기도 한다. 신경세포의 숫자가 줄어든다는 의미다.

대뇌피질은 대뇌반구의 바깥쪽 표층을 이루는 부위이며 주로 감각, 운동, 기억 등 고위중추기능과 관련이 있다. 특정 위치의 피질 주름이 들어간 부위인 대뇌구sulcus에 의해 크게 전두엽, 두정엽, 측두엽, 후두엽으로 나누어진다. 기능적으로 측두엽은 청각 기능, 기억, 언어와 관련 있고, 두정엽은 촉각, 지각 능력, 후두엽은 시각 능력과 관련이 있다. 전두엽은 오랫동안 별다른 기능이 없다고 여겨져왔다. 하지만 피니어스 게이지 사례에서 나타난 것처럼 사실은 성격과 판단력, 실행 기능, 외부 환경과의 적절한 관계 형성 등 뇌활동 중에서 가장 높은 인지기능을 담당하고 있다.

20세기 초 독일의 신경학자 코르비니안 브로드만Korbinian Broadmann이 신경세포의 구축학적인 차이를 이용해 대뇌피질을 47개 영역으로 구분하고 설명했다. 그래서 이제 '브로드만 영역 몇 번'이라고 하면 자연스럽게 그에 해당하는 뇌영역을 알 수 있게 되어 있다.

뇌영역이 서로 다른 기능을 담당할 것이라는 개념을 생각해내고, 이를 실제 신체 구조와 대응시켜 지도 형태로 처음 그린 사람은 1930년대 캐나다의 신경외과의 와일더 펜필드Wilder Penfield다. 펜필드는 실제 수술을 하면서 환자의 뇌를 침으로 자극해 그 반응이 신체 어느 부위와 연관되어 있는지 연구했다. 이를 통해 운동이나 감각 기능이 뇌의 특정 영역과 일대일로 대응한다는 사실을 확인했다. 이것이 그 유명한 펜필드 뇌지도Penfield brain map다. 이 지도를 통해 신체 중에서 어떤 부위에 더 많은 신경세포가 관련하는지 알 수 있게 되었다.

혀, 손가락, 발 등의 부위는 아주 미세한 움직임을 조절해야 하기 때문

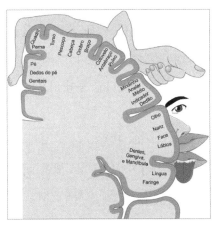

피질 신체 감각 뇌도

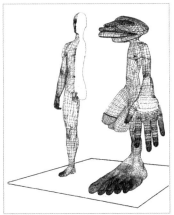

펜필드 뇌지도

에 이를 관장하는 뇌는 상대적으로 매우 넓은 부위를 차지하고 있다. 그만큼 많은 신경세포가 관련되어 있다는 의미다. 또 치매와 같은 질병이 진행되면 신경세포가 서서히 죽어 점차 수가 줄어들기 때문에 뇌의 각 부분에 대응하는 신체 부위의 전반적인 기능이 저하된다.

뇌를 움직이는 200종 이상의
신경전달물질

　　　　　　신경세포는 신경몸체와 정보를 전달하는 통로인 축색 그리고 축색종말로 되어 있다. 한 신경세포에서의 시그널이 몸체에서 축색을 통해 축색종말까지 전달되는데, 신경세포끼리는 약간의 간극이 있다.

정보가 한 신경세포에서 다른 신경세포로 전달되기 위해서는 시냅스에서 정보를 전달해줄 수 있는 물질이 있어야 한다. 이를 신경전달물질이라고 한다. 뇌에는 약 200종 이상의 신경전달물질이 있다. 대표적으로 도파민, 세로토닌, 노르아드레날린, 가바GABA, 글루타민 등이 있고 각기 다른 기능을 한다.

그중 세로토닌을 한번 살펴보자. 세로토닌은 정서 조절, 식욕, 성욕, 수면, 기억력, 학습 동기 등과 관련 있다. 세로토닌 기능이 저하되면 '마음의 감기'라고 불리는 우울증이 발생할 수 있다. 치료제인 항우울제는 세로토닌 기능을 증가시키는 약물로, 복용하면 기분이 좋아지게 만든다.

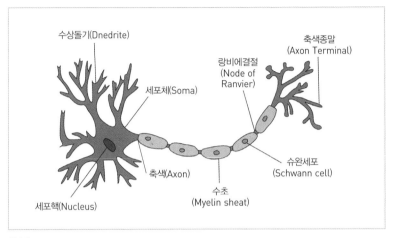

신경세포

　도파민은 행동과 인식, 자발적인 움직임, 동기부여, 처벌과 보상 등과 관련이 있다. 흑질 부위의 도파민 세포가 퇴화해 도파민 기능이 감소하면 파킨슨병이 발생한다. 또한 전두엽이나 선조체 부위의 도파민 기능에 이상이 생기면 정신병이 발병한다. 현재까지 사용되는 대부분의 항정신병약물은 도파민 기능을 떨어뜨려 정신병 증상을 치료하고 있다. 코카인이나 LSD 같은 향정신성의약품을 복용하면 망상이나 환청 같은 정신병 증상이 발생하는 것도 이 약물이 도파민 기능을 과도하게 항진하기 때문이다.

　노르아드레날린은 자율신경계 기능과 관련이 있으며, 교감신경에 작용한다. 응급상황이 발생하면 노르아드레날린이 분비되어 신체가 응급상황에 대처하도록 만든다. 이처럼 우리 뇌는 신경전달물질의 기능에 의해 작동 범위와 기능이 결정된다고 할 수 있다.

아직 다 알 수 없는
신비의 영역

인간의 뇌는 1천억 개의 신경세포가 일종의 회로처럼 복잡하게 서로 연결돼 있다. 동양철학에서 인간을 우주의 축소판인 소우주라고 하는 것은 그만큼 뇌가 우주처럼 방대하고 신비롭다는 의미일 것이다.

단순히 뇌의 기능을 유추하던 17~18세기를 지나 20세기 이후 인지과학과 뇌과학이 급속히 발전하면서 그동안 신비의 영역으로 간주되던 의식, 무의식, 영적 경험, 명상, 종교적 현상까지 뇌과학적인 방법으로 설명할 수 있게 되었다.

과연 이 작은 기관이 어떻게 수많은 정보를 받아들이고 처리하고, 정신이라는 현상을 나타내는 것일까? 뇌기능은 신경전달물질과 신경세포에 따라 결정되므로, 신경세포의 모든 연결 과정을 밝혀내기 위해서는 더 깊은 연구가 필요하다.

미국 국립보건원이 지난 2009년부터 약 390억 원의 예산을 투자해 진행하는 휴먼커넥톰프로젝트Human Connectome Project도 그런 노력의 하나다. 뇌 속의 신경세포 연결을 종합적으로 표현하는 뇌지도로, 즉 일종의 뇌회로도를 밝혀내는 게 목표다. 여기서 커넥톰은 단순히 뇌 안에 있는 신경세포뿐만 아니라 인간의 몸속에 넓게 분포되어 있는 신경세포 간의 연결망을 가리킨다. 휴먼커넥톰프로젝트의 성과에 따라 뇌기능은 더욱 자세하게 밝혀질 것이다.

생각과 감정, 행동 등 인간의 행위는 어디까지나 밖으로 드러나는 현상학적 결과일 뿐이다. 그 아래에서 관련된 뇌의 신경회로가 작용하고, 신경회로는 신경세포와 시냅스에서 신경전달물질의 변화를 일으킨다. 여기서 그치지 않고 다시 분자나 유전자가 작동하며, DNA까지 연결되어 있다. 그러나 이러한 신경회로와 DNA 작용만으로 눈에 보이지 않는 정신과 의식이라는 현상을 완벽하게 설명할 순 없다. 너무나 복잡하고 정교하게 만들어진 뇌를 생각하면, 정신-뇌-물질의 관계가 백 퍼센트 밝혀지는 날은 아마 영원히 오지 않을지도 모른다.

우울할 때는 뇌를 자극하세요

17세의 남자 J는 7년 전부터 계속된 강박증상으로 일상생활을 하기가 힘들었다. 숫자 세기, 확인하기, 항상 짝을 맞추어 행동하기 등을 반복하거나 자기 입술을 깨물기도 하고, 몸을 바늘로 찔러 피를 내기도 했다. 이 같은 행동을 하지 않으면 불안해서 견딜 수 없었다. 혀를 반복적으로 깨무는 바람에 혀의 3분의 1이 없어질 정도였다. 뭔가 마음이 찝찝하다 싶을 때는 계속 입술을 깨무는 바람에 입술도 절반이나 사라졌다. 충동행동도 많고 기분 변화가 아주 심해 행동조절이 어려워 치료진도 힘들어했다.

전기 자극으로
조절 가능한 병적 증상

J는 약 5년에 걸쳐 입원과 퇴원을 반복하면서 약

물치료, 인지행동치료, 그리고 전기충격요법 등을 받았지만 증상을 조절하지 못했다. 최종적으로 뇌심부자극술Deep Brain Stimulation을 시행하기로 결정하고, 속섬유막의 앞쪽 부위에 약 1센티미터 정도의 전극을 양쪽 뇌에 심었다. 수술을 한 뒤에는 서서히 행동이 안정되었고, 한 달이 지나자 증상의 절반 이상이 호전됐다. 이후 환자는 안정적으로 생활할 정도로 증세가 나아졌다.

뇌심부자극술은 뇌의 특정 부위에 전극을 삽입해 신경회로의 기능을 바꿈으로써 이상행동이나 병적인 증상을 변화시키는 방법이다. 두개골에 약 14밀리미터 정도의 구멍을 뚫어 1센티미터 남짓한 전극을 삽입하고 건전지로 전기 자극을 준다. 주로 약물치료로 증상이 호전되지 않는 약물 저항성 우울증, 강박증, 반복적 틱이 나타나는 투렛증후군 같은 증상을 치료할 때 사용한다. 신경세포가 소멸해 뇌기능에 이상을 일으키는 파킨슨병, 지속적인 근육 수축으로 비정상적인 움직임이 나타나는 근긴장이상증, 유전적인 원인으로 손이나 머리가 떨리는 본태성진전증 같은 신경계 질환에 사용하기도 한다.

뇌 신경세포는 서로 연결되어 회로를 구성하고 회로마다 기능이 다르다. 뇌기능 중에서 운동 기능이나 감각 기능처럼 1차원적인 단순 기능은 특정 뇌 부위하고만 관련이 있고, 이보다 고위 중추인 집중력, 기억력, 판단력 등이 관계할수록 뇌의 여러 부위가 서로 네트워크를 형성하게 된다. 따라서 파킨슨병, 근긴장이상증, 본태성진전증 등 주로 운동 기능에만 이상이 있는 경우 해당 특정 부위에 뇌심부자극술을 시술하면 비교적 좋은 효과를 볼 수 있다.

하지만 우울증, 강박증과 같은 정신질환에서는 뇌의 여러 부위가 네트워크를 형성해 복합적으로 관련하므로 신경회로가 신경계 질환만큼 정확하게 잘 알려져 있지 않다. 그래서 아직도 전극을 정확히 어떤 위치에 심어야 가장 효과적인지 알기 어렵다. 위의 환자가 그랬듯이 처음에는 대개 속섬유막의 앞쪽 부위에 전극을 삽입했지만, 현재는 전 세계적으로 많은 경험이 축적되어 더 효과적인 부위에 전극을 삽입하는 추세다.

뇌의 특정 부위를 자극 혹은 억제함으로써 뇌기능을 변화시키는 것을 신경조절술이라고 한다. 대표적인 신경조절술은 앞서 살펴본 뇌심부자극술 외에도 경두개자기자극술TMS, 경두개직류자극술tDCS, 경두개교류자극술tACS 등이 있다. 최근에는 초음파를 이용하기도 한다.

치료가 필요한 우울과 애도의 기준

인간은 기분이 좋을 때도 있고 우울할 때도 있다. 똑같은 감정을 한결같이 유지한다면 오히려 이상한 일이다. 기쁜 일이 있을 때 기분이 좋고, 슬픈 일이 있을 때 기분이 우울한 게 정상이다. 기쁘거나 슬픈 일이 있는데도 감정의 변화가 없고 무감각하다면 오히려 비정상이다. 하지만 감정 기복이 지나치게 심해 스스로 조절하기 힘들다면 병적이라고 할 수 있다.

　정상적인 감정 변화의 원인은 대체로 명확하다. 하지만 병적인 경우에는 이유 없이 우울하며 식욕이 없고 의욕이 사라지는 증상이 지속된다. 우울증상이 나타나는데, 이를 병적이라고 할 수 있는 주요우울증Major depressive disorder에 해당한다면 정신과 치료를 받는 것이 좋다. 병적인 우울증이라고 진단하는 경우에는 기분만 우울한 것이 아니고 흥미 상실, 체중이나 식욕 감소 혹은 증가, 불면이나 과도한 수면, 피로와 에너지 감소, 죄책감, 우유부단, 집중력 저하 등이 나타난다. 심하면 반복적으로 죽음을 생각하거나 자살을 기도하기도 한다. 이런 증상이 적어도 2주 이상 지속될 때 주요우울증이라고 한다.

　그림에서 보는 것처럼 외부에서 스트레스를 받아 기분이 우울해지는

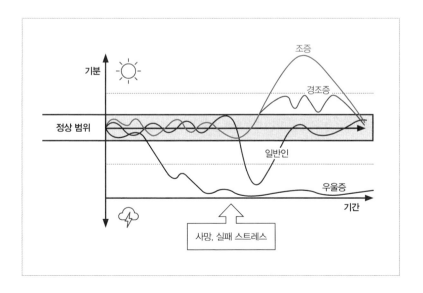

경우 일정 기간이 지나면 대부분 저절로 회복된다. 하지만 병적인 우울증은 특별한 원인 없이 우울감이 지속되고 시간이 지나도 회복이 잘 되지 않는다.

사랑하는 사람이나 가족 혹은 가까운 사람의 죽음은 견디기 어려운 슬픔이다. 길게는 6개월까지 우울한 상태를 벗어나지 못하는 경우도 있다. 하지만 이는 정상적인 애도 반응이다. 개인의 삶에서 중요한 대상을 상실했을 때 나오는 정서적인 고통이다.

영국의 정신분석가이자 정신과의사인 존 보울비John Bowlby는 애도 반응을 크게 4단계로 설명했다. 1단계는 충격과 무감각의 시기, 2단계는 고인에 대한 강한 그리움의 시기, 3단계는 절망의 시기, 4단계는 회복의 시기다. 사랑하는 사람과 사별했을 때는 감당하기 어려운 충격 탓에 그 죽음 자체를 부정하거나 회피하게 된다. 또 감각이 멍해져 혼이 나간 사람처럼 보이기도 한다. 이 단계 이후 상실에 대한 슬픔과 더 이상 고인을 만날 수 없다는 그리움에 이어 좌절과 분노의 시기를 맞이한다. 이어 다시는 볼 수 없다는 절망감과 허탈감이 뒤따르고, 시간이 흐르면 점차 상실감이 무뎌지면서 점차 원래의 감정 상태로 돌아온다. 이런 과정을 겪는 것은 정상적인 애도 반응이다. 하지만 너무 회복 전의 단계가 너무 오래 지속된다면 주위의 도움이 필요하다.

정신과 진단체계인《정신장애 진단 및 통계 편람Diagnostic and Statistical Manual of Mental Disorders》제4판에 따르면, 6개월 이상 증상이 지속되면 비정상적인 애도 반응으로 보고 치료가 필요하다고 말한다. 하지만 2013년 바뀐 새로운《정신장애 진단 및 통계 편람》제5판에서는 이 같은 애도 반응이 2주 이상 지속되면 비정상적이라고 규정해 진단 기준이 짧아졌다. 당시 미국 언론에서는 정신과의사들이 환자를 더 많이 확보하기 위해 기간을 2주로 줄였다며 상당한 논란이 일었다. 하지만 지금까지의 연구 결과를 보면 통계적으로 2주 이상 애도 반응을 겪는 사람은 주요우울증에 걸릴 소인이 많다. 이 사실을 고려하면, 아무리 애도 반응이라도 2주 이상 지속되는 경우 주요우울증일 가능성이 있다는 점을 경고하는 기준이라 할 수 있다.

정신질환 진단은 사람이 느끼는 감정 및 행동 등의 증상을 보고 진단하기 때문에 해결해야 할 점이 많다. 그러나 과학기술의 발전에 따라 단순히 신체 및 감정으로 나타나는 증상뿐 아니라 뇌기능이나 분자생물학적 연구를 기반으로 정신질환을 분류하고 치료해야 한다는 차원으로 패러다임이 바뀌고 있다. 만약 이것이 가능하다면 정신질환을 진단할 때 더 정확한 진단과 분류가 가능해져 치료 효과가 높아질 것으로 기대된다.

정신과학의
눈부신 발전

신경전달물질 가운데 세로토닌이나 노르아드레날린이 우울증에 주로 관여한다고 알려져 있다. 항우울제는 시냅스에 있는 세로토닌과 노르아드레날린과 같은 신경전달물질이 분비되었다가 재흡수되는 것을 차단해 오랫동안 시냅스에 머물도록 한다. 즉 신경전달물질이 빨리 없어지는 것을 막아서 신경세포에 있는 수용체를 오랫동안 자극함으로써 우울증상을 회복시켜준다.

현재까지 우울증과 관련된 뇌 부위로 알려진 뇌의 내측 부위 구조 가운데 내반슬하 대상회, 후두 곧은 이랑, 측좌핵 등의 부위에 전극을 삽입해 치료하기도 한다. 최근 보고에 따르면 내측 전두엽에 전극을 삽입하는 경우 우울증상이 드라마틱하게 호전되었다는 연구 결과가 있다. 이런 추세라면 향후 우울증 치료가 획기적으로 발전할 것으로 보인다.

한편 뇌심부자극술은 뇌에 전극을 삽입해야 하기 때문에 반드시 수술이 필요하다. 하지만 경두개직류자극술은 간단하게 외부에서 뇌에 전류를 흘려주는 방식이어서 쉽게 치료에 적용할 수 있다. 아직 확실히 검증이 되지 않았지만, 휴대전화 앱으로 작동시켜 낮은 전류를 흘려주는 간단한 기기 형태의 제품도 나오고 있다. 제품의 기능과 효능이 검증되면 휴대용 tDCS로 기분이 우울해질 때 머리에 전류를 흘려 기분을 좋게 만드는 시대가 올지도 모른다.

2000년에 노벨 생리의학상을 수상한 미국의 정신과의사 에릭 캔들Eric R. Kandel은 마음과 뇌의 관계에 대한 생물학자들의 견해를 바탕으로 정신질환의 통합적 이해를 위한 지적 체계를 밝혔다.

요약하면 다음과 같다. 새로운 경험이나 정신분석, 정신치료, 카운슬링 등을 통한 학습은 실제 뇌에도 영향을 준다. 신경신호전달 과정에서 특정 단백질 유전자 발현에 관여하고, 이로부터 생성된 단백질은 장·단기적인 신경세포 변화를 가져와 결국 행동에 영향을 끼친다. 에릭 캔들은 약물치료 같은 생물학적 치료와 행동치료가 뇌에 동일한 효과를 발휘한다는 사실을 밝혔다.

정신과학은 인간의 마음을 연구하는 학문이다. 인간의 마음은 매우 복잡한 고위 기능이다. 프로이트의 말처럼 "실제는 언제나 모르는 상태"로 남아 있을지 모르는 일이다. 그럼에도 불구하고 현대의 정신약물학, 유전학, 인지신경학, 뇌영상학 등 눈부신 과학의 발전을 통해 정신현상의 실제에 조금씩 접근해가는 인류의 도전과 지혜에 경탄할 뿐이다.

현대인의 노이로제, 강박증

20세 여자 K는 외출할 때마다 불안하다. 밖에 나가서는 공중화장실에 가지 못하기 때문이다. 용변을 보기 위해 휴지로 변기를 몇 번씩 닦아내느라 20분 이상을 소비한다. 그러고 난 다음에도 혹시 더러운 균이 묻지 않을까 늘 불안하다. 세면대에서 손을 몇 번씩이나 씻어도 불안함이 사라지지 않아 적어도 30분 이상 손을 씻는다. 이러니 외출이 무서울 수밖에 없다. 집에 들어오면 밖에 있던 균이 옷이나 몸에 묻어 병에 걸릴 것 같은 느낌이 든다. 입었던 옷을 모두 세탁하고, 3시간 이상 몸을 씻어야 안심이 된다. 한 달 수도세만 수십만 원을 지출하기도 한다.

현대인의 2퍼센트가 겪는 강박증

우리는 오늘날 가벼운 강박증상이 없이 헤쳐 나

가기 어려운 시대를 산다. 다이어트에 집착하거나, 혹시라도 실수하지 않는지 끊임없이 확인하거나, 인터넷이나 게임에 빠져 사이버 세계를 헤매거나, 건강염려증을 호소하거나, 동료들보다 뒤처질까 봐 끊임없이 불안해하고, 뭔가를 하지 않으면 견디지 못하는 증상 등 증세도 다양하다. 남보다 앞서겠다는 신념으로 집착과 조급증에 시달리는 '강박증 사회'라고 해도 과언이 아니다.

의학적으로 설명하면, 강박증은 자신의 의지와 상관없이 어떤 생각이나 장면이 반복적으로 떠오르거나, 충동으로 인해 불안을 느끼고, 그 불안을 줄이려고 특정한 행동을 반복하는 질환이다. 대개 현대인의 2~3퍼센트 정도는 강박증에 시달리는 것으로 알려져 있다. 대표적인 증상으로는 오염에 대한 공포가 있다. 청결을 유지하려는 행동, 항상 주변을 깔끔하게 유지해야만 안심이 되는 결벽증 외에도 문을 잠갔는지, 가스불은 껐는지 등이 염려되어 반복적으로 점검하는 확인 강박, 항상 깔끔하게 주변을 정리하는 정돈 강박 등이 있다.

강박증은 정신질환 중에서 히스테리와 더불어 정신분석의 토대를 이루었던 대표적인 질환이다. 정신과 연구의 주요 이론인 정신분석 이론으로 비교적 완벽하게 실명할 수 있어 다른 질환에 비해 정신과의사나 심리학자에게는 매력적인 연구 대상이었다. 물론 이론으로 설명이 된다고 해서 과학적으로 증명되었다는 의미는 아니다. 정신분석 측면에서는 어린 시절부터 누적된 경험과 주변 사람과의 관계 등을 통해 증상의 원인을 이해하고 설명할 수 있다면 문제의 절반은 해결된다고 보고 있다. 환자가 스스로 문제를 깨닫게 하면 증상이 사라지고 치료도 명확해진다는 논리다.

최근 뇌과학의 발전으로 뇌기능이 하나둘씩 밝혀지고 약물이나 행동치료로 뇌의 변화를 직접 관찰할 수 있게 되었다. 이처럼 비교적 이론으로 설명이 가능한 강박증의 뇌 변화를 관찰할 수 있게 된다면 정신질환의 증상이 뇌와 어떻게 연결되어 있는지 좀 더 명확히 알아낼 수 있을 것이라 기대하고 있다. 심리학적 원인을 생물학적인 뇌기능의 이상으로 규명할 수 있는 것이다. 그런 까닭에 강박증은 오늘날 더욱 큰 주목을 받고 있다.

강박증상을 설명하는 이론들

프로이트는 강박증상이 무의식적인 충동에 대한 방어현상이라고 보았다. 우리는 어릴 때 경험한 고통스러운 사실을 기억하지만, 그 생각과 관련된 감정을 억압하고 분리해 의식적으로 느끼지 못하는 방어기제가 작동한다. 예를 들어, 자신을 학대한 아버지를 공격하려는 충동을 강하게 느끼는 경우, 그 생각을 할 때 떠오르는 감정을 무의식적으로 억제해 분리하고, 오히려 아버지의 상태를 걱정하며 반복적으로 아버지가 괜찮은지 확인하게 된다. 오염에 대한 강박도 이와 비슷하다. 아이가 대소변 가리기를 해야 할 시기에 엄마가 엄격하게 훈련을 하면 아이는 엄마에게 적대적인 감정을 느끼게 된다. 이때 적대적 감정은 무의식적으로 억제되지만 아이는 자라면서 점점 오염에 대한 심한 강박증상을 나타나게 된다.

또한 강박증 성향을 보이는 사람들은 엄격한 초자아superego를 갖고 있는 경우가 많다. 초자아가 엄격한 사람은 비도덕적이거나 양심에 위반되는 일을 하기를 거부하고, 항상 바르게 행동하려 노력하며, 융통성이 없어 사고방식이 경직된다.

정신분석에서 주장하는 강박증상 이론의 옳고 그름은 증명하기 어렵다. 정신분석도 오랫동안 환자를 관찰하면서 그 사람의 의식적, 무의식적 생각이나 감정을 통해 설명한다는 측면에서 비판할 여지가 있다. 그러나 어쨌든 정신분석적 이론 속에서는 강박증상을 다른 정신질환보다 비교적 그럴듯하게 설명해낸다고 할 수 있다.

강박증상을 설명하는 또 하나의 강력한 심리학적 이론은 학습이론이다. 학습이론에 따르면 강박증상은 불안을 감소시키려는 학습된 반응이다. 마음을 불안하게 만드는 생각은 누구에게나 떠오를 수 있으며, 어느 정도 시간이 지나면 대부분 사라진다. 그러나 강박증 소인을 가진 사람들은 불안을 일으키는 생각이 들면 불안을 없애기 위해 어떤 행동을 하게 되는데, 이 행동이 반복적으로 학습되어 강박증상이 나타난다고 한다. 강박행동은 학습된 행동양식으로 굳어지며, 이는 조작적 조건화에 해당한다.

제1차 세계대전 이후 폰 에코노모 뇌염이 미국 전역을 휩쓸고 갔다. 주요 증상은 침울, 무기력, 기면嗜眠으로, 심한 경우 혼수상태에 빠지는 병이었다. 이후 이 병을 앓았던 사람들 중에서 강박증상이 많이 나타났다고 보고되었다. 또 뇌막염과 패혈증 등을 유발하는 연쇄상구균에 감염된 아이들이 후유증으로 강박증상을 보였으며, 안와전두엽이 손상된 환자에게서도 강박증상이 나타난다고 보고되었다.

이 같은 관찰로 밝혀진 것은 강박증상이 뇌의 기능적 이상과 관련되어 있다는 사실이다. 이후 발달한 뇌영상 기법을 활용해 강박증 환자를 검사했더니, 전두-선조-시상-전두엽으로 이어지는 신경회로에 문제가 있다는 사실이 밝혀졌다. 이 회로는 외부에서 정보가 들어올 때 새로운 자극이 감지되면 기존의 행동을 중지하고 새로운 자극에 반응해야 정상이다. 하지만 강박증 환자는 새로운 자극이 들어와도 원래 하던 행동을 멈추지 않고, 새로운 자극에 제대로 반응하지 못하게 된다. 외부에서 자극이 감지될 때 적절하게 반응해야 정상적으로 정신이 작동하는데, 자극에 대처하는 타이밍이 어긋나는 것이다.

여기서 문제는 강박적인 생각이 의도치 않게 계속 나타나는 것인데, 대개 이런 충동은 피질하 부위와 관련이 있고, 이를 적절히 억제하는 것이 전두엽의 기능이다. 정상인은 전두엽 기능에 문제가 없어 반복적인 생각이나 행동에 대한 충동을 적절하게 억제하지만 강박증이 있으면 전두엽 기능이 제대로 작동하지 않는 것이다. 또한 강박증이 있는 사람들은 전두-선조-시상-전두엽 회로에 과도한 정보가 전달되어 부하가 잘 걸린다. 도로에 비유하면 정상인 경우 왕복 10차선 도로에서 차량이 5차선 정도를 차지하며 달리는데, 강박증 환자의 경우에는 10차선 도로 모두 차가 다닐 정도로 몹시 붐비는 상황이다.

약물로 치료가 되지 않는 강박증은 수술적인 방법이나 신경조절술을 이용해 특정 신경회로의 기능을 조절한다. 10차선 도로를 강제로 5차선으로 좁히고 자동차, 즉 정보 교환의 양을 줄임으로써 강박증상을 호전시키는 방법이다.

강박증과 관련되었다고 알려진 회로는 세로토닌 신경세포가 많이 분포되어 있는 부위다. 세로토닌은 우울증과 관련되어 있기도 한데, 뇌영상 기법인 양전자단층촬영술PET로 촬영해보니 세로토닌 신경계에서 세로토닌과 세로토닌 수용체 등의 이상이 확인됐다. 이때 선택적 세로토닌 재흡수차단제SSRI인 프로작, 졸로푸트, 파록세틴 등의 약물로 강박증상이 호전된다는 사실이 증명되기도 했다.

약물치료를 제외한 획기적인 강박증 치료로는 인지행동치료가 있다. 환자 스스로 불안을 견딜 수 있도록 꾸준하게 훈련하면서 전두엽의 기능을 강화함으로써 뇌의 아래쪽에서 올라오는 충동에 따른 불안을 억제할 힘을 길러주는 치료법이다.

여기서 흥미로운 사실이 있다. 흔히 약물치료가 더 효과적이라고 생각하지만, 약물치료와 행동치료를 받은 뒤 일어나는 뇌의 변화는 모두 같다는 점이다. 그런 측면에서 보면 뇌와 마음 그리고 정신이 연결되어 있다는 것을 알 수 있다.

과학 기술로
뇌를 해석하려는 연구

뇌과학이 발달하면서 현대는 모든 정신현상을 뇌의 기능으로 환원하기 시작했다. 인간의 행동이나 감정, 사고 등이 모두 뇌에서 나오는 기능에 불과하다는 것이다. 그렇다면 보이지 않는 정신현상이 어떻게 물질인 신경세포의 활동으로 나타나는 것일까? 신경세포가 어떻게 슬플 때와 불안할 때를 알아차리는 것일까? 1천억 개가 넘는 신경세포가 어울려 1천조 이상의 연결(시냅스)을 만들면서 정보를 교환하고 생각, 감정, 행동을 이끌어내는 메커니즘은 무엇일까?

현대 과학이 뇌에 관한 이해도를 상당히 높였음에도 불구하고 뇌를 과학적으로 설명하기에는 여전히 부족하다. 하지만 뇌를 제외하고 겉으로만 드러난 감정이나 행동 같은 현상을 설명하는 단계에서 뇌기능으로 문제와 원인을 판단하기 시작하는 단계에 이르면서 패러다임이 크게 변했다고 할 수 있다.

정신의학에서 강박증을 치료하는 약물치료와 심리학을 바탕으로 한 인지행동치료가 모두 뇌에서 같은 변화를 일으킨다는 사실은 많은 점을 시사한다. 그리고 최근에 명상을 통한 뇌의 변화에 관한 연구가 활발히 이루어지면서 뇌와 마음이 상호작용한다는 중요성이 드러났다. 뇌의 변화가 행동 변화를 이끄는 것과 마찬가지로 생각과 행동의 변화가 실제 뇌의 물리적 구조와 가능을 변화시킨다는 사실은 부정하기 어렵다.

뇌를 통해 인간을 본다는 것에 대한 정의, 그리고 인간의 본질에 대한 인식이 어떻게 바뀔지는 불분명하다. 한 가지 분명한 사실은 인공지능, 뇌-컴퓨터 인터페이스[BCI]*, 로봇, 증강현실 등이 현실적으로 원활하게 작동하기 위해서는 인간의 뇌를 먼저 충분히 이해해야 한다는 것이다.

뇌에 대한 이해와 연구를 근거로 기술과 제품을 개발한다면 새로운 차원에서 인간을 이해하게 될 것이고, 지금과는 완전히 다른 세상이 펼쳐질 것이다. 뇌의 구조와 기능에 대한 지속적인 연구, 그리고 이를 근거로 인간과 사회를 이해하면서 활용 분야를 확장하는 과정이야말로 인류 최고의 도전과제다.

---

* 뇌-컴퓨터 인터페이스는 뇌와 외부 장치를 직접 연결해 인간의 인지 기능과 감각 기능 복구를 시도하는 기술 분야다. 1970년 미국 국립과학재단의 지원으로 UCLA에서 처음 연구를 시작했다.

창조성과 정신병의 관계

빈센트 반 고흐, 에드바르 뭉크, 버지니아 울프, 어니스트 헤밍웨이, 로베르트 슈만, 프리드리히 니체, 프리드리히 횔덜린, 아이작 뉴턴……. 이들은 천재적인 재능을 가졌으나 모두 정신질환을 앓았다. '천재성이 정신질환과 관련 있는가' 또는 '천재들의 가족들은 정신질환에 취약한가' 하는 궁금증은 역사적 화두였다. 정신질환을 앓았음에도 불구하고 창조적 활동을 멈추지 않았던 예술가들의 삶은 편견과 차별로 억압받는 수많은 정신질환자를 이해하게 만드는 모티브를 제공한다.

영혼의 절규를 예술에 담아

나는 사랑, 사랑, 사랑해요.

나는 사랑이지만, 당신은 죽음입니다.

당신은 죽음을, 죽음을 두려워합니다.

나는 사랑해요, 나는 사랑해요, 나는 사랑해요.

당신은 죽음이지만 나는 생명이오.

당신의 생명은 사랑이 아닙니다.

나는 당신을, 당신을 사랑해요.

나는 피가 아니요, 나는 정신입니다.

나는 당신 속의 피요. 정신입니다.

나는 사랑, 나는 사랑입니다.

'무용의 신'으로 알려진 비운의 천재 무용수 바츨라프 니진스키가 스승인 세르게이 디아길레프에게 보낸 편지의 일부다. 한 편의 현대시인 듯, 의미 없는 비논리적인 생각의 조각인 듯 알쏭달쏭하다. 만약 평범한 정신질환자가 이런 글을 썼다면 분명 사고의 이완을 나타내는 사고장애 thought disturbance로 여겼을 것이다. 사고장애란 이성과 논리에 근거해 현실적이고 합리적으로 생각하는 데 어려움을 겪는 증상이다. 외부 자극을 정확하게 인지하지 못하며, 현실과의 관계성, 질서, 논리성, 조직성이 결여된다. 사고장애를 가지고 있는 환자들은 자폐적 사고, 마술적 사고, 피해망상증, 과대망상증 등을 경험한다.

천재들은 상식적으로 해석하기 어려운 창의적 사고를 문학, 미술, 음악 등으로 풀어냈다. 작품에는 영혼 깊숙한 곳에서 나오는 창작자들의 절규 혹은 경계를 넘어선 상상력이 가득하다. 그들은 보통 사람이 느끼지 못하는 무엇인가를 느끼고 보면서 예술로 승화시켜 많은 사람의 감각을 일깨우는 창작물을 남겼다.

역사적으로는 선명한 족적을 남긴 천재들이지만 정작 그들의 삶은 고통으로 점철된 비극이기도 했다. 특히 창의력과 기분장애mood disorder는 상관관계가 높은 것으로 알려져 있다. 기분장애는 비정상적인 기분으로 인해 발생하는 질병이다. 기분장애를 가진 환자들은 대부분 특정 시점에 우울증을 경험하는데, 때로는 고조된 기분을 경험하기도 한다. 기분장애로 인해 스스로 삶을 마감한 예술가도 많았다. 어니스트 헤밍웨이는 전기충격요법을 받은 후 권총으로 자살했으며, 버지니아 울프도 우울증상으로 우즈강에 투신해 생을 마감했다.

정신질환은 어떤 식으로든 그들의 예술활동에 영향을 주었을 것이다. 조울병을 앓은 로베르트 슈만은 조증이 올 때면 작곡에 매진해 1년에 30여 곡을 완성했고, 우울증에 접어들면 1년에 2~3곡 정도 작곡하는 데 그쳤다. 우울증을 앓던 시기에는 라인강에 투신하는 등 자살을 기도할 정도로 힘든 투병 생활을 했다. 결국 슈만은 1856년 마흔여섯의 나이에 정신병원에서 쓸쓸히 죽음을 맞이했다. 아이러니하게도 슈만의 경우는 정신병이 창조적 활동에 지대한 영향을 준 대표적 사례로 꼽힌다.

여기서 사족 하나. 슈만의 삶에는 요하네스 브람스, 클라라 슈만 두 사람이 깊이 연관되어 있다. 지독한 조울증을 앓았던 슈만과 정신병을 앓고 있음에도 불구하고 슈만을 유일하게 사랑했던 그의 아내 클라라, 그리고 스승의 부인인 클라라를 짝사랑하며 한평생 독신으로 살았던 브람스. 클라라가 죽자 브람스는 충격을 이기지 못해 이듬해 간암으로 세상을 떠났다. 독일의 대표적인 낭만주의 음악가 슈만과 브람스를 사랑하는 사람들에게는 가슴 저미는 러브스토리다.

천재성과 창조성을 꺼내는 방식

천재성과 창조성은 특별한 사람들만 가지고 태어나는 것일까. 그렇지 않다. 우리 모두의 마음 혹은 정신에는 천재성과 창조성이 있다. 문제는 내면에 잠재되어 있는 천재성과 창조성을 어떻게 발견하고 끄집어내느냐.

창조성이란 새로운 아이디어나 개념을 만들어내거나 기존의 생각을 독특하게 조합해낼 새로운 연결고리를 찾아내는 정신활동을 말한다. 창조성은 인지과정, 사회환경, 성격, 그리고 우연성과 같은 여러 요소로 발현되며 천재성, 정신병, 그리고 유머감각과도 관련이 있다. 창조성이 선천적으로 타고나는 특성이라는 주장이 있는 반면, 후천적으로 습득하는 기술이라는 분석도 있다. 뇌영상 기법을 이용해 정신질환과 창조성의 관계를 파악하기 위한 연구도 잇따르고 있다.

창의적인 사람은 세 가지 측면에서 다른 경향을 보인다. 첫째, 특정 분야에서 높은 수준의 전문 지식을 갖추고 있다. 둘째, 전두엽에 의해서 형성되는 분산적 사고를 할 수 있다. 셋째, 측두엽-두정엽에 많은 정보를 수용할 수 있다.

분산적 사고란 일반적인 관점으로는 아무 관계가 없어 보이는 상황에서 어떤 연결고리를 찾아내고, 이를 바탕으로 새로운 관계를 만들어내는 생각법이다. 분산적 사고는 전두엽 기능이 발달한 사람에게서 쉽게 나타난다. 정신질환은 대부분 억제 및 조정을 담당하는 신피질과 감정, 욕망을 담당하는 구피질과의 균형이 깨지면서 병증을 보인다. 이 사실을 고려하면 정신질환이 있는 경우 정상인보다 무의식적인 상태 혹은 인지과정에서 창조성을 드러낼 확률이 높다고 할 수 있다.

하지만 무의식적 인지과정에서 얻어진 것을 모두 창조적이라고 말할 수는 없다. 무의식적인 상태에서 표출되는 과정이 적절한 의식 그리고 합리적인 사고와 결합했을 때 비로소 창조적인 결과물을 낳는다. 천재성을 지닌 많은 예술가들이 정신병적 상태를 보였지만, 반대로 정신질환자들 대부분이 창조성을 나타내지 못한다는 사실이 이를 잘 설명해준다.

고통, 어쩌면 창조성을 발휘하는 동력

겉으로 보면 고통은 인간의 삶을 황폐하게 만드는 것 같지만, 속을 들여다보면 역설적이게도 고통이 인간의 삶을 풍부하게 만들고 더욱 성숙하게 한다. 그 경험은 개인을 넘어 많은 사람들에게 감동을 전하는 독특한 창조성으로 나타나기도 한다.

인상파 화가 피에르 오귀스트 르누아르는 말년에 시력을 잃어 작품활동을 하는 데 큰 어려움을 겪었다. 흐릿한 시력 탓에 사물의 윤곽을 또렷하게 그리기 어려웠다. 그러나 그 기법이 오히려 독특한 화풍을 만들어냈다. 시각장애라는 고통이 없었다면 르누아르의 명성은 존재하지 않았을지도 모른다.

반 고흐도 마찬가지다. 환청에 시달리다 자신의 귀를 잘라 정신병원에 입원하고 권총으로 자살하는 비극을 맞이했지만, 고흐가 말년에 남긴 작품에는 이전에 볼 수 없었던 독창성이 드러나 있다. 불안정한 정서, 들뜬 상태, 강한 편집증을 작품에 그대로 남긴 것이다. 고흐는 그리지 않으면 안 되는 절박함으로 내면의 세계를 붓질했던 덕분에 비로소 창조적 작품 세계를 완성했다.

자신의 죽음을 예감하거나 주변 사람을 먼저 떠나보낸 예술가들이 그 시기에 더욱 열정적으로 작품활동에 몰입했다는 사실은 고통이 창조성과 묘한 관계를 맺고 있다는 사실을 보여준다. 아마도 직간접적으로 다가오는 죽음의 고통이 삶과 죽음에 대한 고뇌 그리고 인간 본질에 대한 성찰로 이어져 작품활동의 동력이 되었으리라. 그들이 앓고 있던 정신질환적 증상으로 인지적, 정서적 변화가 나타나고 이것이 독특한 창조성을 발휘하는 데 기여했다면, 질병으로 겪는 고통이 결국 창조성을 발현하는 동력이 될 수도 있다는 의미다.

　다시 천재 무용수 니진스키로 돌아가 보자. 니진스키는 성장기와 학습기를 거쳐 무용수로서 10년간 춤을 추고 나머지 30년을 평생 병원에서 살았다. 29세부터 61세까지 앓은 조현병 때문이었다.

　니진스키는 정신분석학의 창시자 지그문트 프로이트, 조현병(정신분열병)이라는 용어를 창안한 오이겐 블로일러, 조울증과 조현병 증상을 분류했던 에밀 크레펠린 등 당대 최고의 정신과의사들에게 진료를 받았지만 조현병을 완전히 치료하지 못했다. 만약 그 시대에 오늘과 같은 항정신병약물이 있었다면 니진스키가 좀 더 오래 천재성을 발휘했을까? 아니면 약물 때문에 천재성이 일찌감치 사라져버렸을까? 역사의 흐름 속에서 본다면 의학이 발달하지 않은 까닭에 훌륭한 천재들과 문화적 유산이 살아남은 것일 수도 있다. 그렇다면 이거야말로 아이러니가 아닐 수 없다. 어쩌면 현대 의학의 발달이 오늘날 천재적인 인물들의 창조성을 잠재우고 있는 것이 아닌가 하는 생각이 스쳐 지나간다.

행복하려면 도파민하라

인간의 행동을 유발하는 동기는 무엇일까? 정신분석학자 지그문트 프로이트는 '쾌락'이라고 했고, 의사 겸 심리치료사 알프레드 W. 아들러는 '권력에 대한 의지', 신학자 겸 정신과의사인 빅터 E. 프랭클은 '의미'라고 했다.

뇌과학 연구에 따르면 뇌 속 도파민이라는 신경전달물질은 인간 행동의 동기부여와 관련이 있다. 도파민은 목적을 달성하고 난 뒤보다 목표를 향해 나아갈 때 더 많이 분비된다. 즉, 목표를 달성하고 만족감을 느낄 때보다 목표를 이루어가는 과정에서 도파민이 더 많이 생성된다는 뜻이다. 그런 까닭에 성공을 위해 앞만 보고 달려간 사람이 자신이 원하는 성공에 도달하고 나면 되레 삶의 의욕을 잃어 우울증에 시달리는 경우를 종종 보게 된다. 이른바 '성공우울증'이다.

기분 좋은 자극,
도파민

　　　　　　도파민 기능은 사춘기를 지나면서부터 떨어진다. 나이가 들면 웬만한 자극에 무덤덤해지고 삶이 건조해진다. 뇌 속 도파민 분비가 감소하기 때문이다. 파킨슨병도 도파민 기능 저하로 운동 기능에 이상이 오면서 생기게 된다.

활기차고 만족스러운 삶을 누리려면 뇌 속 도파민이 풍부하게 분비되어야 한다. 도파민은 새로운 것을 추구할 때 분비된다. 끊임없이 새로움을 추구하는 행위가 뇌를 자극하고, 또 도파민 분비를 촉진해 만족감과 동기부여 체계에 시동을 걸게 되는 것이다.

도파민은 도파민 신경세포에서 분비된다. 도파민을 분비하는 신경세포는 주로 중뇌의 복측피개영역, 흑질, 시상하부 활꼴핵 등에 위치한다.

뇌 안에 있는 도파민 신경회로는 크게 4개다. 첫 번째는 흑질선조체 경로다. 이 회로의 도파민 신경세포가 손상 혹은 퇴화해 도파민 기능이 감소하면 파킨슨병이 생긴다. 두 번째는 중뇌피질 경로다. 이 경로에 손상이 있으면 정신병적 증상이 발생한다. 항정신병약물이 이곳 도파민 수용체에 작용하는 것으로 알려져 있다. 세 번째는 중뇌변연계 회로다. 뇌는

생존에 도움이 되는 행위를 하면 그 보상으로 기분을 좋게 해 같은 행위를 반복하게 한다. 도파민이 분비되면서 즐거움, 쾌락, 행복감 등을 느끼고 동기를 부여해 활력이 넘치

게 되는 것이다. 반대로 중뇌변연계 신경회로에 이상이 생기면 마약, 알코올, 도박 등에 빠져드는 중독 질환이 발생할 수 있다. 네 번째는 결절누두 회로다. 이곳의 도파민은 뇌하수체에서 분비되는 프로락틴이라는 호르몬을 억제하기도 한다. 프로락틴은 유즙을 분비하고 생리를 멈추게 하는 등 임신을 하면 분비되는 호르몬이다. 항정신병약물을 복용하는 사람에게 가끔 생리불순이 생기거나 유즙이 분비되는 현상이 나타나기도 하는데 그 원인이 바로 여기에 있다. 이곳 신경회로의 도파민 수용체를 막아서 도파민 분비가 감소하면 프로락틴 호르몬이 증가하는 부작용 탓이다.

앞서 말했듯 중뇌변연계 회로는 보상회로 중 하나다. 보상회로는 즐거움, 쾌락, 긍정 심리 강화, 동기부여 등과 관련이 있다. 어떤 자극이 왔을 때 즐거움을 느끼면 같은 자극을 반복적으로 원하게 된다. 이때 도파민이 분비된다. 그래서 우리는 긍정적 자극을 통해 도파민이라는 보상을 받고자 반복적으로 자극을 추구하고, 부정적인 보상과 관련된 자극은 가능하면 피하려 한다.

보상작용은 환경에 적응하는 진화를 거치면서 인류의 생존전략이 됐다. 최근 연구에 따르면, 쾌락중추는 측좌핵, 배측 창백, 섬피질 등에 존재한다. 이 부위를 자극하면 쾌락을 느낀다는 것이다. 여기서 한 가지 중요한 사실은 반복되는 동일한 자극보다 새로운 자극이 감지될 때 도파민이 더 많이 분비된다는 점이다.

쾌락을 추구하는 중독 현상은 중뇌변연계 회로와 관련 있다. 코카인이나 필로폰을 투여하면 이 회로가 강하게 자극되어 도파민 분비를 늘리고 쾌락을 느끼게 된다. 이 쾌락에 빠져들고자 약물을 반복적으로 투여하려는 욕망도 커진다.

그런데 주위를 둘러보면 같은 자극에도 쉽게 중독에 빠지는 사람이 있는가 하면, 중독 증상이 그다지 심하지 않은 사람도 있다. 그 차이는 자극 예민도다. 자극에 예민해 도파민을 과다하게 분비하는 사람이 있는가 하면, 같은 자극이라도 도파민 분비가 적고 즐거움을 느끼지 못하는 사람이 있다. 즉, 도파민 분비 자극에 예민한 사람은 중독에 쉽게 빠지는 경향이 있다. 예민한 정도의 차이는 대체로 유전적 영향에 따라 좌우된다.

사춘기에는 사소한 일에도 울고 웃는 등 감정에 솔직한 편이다. 미세한 자극에도 도파민이 풍부하게 분비되기 때문이다. 호기심이 많고, 쉽게 우울해지기도 하고, 충동적이거나 과격하게 행동하는 이유도 모두 도파민의 과다 분비 탓이다. 나이가 들어 신경회로가 안정되면 비교적 자극에 적절하게 반응하다가 장년기를 지나 노년기에 접어들면서 자극에 무뎌져 도파민이 쉽게 분비되지 않는다.

나이 든 사람들이 매사 무덤덤해지는 이유가 여기에 있다. 이 부위는 동기부여와도 밀접한 관련이 있다. 일단 마음이 즐거워야 움직여볼 의지가 생긴다. 살아가는 데 즐거움이라곤 없고 의욕이 심각할 정도로 떨어져버리면 정신질환 중에서 조현병이나 기분장애 등이 나타날 수 있다.

잠자는 오감을 깨워 도파민하라

유엔이 발표한 2018년 국가행복지수를 보면 한국은 156개국 중 57위다. 상당히 낮은 수준이다. 게다가 우리나라는 몇 년째 자살률 세계 1위라는 불명예에서 벗어나지 못하고 있다. 인구 10만 명당 24.3명, 하루 평균 35명이 자살하고 있다. 지금도 41분마다 1명씩 자신의 목숨을 스스로 끊고 있다는 말이다. 자살은 한국인의 전체 사망원인 1위인 암과 2, 3위인 뇌혈관질환, 심장질환에 뒤이어 4위를 차지한다. 더 심각한 것은 20대와 30대에서는 자살이 사망원인 1위라는 점이다. 왜 우리는 스스로 행복하지 않다고 여길까?

원인은 스트레스에 있다. 한국인은 연령대를 불문하고 너무나 많은 스트레스에 노출되어 있다. 어린 시절부터 계속된 끝없는 경쟁은 우리를 심각한 스트레스 상태로 내몬다. 그야말로 일상생활이 스트레스의 연속이다. 직장을 포함한 사회생활 속의 복잡한 인간관계와 업무 스트레스가 끊임없이 이어진다.

스트레스는 개인이 행복을 느끼기 어렵게 할 뿐 아니라 정신질환을 유발하는 매우 큰 환경적 요인이기도 하다. 스트레스에 쉽게 노출된 우리나라 국민 4명 중 1명은 일생에 한 번 정신질환에 걸릴 수 있다는 통계 수치가 있다. 이 역시 다른 나라와 비교했을 때 상당히 높은 편이다.

몸과 마음의 건강에 치명적인 스트레스를 줄이고 더 행복하고 건강하게 살 수 있는 방법은 없는 것일까? 인간의 행복에는 어떠한 조건이 필요한 것일까? 최근 하버드대 정신과 교수이며 인간의 발달, 성공적인 노화, 행복을 평생 연구해온 조지 베일런트 교수가 70여 년의 연구를 토대로 7가지 행복의 조건을 제시했다. 고통에 대응하는 성숙한 방어기제, 교육, 안정된 결혼생활, 금연, 금주, 운동, 적당한 체중이 바로 그것이다.

베일런트 교수가 첫 번째로 꼽은 '고통에 대응하는 성숙한 방어기제'는 한 개인이 고통을 당했을 때 성숙하게 대처하는 정도를 의미한다. 나머지 6가지와 비교해볼 때 가장 어려운 조건이라고 할 수 있다. 그러나 베일런트 교수는 '삶의 고통을 진심으로 받아들이고 겸손한 자세를 유지하는 것이 행복한 삶의 열쇠'라고 말한다. 결국 살면서 겪는 고통과 시련을 감내할 내성을 키워야 한다는 뜻이다.

인간은 누구나 행복하기를 원한다. 돈, 명예, 권력에 가치를 두고 그것을 내 것으로 만들기 위해 평생 노력한다. 그러나 돈, 명예, 권력이 주는 성취감은 잠시뿐이다. 만족감이 그리 오래가지 않는다.

진정으로 만족하고 성공한 삶을 누리기 위해서는 어떻게 해야 할까? 우선 순간순간 자신의 존재감을 느낄 수 있도록 오감을 깨워야 한다. 매일 반복되는 일상적 일이라고 해도 다른 차원에서 새롭게 받아들이면서 어제와 다른 오늘의 나를 스스로 만들어나가야 한다. 단계별로 목표를 정하고 한 단계 올라갈 때마다 기쁨을 느끼며 다음 단계로 오르기 위해 노력한다면 결과와 상관없이 행복을 느낄 수 있다.

진부한 말처럼 들리겠지만 행복은 의외로 가까이에 있다. 추상적인 의미가 아니라 실제적인 의미에서 그렇다. 행복은 바로 우리 머릿속에 있으니까 말이다. 뇌 속 도파민을 분비하기 위해 소소하지만 끊임없이 뇌를 일깨우자. 그 과정이 바로 내가 스스로 행복해질 수 있는 길이라는 사실을 잊지 말자.

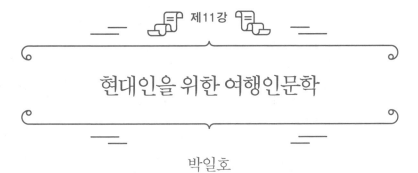

현대인을 위한 여행인문학

박일호

길 위에서 책 읽기를 꿈꾸는 서평가. 경제단체에서 교육연수 관련 일을 하며 오랫동안 '회사원 서평가'로 살았다. 나이 마흔아홉이 되던 해 봄, 21년째 다니던 직장에 사표를 내고 한 달 동안 인도와 네팔을 돌아다녔다. 인도 기행 서평집《끌리거나 혹은 떨리거나》와 경제경영 서평집《경제는 살아있는 인문학이다》를 썼다. 인문낭독극연구소를 운영하며 서울시 50플러스캠퍼스, 기업, 도서관에서 인문학 강의를 하고 있다.

사람들은 왜 떠나려고 하는 걸까

카페에 앉아 있다가 주위가 소란스러워 둘러본다. 이웃 자리까지 목소리가 건너가는 것도 잊고 삼삼오오 둘러앉아 이야기꽃을 피우는 사람들이 있다. 십중팔구 화제는 여행 다녀온 자랑이다. 갑자기 궁금증이 생긴다. 사람들은 왜 그토록 떠나지 못해 안달인가? 여행은 인간의 삶에 어떤 영향을 미치는가? 현대사회를 살아가는 데 왜 '여행자 정신'이 필요한가?

일중독 사회에서
소확행으로

스피노자 식으로 말하면 여행이 그만큼 우리에게 많은 기쁨을 주기 때문일 것이다. 여행은 도피이자 탐색이며 탈출이자 추구다. 매일 반복되는 일상에 지치고 힘이 들 때 사람들은 여행을 떠난다. 그러나 부푼 기대를 안고 떠난 여행이 마음처럼 호락호락하지만은 않다. 시간과 비용을 들여 멀리 떠나왔건만 즐거운 경험과 추억만 있는 건 아니다. 불평과 불만을 안고 돌아오는 경우도 적지 않다.

사실 여행은 그렇게 만만하고 편안한 행위가 아니다. 여행을 뜻하는 영어 'Travel'의 어원은 'Travail'이다. 일과 노동, 고난을 뜻하는 단어다. 그래도 사람들은 꾸역꾸역 배낭을 싼다. 집 나오면 몸이 고생이지만 집을 안 나오면 마음이 고생이라도 되는 듯이 말이다. 아마 삶의 쉼표가 필요해서일 것이다.

인생의 종착역인 마침표는 여러 개의 쉼표와 물음표, 그리고 느낌표를 거쳐 다다르는 곳이다. 움베르토 에코 식으로 말하면 그래야 비로소 아득한 영혼의 미로에서 길을 잃고, 생각지도 못한 새로운 영혼과 마주친다. 과거로 떠나는 그리움이 아니라 미래로 향하는 그리움도 있음을 말해주는 것이 여행 아닐까. 프랑스의 작가 외젠 다비가 한 말도 그런 뜻이리라. "세계는 한 권의 책이다. 여행하지 않는 사람은 그 책을 한 쪽밖에 읽지 못한 셈이다."

현대인은 놀이와 휴식을 비생산적으로 바라보는 경향이 있다. '내가 이렇게 놀아도 되나'라는 불안감과 죄의식을 느끼기까지 한다. 그러다 보니 여행지까지 노트북을 싸 들고 가서 일을 하거나, 혹은 하는 척해야 마음이 편해진다. 이 정도면 일중독이다. 일중독 권하는 대한민국에서는 여행조차 일을 닮아간다.

그러나 여행의 패턴이 빠르게 변하고, 관련 시장도 큰 폭으로 성장하고 있다는 점은 분명하다. 2018년 우리나라 해외여행 인구는 거의 3천만 명에 육박했다. 이렇게 여행 인구가 늘어난 가장 큰 요인 중 하나는 달라진 사회 분위기다. 저출산, 소득수준 향상, 주 52시간 근무제 등으로 여가시간이 늘어나면서 놀 수 있는 분위기가 만들어졌고, 단순히 즐기는 것이 아니라 여가의 질을 따지기 시작하게 되었다.

2018년경 젊은 층을 중심으로 우리 사회를 휩쓴 트렌드가 있었으니, '워라밸(일과 삶의 균형)'과 '소확행(소소하지만 확실한 행복)'이다. 경제가 저성장 기조로 돌아서고 풍요로운 사회에 대한 기대가 낮아지면서 내 주변에서 작지만 확실한 행복을 추구하는 경향이 커졌다. 웰빙에서 힐링으로, 힐링에서 욜로YOLO로 사람들의 인식이 바뀐 것이다. 욜로는 'You Only Live Once'의 첫 글자를 딴 말이다. 직역하면 '인생은 오직 한 번 뿐'이라는 뜻이다. 한 번뿐인 인생, 지금 이 순간을 충분히 즐겨야 한다는 의미를 담고 있다. 그러더니 이제는 소확행이다. 사람들은 무지개 너머가 아니라 바로 내 곁에 있는 파랑새를 찾는다. 다른 말로 하면 '더 작게, 그러나 더 좋게' 정도라고 할까.

여행도 마찬가지다. 세계일주 같은 거창한 목표를 세워 멀리 오래 떠나기보다는 가까운 곳에 부담 없이 자주 다녀오는 여행이 대세가 되었다. 트렌드도 다양해졌다. 과감하게 혼자 떠나는 '혼행'을 택하고, 나아가 '한 달 살기'도 시도한다. 자연경관이 뛰어난 제주도나 가까운 동남아시아에서 자신에게 집중할 수 있는 멈춤의 시간을 확보하고 느리게 살기를 실천하는 것이다. 이는 젊은이들만의 얘기가 아니다. 백세시대를 맞아 시니어 세대가 여행을 바라보는 시선도 달라졌다. 2016년 통계청 자료에 따르면, 우리나라 65세 이상 고령자들 가운데 절반인 51퍼센트가 주말이나 휴일에 가장 하고 싶은 활동으로 관광(여행)을 꼽았다.

몇 해 전 UN이 새로 평생연령 기준을 발표했는데, 이에 따르면 18세에서 65세까지가 청년에 속한다. UN의 기준에 따르면 66세가 되어야 겨우 중년 소리를 들을 수 있다. 인류 역사상 백세시대를 처음 겪는 지금의 시니어들은 일견 반가우면서도 고민이 깊을 수밖에 없다. 게다가 백세시대에는 현재 나이에 0.7을 곱해서 나오는 숫자가 실제 체감하는 나이란다. 이 계산법대로라면 40세는 28세, 50세는 35세, 60세는 42세가 된다. 인생 후반전에 대한 인식의 변화가 시니어 여행 시장의 활력과 무관하지 않다는 뜻이다. 여기서 분명한 것은 백세시대는 더 이상 '참고' 사는 세대가 아니라 많은 것을 '하고' 사는 세대라는 점을 모두가 인정하게 되었다는 점이다.

역마살 혹은 방랑의 유전자

우리는 모두 여행하는 인간이다. 프랑스의 철학자 가브리엘 마르셀은 이런 인간의 모습을 두고 '호모비아토르Homo Viator', 즉 떠도는 인간, 여행하는 인간이라 정의했다. 여행 채널에서 오지를 탐험하다 목숨이 위태로울 정도로 위험에 빠지는 장면을 보거나, 온몸에 파스를 덕지덕지 바르고 발 곳곳에 반창고를 붙여가며 배낭여행을 하는 사람들을 보면 본인이 좋아서 하는 일이지만 안쓰럽다는 생각부터 든다. 안나푸르나 트레킹 도중에 고산병으로 쓰러져 헬기에 실려 산 아래로 내려오는 사람들도 마찬가지다.

물불 안 가리고 여행을 떠나는 성향은 사주에서 역마살을 타고났기 때문이라고 말한다. 역마살은 한곳에 머물러 지내지 못하고 늘 분주하게 떠돌아다니는 액운을 가리킨다. 나도 한때 얼치기로 명리학을 배우면서 내 사주에 '사巳'와 '인寅'이 있어서 그런 모양이라고 생각했지만 여전히 긴가민가하다.

그런데 실제로 1995년 이스라엘의 리처드 엡스타인Richard Epstein 박사 팀은 '방랑자 유전자'로 불리는 'DRD4'라는 유전자가 새로움을 추구하는 성향과 깊이 연관되어 있다는 연구 결과를 발표했다. 인류가 대이동을 하면서 가장 먼 곳에 정착했던 남아메리카인들은 이 유전 형질을 가장 많이 가지고 있는 데 반해 아프리카인들은 가장 적게 가지고 있다는 사실도 함께 알아냈다.

이렇게 여행을 하며 사서 고생하는 이유가 뭘까? 생텍쥐페리의 《어린 왕자》를 40여 년 만에 다시 읽다가 나는 해답을 찾았다. 책에서 어린 왕자는 기차를 타고 바쁘게 오가는 승객을 보며 철도원에게 그들이 무얼 찾으러 가는 거냐고 묻는다. "자기가 사는 곳이 마음에 들지 않나 보죠?"라고 묻는 어린 왕자에게 철도원은 "자기가 사는 곳이 마음에 드는 법은 없다"라고 대답한다. 그렇다. 자기가 사는 곳, 혹은 머무는 곳이 아주 마음에 든다면 사람들은 굳이 여행을 떠나지 않을 것이다. 그런데 이걸로는 뭔가 설명이 부족하다.

더 넓고 비옥한 땅을 향한 본성

여행은 단순한 관광이나 휴식의 의미를 넘어선다. 본디 인간에게 삶은 곧 여행이라는 말이 있을 정도로 여행은 가장 큰 욕망이자 생존법이었다. 인류의 여행은 농경생활을 시작하기 전, 즉 더 나은 조건을 갖춘 땅을 찾아 끊임없이 이동했던 유목생활에 기원을 두고 있다. 첫 인류는 지금처럼 세계 각 대륙에 골고루 분포하지 않았다.

20만 년 전 풍요로운 아프리카 초원에 호모사피엔스가 살기 시작했다. 하지만 13만 년 전 큰 가뭄이 찾아와 초원이 말라가면서 생존을 위해 새로운 땅을 찾아 나서야 했다. 시작은 아프리카였지만, 발길은 지구라는 땅덩이를 온통 헤집고 다녔다. 아라비아반도, 인도 남동쪽, 오세아니아 대륙, 아시아 및 시베리아 지역까지 이르렀던 그들은 급기야 아메리카를 지나 남아메리카 대륙까지 나아간다. 장장 19만 년에 걸친 긴 여행이었다. 같은 시대를 살았던 네안데르탈인, 호모에렉투스, 호모플로레시엔시스 등은 변화를 꺼리고 특정한 환경에서 살아가기를 고집해 멸종한 반면, 호모사피엔스는 낯선 땅으로의 이동을 마다하지 않았다. 그래서 살아남았을 것으로 추정한다.

호모사피엔스의 거칠 것 없는 역마살이 없었더라면 지금 인류사는 존재하지 않았을 것이다. 그 뒤 문명을 이루고 나서도 인류가 행한 여행은 지금처럼 관광이나 여흥이 아닌 탐험이나 모험에 가까웠고, 약탈이나 전쟁의 모습을 띠기도 했다. 1만 년 전까지만 해도 인간 역시 야생동물과 같았다. 수십만 년 동안 광활한 초원에서 하루 3만 보 이상을 걷거나 뛰었다. 인간이 늘 여행을 갈망하는 이유는 이 같은 본성을 외면하고 비좁은 환경에 억지로 맞추며 살아왔기 때문 아닐까. 넓고 먼 곳을 동경하는 마음이야말로 인간이 떠나고 싶어 하는 이유를 잘 설명해준다.

유통기한을 늘리는 인문여행법

피터 드러커, 톰 피터스와 함께 세계 3대 경영 구루로 일컬어지는 오마에 겐이치는 인간을 바꾸는 방법은 오직 세 가지뿐이라고 했다. 시간을 달리 쓰는 것, 사는 곳을 바꾸는 것, 새로운 사람을 사귀는 것. 가만히 생각해보면 여기에 딱 들어맞는 게 여행이다.

길 위에
나만 있기

여행이 개인의 생각과 운명을 바꾸고 역사를 움직이는 동력으로 작용한 사례는 흔하다. 콜럼버스의 신대륙 발견 여행, 다윈의 비글호 여행, 체 게바라가 모터사이클로 남미를 일주했던 여행 등을 논외로 하더라도 셀 수 없이 많다. 흥미로운 사례를 찾기 위해 멀리 갈 것도 없다. 하워드 슐츠 전 스타벅스 회장은 1983년 이탈리아 밀라노를 여행하면서 우연히 들른 에스프레소 바에서 스타벅스 창업 아이디어를 떠올렸다고 한다. 새로운 장소가 창의적인 정신을 불러일으킨 사례다.

또 누군가는 여행이 간격의 미학이라고 말했다. 고민이 깊은 만큼 멀리 가야 하고, 필요한 만큼 멀리 가야 한다고 말이다. 여행은 불필요한 연결에서 자유로울 수 있는 절호의 기회다. 여행은 눈부신 삶을 위한 첫걸음이다.

> 누가 여행을 돌아오는 것이라 틀린 말을 하는가
>
> 보라, 여행은 안 돌아오는 것이다
>
> 첫 여자도 첫 키스도 첫 슬픔도 모두 돌아오지 않는다
>
> 그것들은 안 돌아오는 여행을 간 것이다
>
> 얼마나 눈부신가
>
> 안 돌아오는 것들
>
> — 이진명의 시 〈여행〉 중에서

오직 길 위에 나만 있기. 그러다 가끔씩 길을 잃어도 괜찮다. 누군가 그랬다. 관광객은 자신이 어디에 와 있는지 모르고, 여행자는 자신이 어디로 가야 하는지 모른다고. 여행은 자주 멈추고 자꾸 뒤돌아보게 만든다. 이름 모를 간이역을 지나칠 때마다 낯선 전율과 흥분이 눈을 찌른다. 발걸음이 더뎌지는 대신 감상은 농밀해진다. 옆자리가 비어 있는 모습을 볼 때는 새삼 외로움이 더해진다. 그래서 기어코 휴지 한 장을 더 꺼내

빈자리의 먼지까지 닦게 만든다. 하나는 적지만 둘은 많은 게 여행 아닌
가. 때로는 비어 있는 자리가 더 많은 말을 건넨다. 빈자리와 대화를 나
누는 데 익숙해지는 게 여행이다. 불안과 주저와 한숨이야말로 살아 있
다는 증거 아니겠는가.

공감과 소통을 전제로 한
착한 여행

　　　　　　　누군가의 삶을 대신 변명해주거나 먼저 울어주
는 사람을 작가라고 해보자. 그렇다면 여행자는 지금 여기 옹졸하고 비
루한 삶을 피해 낯선 곳으로 떠나는 이유에 대해 자기 자신을 설득하고
변명하는 데 능한 사람이라고 할 수 있지 않을까.

　2006년 노벨문학상 수상 작가인 터키 출신의 오르한 파묵이 '두 번째
세계'에 대해 말한 적이 있다. '첫 번째 세계'가 당장 눈앞의 현실, 경쟁,
효율성 등을 추구하고 이 원리에 맞춰 살아가는 세계라면, '두 번째 세
계'는 그런 것과 상관없는 자신만의 비밀스러운 세계를 말한다. 눈에 보
이지 않는 이 두 번째 세계를 찾아 헤매는 대표적인 사람이 여행자다. 세
상에는 아직 경탄할 만한 것이 남아 있다고 믿는 족속이고, 감탄하는 능
력을 잃지 않은 사람들이다. 마르셀 프루스트가 "여행은 새로운 풍경을
보는 것이 아니라 새로운 시야를 갖는 것이다"라고 말한 것처럼 여행은
그 자체로 훌륭한 커리큘럼을 갖춘 이동식 인문학교다.

여행은 무엇보다 사람들끼리 어울려 사는 데 가장 필요한 눈치와 소통 방식을 가르쳐준다. 여행을 하다 보면 언어를 몰라서라기보다 눈치가 없거나 상대방을 이해하고 배려하는 능력이 떨어져 어려움을 겪을 때가 더 많다. 시인이자 여행작가인 이병률은 "낯선 곳으로 여행을 갔을 때 제대로 말이 통하지 않으면 똑같이 생긴 뭔가를 두 개 산 다음, 마음을 담아 그중 하나를 건넨다"라고 했다. 그러면 둘은 이내 친구가 된다고 한다.

세계가 100명의 마을이라면 국외로 여행할 수 있는 사람은 14명에 불과한 것이 현실이다. 그나마 유럽인이 대다수고 아프리카, 남아메리카, 중동 사람들은 1명에 불과하다. 우리는 해외여행이 비교적 쉬운 현실에 감사해야 한다. 좋은 여행지를 찾기 전에 먼저 좋은 여행자가 되도록 노력해야 한다.

삶의 질을 높이고 기쁨을 배가하는 좋은 여행만 있는 것은 아니다. 자칫 먹고 마시고 노는 일정이 전부인 나쁜 혹은 이상한 여행도 있다. 대개 내가 여행하는 곳이 누군가의 삶의 터전임을 잊고 있을 때 생기는 현상이다. 다국적 기업의 체인호텔이 들어서며 현지인의 생활양식을 송두리째 바꿔놓는 방식이 그렇다.

이제 여행은 갈수록 대규모 자본에 휘둘리며 상업적 양상을 띤다. 무차별적으로 글로벌화되면서 지구촌 곳곳이 몸살을 앓고 있다. 아름다운 물의 도시 베네치아는 지나친 관광화로 몸살을 앓고 있다. 가정집은 호텔로 바뀌었으며, 마땅한 일자리라곤 곤돌라 뱃사공 자리뿐이다. 부동산 가격이 폭등해 가게가 문을 닫자 주민들 역시 삶의 터전을 떠나고 있다. 낭만과 환상여행의 대명사 호화 크루즈는 엔진 공회전으로 엄청난 공해를 유발하고, 바다에 막대한 양의 오염물질을 쏟아낸다. 그렇다고 지역 주민이 관광 수입으로 덕을 보는 것도 아니다. 현지의 술과 음식을 배 안에 반입하지 못하게 해 대부분의 소비는 지역이 아닌 선내 레스토랑과 상업시설에서만 이루어진다.

다행히도 여행을 단순히 낭만적인 이미지로만 소비하려는 생각에서 벗어나 여행자, 도시, 지역민 모두에게 이로운 지속 가능한 여행을 추구하려는 사람들이 늘고 있다. 대표적인 것이 '착한 여행'으로 불리는 공정여행과 생태여행이다. 공정여행은 현지에서 생산되는 것을 합리적인 가격으로 구매해 지역경제에 도움을 주자는 취지를 담고 있다. 생태여행은 지역의 자연과 환경을 파괴하지 않으면서 청정여행을 하는 것을 목표로 삼는다. 이처럼 누군가의 여행지가 어떤 이의 삶의 터전임을 잊지 않는 공생과 배려의 정신, 그리고 몸이 조금 불편해지더라도 마음이 그만큼 편해지는 공감과 소통의 여행이 필요하다. 그게 유통기한을 늘리는 인문여행 정신의 본질이다.

모든 여행을 위한
7가지 팁

서재에 있다가 운동화 끈을 동여매고 막 밖으

로 나온 사람의 상기된 볼을 사랑한다. 배낭을 꾸리며 가져갈 책을 고르느라 이마에 주름을 만드는 사람에게 부러운 시선이 가는 건 어쩔 수 없다. 여행을 못 떠나는 이유는 딱 두 가지라고 한다. 살찐 소파, 그리고 핑계. 핑계로 돈을 번 사람은 가수 김건모밖에 없다. 그러니 보들레르처럼 여행을 떠나자. "어디로라도! 어디로라도! 이 세상 바깥이기만 하다면!" 이왕 떠나는 여행이라면 몇 가지 팁은 알고 갈 필요가 있다.

1. 외국어 공포증을 극복하자. 여행할 때 영어보다 더 필요한 것은 상식과 눈치다. 자신의 영어 실력이 정 미덥지 못하면 중·고등학교 때 달달 외웠던 영어 참고서에 실린 의문문 50개만 입에 붙이고 가라. 그러면 자신감이 생긴다. 대개는 영어로 답하는 것보다 질문하는 게 어렵기 때문이다. 여기서 중요한 점은 여행자는 돈을 쓰러 가지 벌러 가는 게 아니라는 것이다. 뭔가를 팔려는 사람은 친절하고 느린 영어로 반복해서 말하기 마련이다.

2. 사진보다 소리를 담아 오자. 여행은 증거를 남기기 위해서가 아니고 기억을 남기기 위해 가는 것이다. 사진을 찍는 데 열중하다 보면 정작 풍광과 사람을 놓치기 쉽다. 인터넷에는 내가 찍은 사진보다 수십 배 잘 찍은 사진이 넘쳐난다. 사진 찍느라 시간을 낭비하지 말고, 그 대신 공항과 시장, 거리 등 현지의 이국적인 소리를 스마트폰에 담아보자. 돌아와 들어보면 여행의 추억을 수시로 호출할 수 있다.

3. 배낭을 꾸리며 미니멀 라이프를 시험해보자. 이민을 가는 게 아니

라면 단출한 배낭 꾸리기가 여행의 시작이다. 넣을까 말까 망설여진다면 빼라. 그래도 별문제 없다. 꼭 필요한 물건만 담아가는 기술을 반복하다 보면 어느새 미니멀 라이프를 실천하는 자신의 모습에 흐뭇해지는 경험을 할 수 있다.

4. 지도책을 반려북으로 삼고 자주 들여다보자. 어릴 때 학년이 바뀌면서 지난 교과서를 처분하고 새 교과서를 받고 기뻐했던 기억이 있을 것이다. 왜 그랬는지 모르겠지만 그때 끝까지 버리지 못하고 책꽂이에 남겨놓은 책이 지리부도였다. 그걸 버리기라도 하면 내가 끌어안고 살던 세계를 몽땅 잃어버리기라도 하듯 말이다.

5. 여권을 애인처럼! 여행지에서 여권을 잃어버린다면 그런 낭패가 따로 없다. 여행을 떠나는 순간부터 막 새로 사귄 애인처럼 여권을 대해야 한다. 여권을 안전하게 갖고 다니기 위해서는 자주 꺼내야 하는 지갑 같은 다른 물건과 여권을 따로 보관하는 게 중요하다. 나는 일명 '건빵 바지'라고 불리는 카고 바지에 여권을 넣는다. 양옆에 덮개가 달린 호주머니가 붙어 있어 여권을 안전하게 넣고 다니기에 적당하다. 카키, 블루, 베이지색으로 구색을 갖췄을 정도다.

6. 첫째도 둘째도 셋째도 안전! 돌아와야 여행이다. 안 그러면 실종이다. 범죄 표적에서 벗어나는 방법 중 하나는 현지어로 된 잡지를 바지 뒷주머니에 꽂고 다니는 것이다. 적어도 현지에서 오래 산 사람처럼 보여 뜻밖의 효과를 거둘 수 있다.

7. 여행하기 좋은 때는 따로 있다? 여행하기 좋은 계절은 1, 2, 3, 4, 5,

6월이다. 그리고 7, 8, 9, 10, 11, 12월이다. 사랑하기 좋은 때가 따로 정해져 있지 않듯 여행하기 좋은 때 역시 따로 있지 않다는 뜻이다.

읽고 쓰기 위해 떠나는 여행

주위에 간혹 그런 사람이 있다. 한동안 얼굴이 뜸해 물어보면 어디 먼 곳으로 여행을 다녀왔단다. 그런데도 SNS에 그 흔한 여행의 흔적도 없고, 여행을 다녀오면 으레 나오게 마련인 과장이나 무용담도 없다. 가서 뭐 했냐고 물으면 책을 읽거나 밀린 잠을 실컷 자고 왔다고 한다. 몇 번 그런 일이 반복되다 불쑥 자신의 이름으로 된 책을 세상에 내놓는다. 부럽고 샘나는 일이다.

직접 여행이 아니어도 취향이면 오케이

백세시대다. '오래' 말고 '많이' 사는 법을 찾는 다면 나는 단연코 독서와 여행을 꼽겠다. 둘은 닮은 데가 많다. 여행이 국경을 넘는 일이라면 독서는 경계를 넘는 일이다. 그렇다고 허구한 날

여행을 떠날 수는 없는 게 현실이다.

오늘날 우리는 여행도 지나치게 '소비'하는 방식을 택한다. 어딜 가야만 발견하고 무얼 해야만 행복하다고 생각한다. 많은 이들이 찾는 핫플레이스에 집착하거나 남들이 하는 이벤트를 따라 하는 방식은 분명 병폐에 가깝다. 우리가 여행을 시작해야 할 곳은 외부가 아니라 우리 내부, 먼 곳이 아니라 가까운 곳 아닐까.

여행에도 필요충분조건이 있다. 누군가가 이것을 $T = f(t, m, s)$라고 수학에서 사용하는 함수로 설명하는 것을 보았다. 짐작하겠지만 여기서 T는 Travel, t는 time, m은 money, s는 stamina를 가리킨다. 문제는 이 세 가지 자원 중에서 여행자가 가장 적게 가진, 즉 최소자원이 전체 여행의 틀을 결정한다는, 이른바 '최소자원의 결정법칙'이다. 예를 들면 시간과 돈이 아무리 많아도 체력에 문제가 있으면 멀고 긴 여행을 선택하기 쉽지 않을 것이다.

그 반대도 마찬가지다. 여러 가지 사정상 '여행을 못 가는 사람'이 훨씬 많다. 혹은 소신 때문에 '여행을 안 가는 사람'도 간혹 있다. 여행문학의 대가 폴 서루는 "비행기 여행은 마치 치과에 가는 것과 같다. 심지어 의자도 말이다"라고 말했다. 이처럼 체질적으로 비행기 타는 것을 싫어하는 경우도 더러 있다. 대개 그런 사람은 "독서는 앉아서 하는 여행, 여행은 서서 하는 독서"라는 말을 신봉하며 여행 대신 책을 택할 확률이 높다. 즉 여행을 안 가는 것이 아니라 다른 방식의 여행을 이미 충분히 하고 있는지 모른다. 세계여행을 떠나는 대신 쥘 베른의 《80일간의 세계일주》를 먼저 찾을 테고, 북경에 가서 만리장성을 오르기보다 카프카의 단편 〈만리장성의 축조 때〉를 집어 들 것이다. 확실히 어떤 책은 여행이 가져다주는 이런저런 수고스러움과 번잡함에서 벗어나 저렴한 비용으로 탁월한 여행 효과를 누리게 해준다.

여행과 평양냉면의 공통점은? 답은 취향이다. 취향이 아니라는데도 굳이 권하면 안 된다. 멋들어진 온갖 풍광을 구글맵의 로드뷰로 다 보는 세상이다. 불의 땅이자 얼음의 땅이라고 하는 아이슬란드를 굳이 꼭 가봐야 하나 싶은 생각이 들 수도 있다. 헤밍웨이의 여인들을 보기 위해 쿠바의 수도 아바나까지 굳이 갈 필요가 있을까(물론 가도 된다. 취향이니까). 여행의 기술 이전에 삶의 기술이라면 이 역시 존중해주면 된다.

"세상 도처에서 쉴 곳을 찾아보았으되, 마침내 찾아낸, 책이 있는 구석방보다 나은 곳은 없더라." 움베르토 에코의 소설 《장미의 이름》에 나오는 말이다. 내친김에 18세기 프랑스 작가 그자비에 드 메스트르가 쓴 《내 방 여행하는 법》도 추천한다. '세상에서 가장 값싸고 알찬 여행을 위하여'라는 부제처럼 아예 집 안에서만 여행한 이야기를 책으로 묶었다.

사실 이 책에는 사연이 있다. 당시 금지된 결투를 벌였다가 42일간 가택 연금형을 받은 저자는 무료함을 달래기 위해 자기만의 집 안 여행을 시작한다. 책으로 낼 마음이 없었는데, 읽어보라며 형에게 원고를 보냈더니 형이 익명으로 책을 출간해버렸다. 출간하자마자 베스트셀러가 되었고, 나중에는 도스토옙스키, 니체, 프루스트, 카뮈, 보르헤스 등 쟁쟁

한 작가들에게 영감을 주는 작품이 되었다.

여행자의 손에
쥐여주고 싶은 책

　　　　　　　　여행서가 문학 장르로까지 진화했다. 가이드북에만 의존하지 말고 다양한 여행서를 참고하면 좋다. 여행을 주제로 한 시나 소설, 혹은 정보와 감성이 어우러진 여행산문집을 찾아 읽으면 더 풍성하고 깊은 여행을 하는 데 도움이 된다.

　시는 여행지에 대한 상상력을 높일 수 있다. 함축적이지만 상징적인 의미가 농축된 시를 읽으면 사색과 상상의 여지가 더 커진다. 거리의 역사시인으로 불리는 서효인의 시집 《여수》는 여수, 곡성, 강릉, 남해, 강화, 목포, 진도, 서귀포 등 저자가 스쳐 지나간 공간을 두고 과거와 현재, 사적인 기억과 공적인 역사를 함께 불러낸다.

　국내 유명 작가들이 해외 도시를 배경으로 쓴 단편소설집 《도시와 나》는 여행과 문학을 보기 좋게 묶어낸 좋은 예다. 가는 곳이 섬이라면 단연코 장 그르니에의 《섬》을 가져가기를 추천한다. 스승인 그르니에의 산문집에 알베르 카뮈가 쓴 서문은 너무나 유명하다. 200쪽도 되지 않아 배낭에 넣어가기에도 적당하다.

　만약 사막을 간다면 《방랑자 선언》이 있다. 저자 블랑쉬 드 리슈몽은 프랑스의 철학자이며 저널리스트이자 연극배우라는 독특한 이력을 지녔다. 15살 남동생이 자살로 스스로 세상을 버리자, 그 충격에서 벗어나기 위해 살아 있을 이유를 찾아 12년간 사막을 방랑한 이야기를 담았다.

인류가 우주를 탐사하는 이유는 지구를 사랑하지 않아서가 아니라 지구 밖에서도 배우고 싶기 때문이다. 우리가 여행을 하다가 차에 기름을 넣기 위해 주유소에 들르더라도 주유소가 우리 여행의 종착지는 아니지 않은가. 여행을 통해 인생의 지도를 발견하고 싶은 모든 잠재적 여행자라면 타이완의 유명한 여행작가 란바이퉈가 쓴《돌아온 여행자에게》같은 여행산문집도 좋다.

우리 민족의 시원을 찾기 위해 많이 가는 바이칼 호수라면《희망의 발견: 시베리아의 숲에서》를 읽고 가면 좋다. 프랑스 문단의 '헨리 데이비드 소로'라 불리는 에세이스트 실뱅 테송이 바이칼 호숫가의 숲속 오두막에서 6개월 동안 홀로 생활하며 남긴 은둔의 기록이다.

나는 일본의 전설적인 여행가 후지와라 신야가 쓴《티베트 방랑》을 읽고 티베트를 다녀왔다. 북경에서 티베트의 수도 라싸까지 꼬박 이틀을 달리는 열차에서《중국의 거대한 기차》를 읽었다. 중국에서 티베트까지 연결되는 철도를 주제로 중국의 티베트 정책에 얽힌 부조리를 고발한 책이다.

사진과 영상이 판치는 시대에 책이나 텍스트를 말하는 이유가 따로 있다. 상상력을 자극하는 인터넷과 결합된 강렬한 이미지가 오히려 상상력의 세계를 억압한다. 이미지가 너무 분명하고 강렬하다 보니 차별성이 사라진다. 오히려 상상력이 위축되는 아이러니가 생긴다. 사진이나 영상은 왜곡성을 지니고 있고, 편집 등의 가공을 거쳐 전혀 다른 고정관념을 만들어낼 위험성도 있다. 반면 활자는 이미지가 분명하지 못하고 모호해 읽는 사람마다 저마다의 상상력을 피워 올린다. 아직 접하지 못한 곳을 직접 보고 느끼며 현실 너머를 들여다보기 위해 떠나는 게 여행이다. 이런 면에서 독서라는 방식은 이보다 더 어울릴 수 없다.

다시 말하지만 여행의 유통기한을 늘려주는 것은 사진보다는 글이다. 그러나 인터넷과 SNS에 감상 위주의 여행기가 난무하다 보니 '일기장과 구별이 안 된다' '공해 수준이다'라는 혹평을 듣는 경우가 적지 않다. 단순한 여행기를 넘어 책과 여행이 어우러진 기행서평 쓰기를 추천한다. 책이 등을 미는, 그리고 길동무가 되어주는 여행이 있다. 책은 여행을 북돋우고 여행은 책을 위무하는 그런 완성도 높은 기행서평을 써서 블로그나 SNS에 올려보자. 눈 밝은 편집자의 호출을 받게 될지 누가 알겠는가.

서평(북 리뷰)은 내가 가장 주력하는 글쓰기 장르다. 오랫동안 직장생활을 하며 회사원 서평가로 살았다. 마흔아홉이 되던 해 봄, 21년 동안 다니던 직장에 사표를 내고 한 달 동안 인도를 여행했다. 여행에서 돌아와 인도기행 서평집《끌리거나 혹은 떨리거나》를 냈다. 베스트셀러가 될 '뻔'했던 책. 하지만 기행서평이라는 장르에 관심을 갖게 만들기에는 충분했다.

인도에서 만난 책 그리고 여운

삶을 송두리째 다 잃지 않기 위해 얼마간의 삶을 바치는 것은 당연하다고 말한 사람이 아마 알베르 카뮈였지. 나아가며 뒤돌아보는 것은 용기이고, 뒤돌아보며 나아가는 것은 지혜라고 했던가. 계속 살아가기 위해서는 잠시 걸음을 멈추고 뒤를 돌아보는 시간이 필요하다는 생각이 들었다. 가능한 한 멀리, 그리고 오래 머물 수 있는 항공권을 구하고 보니 인도였다. 서둘러 짐을 꾸렸다. 불룩해진 배낭에서 옷가지를 빼고 후지와라 신야의 《인도방랑》을 챙겨 넣었다.

> '여행'은 무언의 바이블이었다. '자연'은 도덕이었다. '침묵'은 나를 사로잡았다. 그리고 침묵에서 나온 '말'이 나를 사로잡았다. 좋게도 나쁘게도, 모든 것은 좋았다. (중략) 걸을 때마다 나 자신과 내가 배워온 세계의 허위가 보였다.
>
> － 《인도방랑》 중에서

아유르베다를 만나고
떠올린 책 한 권

인도 여행 열흘째. 로맹 가리가 어느 소설에서 '영혼을 반환하러 가는 곳'이라고 표현한 바라나시에 닿았다. 기차에서 내리자마자 인도인들이 어머니처럼 여기는 갠지스강으로 향했다. 막 물속에서 걸어 나오는 한 사내를 만났다. 젖은 몸이 햇빛을 받아 고기비늘처럼 빛났다. 긴 머리칼과 갈색 눈동자. 인도인은 아닌 듯했다.

"어디서 왔니?"

"러시아."

"언제 왔니?"

"좀 전에."

"인도엔 왜 온 거니?"

"……."

"아, 미안! 이미 인도에 온 사람한테 그런 부질없는 질문을 하다니."

숙소 담벼락에 붙은 요가 강습과 아유르베다 치유를 광고하는 홍보 포스터를 보았다. 아유르베다는 5천 년 전부터 전해져 내려오는 고대 인도의 전통 의학이다. 아유르베다의 핵심을 한마디로 말하면 '균형'이다.

아유르베다에서는 개인의 신체와 정신, 영혼이 합쳐져 나오는 기운의 상호 균형이 깨졌거나 개인과 자연환경의 균형이 깨졌을 때 질병이 생긴다고 본다. 한의학에서 우주의 기운이 우리 신체와 연결되어 있다고 생각하듯, 몸과 마음이 소통한다고 말한다. 희로애락과 오장육부가 연동해 움직이며, 감정은 삶의 모습을 비추는 거울이라고 본다. '인간은 소우주고, 질서는 건강이고, 무질서는 병'이라는 아유르베다의 철학은 '수승화강水升火降과 두한족열頭寒足熱'을 강조하는 한의학과 통하는 지점이 있다.

인연이 닿아서인지 《동의보감》을 공부할 기회가 있었다. 《동의보감》은 동아시아 2천 년의 의학 지식을 집대성한 동양 의학의 최고봉으로 꼽히며, 세계 최초로 유네스코 세계기록유산에 등재된 의서다. 조선조 광해군 2년인 1610년에 허준이 장장 14년에 걸쳐 완성한 책으로, 25권에 달하는 엄청난 양에 목차만 무려 100쪽이 넘는다.

《동의보감, 몸과 우주 그리고 삶의 비전을 찾아서》는 고전평론가 고미숙이 '몸과 우주'를 키워드로 잡고, 의학서로만 알려진 《동의보감》을 인문학적으로 재해석해 풀어쓴 책이다. 몸을 탐사하는 길에서 정치와 양생이 마주치고, 여성성과 지혜가 결합하며, 교육의 원리와 음양의 이치가 교차하고, 삶의 비전과 우주의 충만함이 드러난다. 일상에서 쉽게 실천할 수 있는 다양한 양생 비법이 곳곳에 숨어 있다.

> 양생의 테크닉이라는 것도 평범하기 그지없다. 가장 좋은 음식은 '밥물이 걸쭉하게 고인' 것, 가장 훌륭한 삶은 담백하고 진솔한 일상, 수련법은 이빨을 맞부딪히는 고치법, 맨손체조, 식후 100보 걷기, 생각은 적게 몸은 많이. 일상적인, 너무나 일상적인!
>
> ─ 《동의보감, 몸과 우주 그리고 삶의 비전을 찾아서》 중에서

　이처럼 실용적이고 구체적이며 쉽게 실천할 수 있는 게 또 있을까.《동의보감, 몸과 우주 그리고 삶의 비전을 찾아서》는 단순히《동의보감》을 해설하는 데 그치지 않는다. 삶의 비전서, 혹은 양생술의 지혜가 가득한 인생사용설명서라고 할 수 있다. 기술이 본질을 억누르는 시대, 검색이 사색을 앞서가는 시대에 삶의 본질과 우주의 비전을 보여주는 책이다. 갠지스강 너머로 사라지는 해를 바라보며 오늘이 여행 며칠째인지 꼽아보려다 그만뒀다. 때로는 무심함이 양생에 유익하다지 않은가.

당신은
어디에서 왔는가

　　　　　　다음 날, 사진을 찍기 위해 가트(갠지스 강가를 잇는 계단길) 주위를 서성거리고 있을 때 고목나무에서 흘러내린 듯 치렁치렁한 머리칼이 허리까지 내려온 한 사두(인도 수행자)를 만났다. 경극 배우처럼 얼굴에 두꺼운 분칠을 했고, 몸에는 갖가지 요상한 액세서리를 두르고 있었다.

　"나마스테!"

　"나마스테!"

　"어디서 왔는가?"

　"코리아."

　"아니, 네가 어디서 기원했는지를 묻는 것이다."

"모르겠다."

"궁금하지 않은가?"

"……."

"궁금하면 50루피!"

(돈을 건넨다.)

"사실 너는 네가 온 곳을 알고 있다. 단지 그것을 너 자신이 모를 뿐이다. 살람 알레이쿰(당신에게 평화를)!"

평화는 모르겠고 살짝 사기당한 기분이 들었지만 이미 50루피는 그의 손에 쥐어진 다음이었다. '아이 엠I am'을 찾으려다 아까운 돈만 날렸다. 석양이 질 무렵, 다시 가트로 나갔다가 나무그늘 아래 지그시 눈을 감고 앉아 있는 사두를 보았다. 낮에 내게서 피 같은 돈을 빼앗아간 장본인이었다. 사두는 오늘 하루 영업을 결산이라도 하듯 명상을 하며 이따금씩 만트라(신성한 주문)를 내뱉고 있었다.

"하리 옴! 옴 나마 시바야! 하리 옴! 옴 나마 시바야!"

슬그머니 장난기가 발동했다. 몰래 옆으로 다가가 결가부좌 자세로 앉았다. 그리고 눈을 반쯤 감은 채 《주역》에서 주위들은 64괘를 입에서 나오는 대로 읊어댔다.

"중천건, 중지곤, 수뢰둔, 산수몽, 수천수, 천수송, 지수사, 수지비, 천택리, 지천태……."

사두가 놀랐는지 눈을 번쩍 뜨고 지금 외는 것이 뭐냐고 물었다.

"궁금한가? 궁금하면 50루피!"

　그제야 상황을 알아차린 사두가 크고 하얀 이빨을 드러내며 씩 웃었다. 물론 50루피는 여전히 그의 손에 있었다. '생업적 사기'로 번 돈을 돌려줄 의사는 없어 보였다. 석양이 내려앉는 갠지스 강가에서 우리 둘은 그렇게 한바탕 웃고 헤어졌다.

　델리, 푸쉬카르, 아그라, 카주라호, 바라나시, 콜카타, 그리고 다시 델리. 한 달쯤 지나자 입고 있던 옷들의 단추가 하나둘씩 떨어져나가기 시작했다. 돌아갈 때가 된 것이다. 어처구니없게도 여행지가 가장 좋아지는 순간은 그곳을 떠나기 직전인 경우가 많다. 이별이 기정사실화되고 나서야 사랑을 확인하는 연인들처럼. 인천을 종착지로 한 비행기가 눈부신 야간 조명을 받으며 자정에 델리 공항을 이륙했다. 델리 시내가 한눈에 들어왔다.

　생각해보면 내가 인도로 걸어간 게 아니라 인도가 내 안으로 들어왔던 꿈같은 시간이었다. 자주 멈추고 자꾸 뒤돌아보긴 했지만, 그건 다른 빛깔의 희열이고 충만함이었다. 맵고 가파른 시선을 견딜 수 있는 단단한 맷집으로 이전보다 더 잘 살아갈 수 있을 거라는 터무니없는 자신감조차 들었다. 사는 동안 삶의 지형을 1밀리미터라도 옮겨놓을 수 있다면 그걸로 만족한다. 늘 그랬듯이 여행은, 좋게도 나쁘게도 모든 것이 좋았다.

여행을 부르는 책들

우리가 고전이라고 부르는 책 중에는 여행서가 많다. 이른바 고전적인 여행기들이다. 언뜻 떠올려봐도 《왕오천축국전》으로 시작해 《동방견문록》과 《이븐 바투타 여행기》를 비롯해 《서유기》까지 면모도 다양하다. 박지원의 《열하일기》와 괴테의 《이탈리아 기행》 역시 어디 내놔도 빠지지 않을 여행기다.

길은 길을 부른다. 길 위의 여행을 통해 책 안으로, 그리고 삶 속으로 여행을 떠나보자. 여행을 부르는 4권의 책을 골랐다. 사심을 듬뿍 담아 소개한다.

천 개의 길,
천 개의 삶

집의 시대가 가고 길의 시대가 오고 있다. 《고미

숙의 로드클래식, 길 위에서 길 찾기》는 여행하면서 삶을 탐구한 '여행기 고전'의 최고봉을 고전평론가 고미숙이 한자리에 모은 책이다.《열하일기》《서유기》《돈키호테》《허클베리 핀의 모험》《그리스인 조르바》《걸리버 여행기》가 들어 있다.

《돈키호테》는 셰익스피어를 능가하는 유럽 문학의 진수다. 푸코와 보르헤스 같은 20세기 사상가들로부터 격찬을 받은 작품이다. '미쳐서 살고 정신 들어 죽다'는 돈키호테의 묘비명이다. 심오한데 웃기기까지 하다.

소인국, 대인국, 말들의 나라 등《걸리버 여행기》의 상상력은 기상천외함의 절정을 보여준다. 그러면서도 문명과 인간의 본성을 향해 지독한 '똥침'을 날린다. 저자는 그중에서도 가장 애정하는 책으로 박지원이 쓴 《열하일기》를 꼽는다. 한문으로 쓰인 문장 가운데 최고의 경지를 자랑하는 여행기라며 치켜세운다. 6편의 로드클래식을 읽다 보면 '길'과 그 위에서 삶을 살았던 '사람'의 모습이 겹쳐 보인다.

인연이 다가오면 일단 짐을 싼다. 떠난 다음, 길 위에서 지도를 찾는다. 어쩐지 우리네 인생과 닮지 않았는가. 여행이 길이 되고, 길이 곧 인생으로 변주되는 희한한 경험이다. 분명한 건 여행은 이전과는 다른 시선, 다른 방식으로 삶을 살아가는 방법을 알려준다는 것이다.

정주에서 유목으로! 야생적 신체인 노마드(유목민)의 도래! 그러나 유목은 유랑이나 편력이 아니다. 관광이나 레저는 더더욱 아니다. 저자는 이를 가리켜 어디에 있든 시공간을 전혀 다르게 바꿀 수 있는 능력이라고 말한다. 영화 〈설국열차〉 식으로 말하면, 문은 앞에만 있는 것이 아니라 옆에도 있다는 사실을 발견하는 셈이다. 길섶마다 숨겨둔 행운을 발견하는 것은 오로지 독자의 몫이다.

세상에 섬 아닌 곳이 있으랴

장 그르니에의 산문집 《섬》은 알베르 카뮈가 사랑했던 책으로 알려져 있다. 이 책을 마치 반려북처럼 여행할 때마다 SNS에 자주 올렸더니 한 지인이 자기는 이 책이 잘 안 읽힌다며 이유를 물어왔다. 원래 책상에서 읽는 책이 아니라 여행길에 동반해야 가장 잘 읽을 수 있다고 답했던 기억이 난다.

이 책은 여러 사람이 있는 곳이나 너무 환한 곳에서 읽기에는 적당하지 않다. 낯선 장소의 흐린 등불 아래서 저녁에 혼자 읽어야 제맛이 나는 책이다. 카뮈 역시 길거리에서 이 책의 처음 몇 줄을 읽다가 가슴에 꼭 껴안은 채 자신의 방으로 한걸음에 달려가 정신없이 읽었다고 회상하고 있다.

개인적으로는 '쉼'이 되어 '섬'을 생각하면서 '섬'을 여행할 때 가장 강렬하게 읽었다. 몇 번을 읽었는지 밑줄이 수북해졌다. 《섬》에는 질긴 철학적 사유와 담백한 문학적 감수성이 보기 좋게 버무려져 있다. 어디를 펼치더라도 일상에서 길어 올린 그르니에의 농밀한 시선을 마주하게 된다. 마치 정년을 앞둔 배우가 늙은 고양이를 무릎에 앉히고 목덜미를 쓸면서 뱉어내는 느릿느릿한 독백처럼 들린다. 막이 내리고 한참 동안 배우와 관객 모두 쉽사리 자리를 떠나지 못하는 고요한 긴장이 남아 있다.

그르니에는 책에서 태양과 바다와 꽃이 있는 곳이면 어디나 보로메섬이 될 것 같다고 했다. 나는 《섬》을 읽을 때면 바다 위에 접시처럼 떠 있는 섬, 제주의 오름을 떠올리곤 한다. 안개와 바람을 헤치고 올라가 뜨뜻한 젖무덤 같은 오름에 얼굴을 파묻고 오래오래 울던 시절을 기억한다. 유채꽃이 피었다는 소식이 닿으면 다시 한 번 가볼 작정이다. 《섬》에서 내가 가장 좋아하는 구절을 옮긴다.

"나는 혼자서, 아무것도 가진 것 없이, 낯선 도시에 도착하는 것을 수 없이 꿈꾸어보았다. 그러면 나는 겸허하게, 아니 남루하게 살 수 있을 것 같았다. 무엇보다 그렇게 되면 '비밀'을 간직할 수 있을 것 같았다."

이 세상
바깥이기만 하다면

알랭 드 보통은 일상적인 주제에 대한 철학적 접근으로 철학의 대중화를 시도해 '일상의 철학자'로 불린다. 《여행의 기술》은 제목처럼 기막힌 여행 비법을 전수하는 책이 아니다. 어디로 떠나면 좋을지 안내하는 여행서가 아니라 어떻게 떠나야 하는지에 방점이 찍힌, 여행의 본질에 관한 책이다. 우리보다 일이백 년 먼저 살았던 여행자들의 이야기인데 신기하게도 얕지도 깊지도 않고 지금 우리와 접촉하는 면적이 넓다. 19세기 시인의 작품과 그에게 영감을 받은 20세기 화가를 떠올리는 식이다.

프랑스의 시인 샤를 보들레르와 미국의 화가 에드워드 호퍼가 공항, 비행기, 기차 휴게소에서 서로 어깨를 스치고 지나간 얘기를 듣다 보면 오히려 19세기의 그들이 지금의 여행자들보다 훨씬 가슴 설레는 여행을 즐겼다는 생각이 든다.

여행이 대중화될수록 우리는 여행을 통한 설렘과 두려움, 감동이 점차 희박해지는 아이러니를 마주한다. 급기야 환멸과 권태 앞에 무릎을 꿇게 된다. 넉넉한 비용과 넘쳐나는 시간이 여행을 아주 쉽게 저지르게 만든다. 철학자 발터 벤야민이 말하는 '아우라'가 허무하게 사라지는 것이다. 놀라움을 즐기는 여행자와 달리 놀라움을 싫어하는 관광객이 되는 셈이다.

이 책에서 저자가 파스칼의 《팡세》를 인용해 인간 불행의 유일한 원인은 자신의 방에 고요히 머무는 방법을 모르기 때문이라고 지적한 것도 그 까닭이다. 누구나 경험하는 일상의 삶, 어찌 보면 뻔하고 진부한 그 생활이 알랭 드 보통의 사색 회로를 통과하고 나면 왠지 낯설고 새롭게 다가온다. 수준급의 재치와 유머를 곁들이는 놀라운 재주는 보통의 매력이다. 보통은 역시 보통이 아니다.

결론 삼아 프랑스 시인 페르스Saint-John Perse의 말을 기억하자. "떠나자, 떠나자! 이것이 살아 있는 자들의 말이다!" 나머지 기술은 배낭을 꾸리는 순간에 저절로 떠오르게 마련이다. 여행에서 일상과 다른 사유와 기분을 건져오고 싶은 독자라면 이 책을 챙겨 떠날 일이다. 여행의 기술이 필요한 곳이 공항에서부터라는 점을 실감한다면 보통의 또 다른 책 《공항에서 일주일을》도 놓치지 않기 바란다. 공항이 얼마나 매력적인 공간인지 새삼 알 수 있다. 마음이 울적할 때마다 무작정 공항버스를 잡아타고 공항으로 향하는 족속에게는 무척이나 반가운 책이다.

나는 걸었다, 세계는 좋았다

《인도방랑》은 2013년 봄, 나를 인도로 추동한 책이다. 저자인 후지와라 신야는 여행깨나 하는 사람들한테는 전설로 통하는 인물이다. 《인도방랑》은 나이 스물다섯의 미대생이던 후지와라 신야가 무작정 인도로 떠났다가 3년 동안 여행을 하고 돌아와 쓴 처녀작이다. 1972년 출간되자마자 일본 사회에 커다란 반향을 불러일으켰다. 책을 읽고 3일 만에 회사를 그만두고 인도로 떠났다는 젊은이들의 고백이 한동안 인터넷에 떠돌았다. 《인도방랑》이 '위험한 책'이라고 불리는 까닭이 여기에 있다. 출간된 지 40년이 지났지만 지금도 여행기의 백미이자 인도 여행기의 지존으로 사람들 입에 오르내리고 있다.

후지와라 신야는 그 뒤 10년간 여행하며 《티베트 방랑》《동양기행》 등 중독성 강한 책을 써냈다. 신야의 여행기를 처음 접하는 사람들은 먼저 그가 찍은 사진에서 풍기는 그로테스크한 기운에 압도당한다. 어둑한 갠지스강 화장터에서 시체를 감싼 하얀 천 끄트머리로 비죽하게 나와 있는 뼈만 남은 앙상한 발, 그 뒤에 물끄러미 서 있는 아들로 보이는 청년의 모습. 죽은 인간의 갈비뼈에 남아 있는 얼마 남지 않은 살점을 뜯어 먹는 까마귀, 숯덩이가 된 사람의 뼈를 오독오독 씹고 있는 개들. 신야가 갠지스강 화장터에서 찍은 사진은 인간이 자연으로 돌아가는 과정을 생생하게 담고 있다. 인도인의 일상과 풍경을 날것으로 찍어낸 사진에서는 정체를 알 수 없는 기묘한 열기가 감지된다.

그렇다고 《인도방랑》이 '무조건 떠나라'고 등을 떠미는 책은 아니다. 인도에 가면 모든 해답을 구할 수 있다고 환상을 불어넣는 책도 아니다. 인도 열풍을 주도한 당사자인데도 후지와라 신야는 인도나 티베트를 다녀와 신비를 팔아먹는 것은 일종의 사기라 말했다. 사람들이 유포하는 '명상'이니 '신비'니 하는 것들을 단호하게 비판했다. 인도를 여행하며 이 책을 다시 읽고 '깨달음'이 아니라 '꽤 다름'만이라도 몸에 새길 수 있다면 그걸로 충분하다.

여행은 가는 것이 아니라 하는 것이다. 다리 떨릴 때가 아니라 가슴 떨릴 때 떠나야 한다. 그리고 언젠가 행복해지기 위해서가 아니라 지금 행복해지기 위해 여행이 필요하다. 수많은 책이 우리에게 그렇게 속삭인다. 그들의 부름에 응답하는 순간, 당신도 여행자가 되어 책 한두 권을 배낭에 담은 채 길 위에 설 것이다.

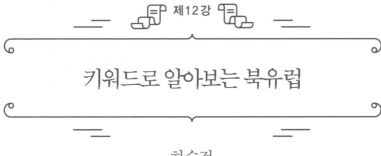

제12강

키워드로 알아보는 북유럽

하수정

북유럽연구소 소장. 노르웨이 덴 레이센데훅스콜에서 공부하고, 한동대학교에서 미국법을 전공했다. 스웨덴 웁살라대학교에서 지속 가능 발전을 전공하고 석사학위를 받았다. 재학 중 웁살라대학교 대표로 세계학생환경총회에 참가했으며, 지속 가능 발전 관련 연구 프로젝트를 수행했다. 스웨덴에 있는 동안 〈한겨레〉 북유럽 통신원으로 일했다. 주요 관심 분야는 북유럽, 지속 가능성, 양극화, 사회통합, 복지국가, 자살, 예술, 철학이다. 저서로 《스웨덴이 사랑한 정치인, 올로프 팔메》 《북유럽 비즈니스 산책》 《지도자들(공저)》이 있고, 역서로 《라곰: 스웨덴식 행복의 비밀》이 있다.

휘게를 아세요?

북유럽 문화에 대한 관심이 늘고 있다. 북유럽 4개국인 노르웨이, 덴마크, 스웨덴, 핀란드 모두 가족중심주의와 보편복지, 높은 수준의 시민 참여 정치와 안정된 경제, 자연스러움을 추구하는 문화로 우리의 시선을 끈다. 관심만큼 북유럽에 대한 이해도가 높은 편이지만 오해가 많은 것도 사실이다. 여러 나라로 이루어진 북유럽 전체를 온전히 이해하는 데는 한계가 있다. 그래서 여기서는 근간이 되는 문화와 정신 위주로 살펴보려고 한다.

나라마다 그 나라의 특성을 담은 단어가 있다. 역사와 문화, 정서 등을 함축적으로 담고 있다 보니 보통 다른 언어로 딱 떨어지게 번역하기 어려운 경우가 많다. 한국 또는 한민족의 특성을 한마디로 표현하라고 하면 흔히 '정情'이라는 단어를 꼽는다. 때로는 '한恨'을 꼽는 경우도 있다. 그럼 북유럽의 특성을 표현하는 단어에는 무엇이 있을까?

노르웨이의 '프리루프츠리브'

북유럽 사람이라면 예외 없는 공통점이 하나 있다. 자연에 보통 이상의 애착을 갖고 있다는 것이다. 그중에서도 노르웨이인의 자연 사랑은 유난스러우리만치 애틋하다. 노르웨이인들 스스로 환경문제에 있어서는 극단주의자라고 자처할 정도니 말이다.

지나가는 노르웨이 사람을 아무나 붙잡고 가장 행복한 상태를 묘사해보라고 하면 아마 숲속 호숫가에서 수영을 하고 나와 나무 사이에 쳐놓은 해먹 위에 누워 일광욕을 하는 순간이라든지, 뺨이 시릴 정도의 바람을 맞으며 다운힐 스키를 탄 뒤 뜨거운 커피를 마시며 아름다운 눈꽃을 바라보는 순간을 언급할 것이다. 어떤 장면이 됐든 자연에서 벌어지는 활동과 관련 있는 경우가 많다. 그게 바로 '프리루프츠리브 Friluftsliv'다.

프리루프츠리브를 단어 그대로 해석하면 '열린 공기 속 삶'이다. 자연 속의 삶 정도로 이해하면 된다. 확 트인 곳에서 바람을 맞으며 햇볕을 쬐고, 시냇가에서 흔들리는 나뭇잎을 바라보고, 암흑 같은 밤이 오면 하늘에 촘촘하게 박힌 별을 바라보는 삶. 노르웨이 사람이라면 누구나 꿈꾸는 삶이다.

프리루프츠리브는 특별한 날에만 누릴 수 있는 게 아니다. 평범한 삶의 방식이자 삶의 일부에 가깝다. 인구가 적은 노르웨이는 도심과 자연을 구분하기보다 자연 안에 마을을 조성했다고 표현하는 편이 오히려 적절하다. 노르웨이의 수도인 오슬로 중심가 오페라하우스 옆에는 해수 수영장이 펼쳐져 있다. 인공적으로 지은 시설이 아니다. 피오르(빙하 침식으로 만들어진 골짜기에 빙하가 사라지고 바닷물이 들어와 생긴 좁고 긴 만)로 형성된 지형을 활용해 만든 수영장이다. 날씨만 좋으면 아이고 어른이고 수영을 하러 온다. 도시에 살아도 어디든 걸어서 닿을 만한 거리에서 수영을 하거나 일광욕을 즐길 수 있다.

춥고 긴 겨울이 오면 수영 대신 스키와 크로스컨트리를 한다. 처음 노르웨이에 갔을 때 친구들이 크로스컨트리로 등교하는 걸 보고 이래서 노르웨이가 동계올림픽마다 우승을 하는구나 싶었다. 프리루프츠리브가 노르웨이 사람들의 꿈이라면, 이들은 이상을 일상 삼아 살고 있는 셈이다.

덴마크의 '휘게'

한동안 대한민국에 '휘게Hygge' 바람이 불었다. 북유럽에 관심 있는 사람이라면 다들 들어보았을 휘게 라이프. 덴마크를 알려면 휘게를 이해해야 한다. 휘게는 '행복감을 느끼는 상태' '편안하고 아늑한 기분이 드는 상태'를 말한다. 혼자 저녁에 따뜻한 차를 한 잔 들고 좋아하는 의자 깊숙이 기대고 앉아 편안함을 만끽하는 것도 휘게, 오랜 친구들과 모여 도란도란 이야기를 나누는 한때도 휘게다.

덴마크인 스스로 여러 자료나 인터뷰에서 덴마크를 대표하는 말로 휘게를 꼽는다. 덴마크는 몇 년째 나라별 행복지수 순위 1위를 지키고 있는데 휘게가 바로 이들의 행복 비밀이다. 덴마크인이 추구하는 삶인 휘게에는 화려하거나 값비싼 장치가 필요하지 않다. 그런 장치는 오히려 휘게를 방해한다. 그저 편안한 사람들과 또는 혼자서 소박하게 즐기는 시간이 휘게인 까닭이다.

내 덴마크 친구 하나는 덴마크 사람들이 행복한 이유가 "행복의 기준이 높지 않아서"라고 말했다. 큰 야심도, 무언가를 성취하겠다는 욕심도 없이 평범하고 성실하게 사는 것이 덴마크식 미덕이며, 그래서 행복에도 별다른 조건이 필요 없다는 뜻이다.

덴마크인들 사이에서는 부의 과시나 자랑도 사회적 금기처럼 여겨진다. 허례허식 없이 자연스러운 상태, 휘게를 추구하는 것이야말로 덴마크인의 행복 비결이 아닐까? 갖은 노력을 기울어야 얻을 수 있는 게 행복이라면 그게 정말 행복인지 문득 의문이 든다. 행복은 결과가 아니라 일상에서 느끼는 자연스러운 과정이어야 하지 않을까?

스웨덴의 '피카'와 '라곰'

스웨덴을 이해하기 위한 가장 좋은 단어이자 방법은 '피카Fika'다. 피카는 커피나 차를 마시며 이야기하는 행위를 일컫는다. 이때 달달한 쿠키나 케이크를 곁들이면 금상첨화다. 스웨덴에서 생활하다 보면 가장 자주 듣는 말이 바로 "피카할까?"다. 우리나라로 치면 "우리 차 한잔 할까?"와 비슷해서 이어지는 시간은 가벼운 잡담이 될 수도 있고, 진지한 대화 요청, 때로는 데이트 신청일 수 있다.

피카는 가족, 동료, 친구 가리지 않고 누구와도 할 수 있다. 스웨덴에서 모든 관계는 피카로 시작한다. 직장에서도 점심 전 또는 오후에 피카 시간이 공식적으로 보장되어 있다. 스웨덴 사람들은 수줍음이 많고 먼저 말 걸기를 어려워한다. "이제부터 피카야" 하고 선언하며 모이길 장려해야 자연스레 이야기를 시작한다. 모든 모임의 시작은 피카라 할 수 있다. 일터나 학교, 갖가지 모임에서도 피카를 통해 소통을 장려한다. 그래서 피카는 공식적 혹은 비공식적으로 정보 교류의 장이 된다.

피카의 분위기는 천차만별이다. 친구와 초를 켜놓고 푹신한 소파에 기대앉아 차를 마시며 도란도란 이야기를 나누는 피카도 있고, 회의나 세미나 중간 휴식시간에 처음 만난 사람과 커피를 마시며 날씨 이야기를 하는 피카도 있다. 피카를 통해 만들어지는 따뜻하고 친밀한 분위기는 어찌 보면 덴마크의 휘게와 일맥상통한다.

스웨덴에서 또 하나 중요한 단어는 '라곰Lagom'이다. 우리나라 말로 치면 과하지도 덜하지도 않게 '적당히' 정도에 해당한다. 라곰은 스웨덴어지만 라곰의 정서는 북유럽 전체에 적용된다. 북유럽에서는 무엇이든 지나치지 않게 정도를 지키는 게 중요하다. 라곰을 우리말로 번역할 때 가장 적당한 단어가 뭘까 한참 고민하다가 '중용中庸'을 떠올렸다.

부를 과시하지 않는 것, 술도 분위기도 적당히 취하지 않을 만큼 유지하는 것, 다른 사람을 위해 마지막 쿠키를 남겨두는 것 모두 라곰에 해당한다. '적당히'를 중요하게 여기는 북유럽에서 특히 지나친 자기 자랑은 금기다.

핀란드의
'시수'

보통 이런 말을 들으면 칭찬이라 느낄 것이다. "배짱이 두둑하네." "강단 있네." "외유내강형의 사람이구먼." "끈기가 있어." "투지가 대단하군." "이렇게 힘든 상황에서도 평정심을 유지하다니." 그런데 이 모든 칭찬을 다 합친 핀란드 말이 있다. 바로 "아, 저 사람 시수Sisu가 있는 사람이야"다.

한마디로 시수는 핀란드의 정신이다. 시수에 관한 자료를 읽다 보면, 우리나라의 독립운동 역사를 살펴보는 느낌마저 든다. 아니나 다를까, 핀란드는 1917년 소련(소비에트 사회주의 공화국 연방)에서 독립하기까지 수백 년간 스웨덴과 소련의 지배 아래 있었다. 독립국가가 된 뒤에도 소련은 호시탐탐 핀란드를 노렸다.

제2차 세계대전 중이던 1939년 11월 30일, 핀란드를 침공한 소련은 해가 바뀌기 전에 핀란드 전역을 정복하겠다고 선언했다. 그러나 엄청난 군사력 차이에도 불구하고 전쟁은 해를 넘겨 1940년 봄까지 계속됐다.

결국 소련은 핀란드 영토의 10퍼센트에 해당하는 카리일라 동부 지역을 얻는 데 만족해야 했다. 한편 핀란드보다 남쪽에 있던 나라인 라트비아, 리투아니아, 에스토니아 발트 3국은 모두 소련에 점령당했다. 어떤 차이가 있었을까? 당시 핀란드를 하나로 묶어준 정신이 바로 '시수'다. 어떤 어려움에도 절대로 굽히거나 포기하지 않는 인내와 강인함 말이다.

노키아를 기억하는지 모르겠다. 한창때 노키아는 핀란드의 삼성 같은 기업이었다. 스마트폰이 보급되기 전 작은 무전기처럼 생긴 노키아 피처폰은 전 세계에서 가장 잘 팔리는 휴대전화였다. 2003년 핀란드 법인세의 23퍼센트가 노키아에서 나왔고, 핀란드 GDP의 20퍼센트를 차지하던 때도 있었다. 말 그대로 국민기업이었다.

그런데 2012년이 되자 노키아는 15년간 지켜온 세계 휴대전화 시장점유율 1위 자리를 삼성에 내줬다. 올라가기는 어려워도 내려오는 건 순식간이었다. 2013년 9월 3일 노키아는 마이크로소프트에 휴대전화 사업부를 매각했다. 그날 세계 경제 뉴스의 머리기사에는 '노키아 붕괴' '노키아 쇼크' 등의 제목이 등장했다.

핀란드 경제의 기둥이던 노키아가 무너졌어도 핀란드는 묵묵히 버텼다. 갑자기 실직한 노키아의 인재들은 창업을 선택했다. 휴대전화 사업부 매각 이후 노키아 내부에는 해고 직원의 재취업을 돕는 '브리지 프로그램'이 만들어졌는데, 5년 만에 400개에 달하는 스타트업이 나왔다고 한다.

핀란드 고용경제부 산하 기술청은 아이디어만 좋으면 창업을 전폭 지원하고, 행정 지원도 적극적으로 해줬다. '앵그리버드' 게임을 만든 개발사 로비오 엔터테인먼트는 노키아 출신의 엔지니어들이 모여 세운 회사다. 모바일 게임 시장에서 선두권을 달리는 '클래시 오브 클랜'을 만든 슈퍼셀도 핀란드 정부의 창업지원 프로그램을 통해 탄생했다. 핀란드가 다시 살아난 비결이 무엇인지 묻는다면 핀란드인들은 이렇게 답할 것이다. "어떤 어려움 가운데서도 묵묵히 버티며 희망을 향해 나아가는 정신, 시수가 있기 때문이다."

신화의 땅, 북유럽

북유럽 신화,
세 명만 기억하자

어릴 때 그리스 신화에 빠져 살던 나는 북유럽 신화를 만나고 신선한 충격을 받았다. 그리스의 신은 인간처럼 감정에 사로잡혀 말썽을 피우고 복수도 한다. 하지만 여전히 인간이 넘볼 수 없는 존재다. 완벽한 신체 비율과 위엄, 땅과 바다를 묶어 공중에 매달 수 있을 만큼 강한 힘, 폭풍우를 몰아치고 전쟁을 일으키는 능력……. 그리스의 신은 마음만 먹으면 인간세계에 큰 영향을 끼칠 수 있다.

그런데 북유럽 신화 속 신은 달랐다. 신체적으로도 정신적으로도 무언가 결핍이 있고, 내 눈에는 죄다 어리숙해 보였다. 모험이나 장난도 하지 않고 밋밋하게 사는 데다 인간적인 두려움도 많이 안고 있었다. 그리스 신화가 전형적인 디즈니 만화에 가깝다면, 북유럽 신화는 〈슈렉〉이나

〈몬스터 주식회사〉에 가까운 느낌이랄까? 그래서 우리에게 호소하는 지점이 더 많은 걸지도 모르겠다.

북유럽 신화의 수많은 신 가운데 셋을 꼽았다. 최근 마블 시리즈 등을 통해 귀에 익숙한 이름 오딘Odin, 토르Thor, 로키Loki. 이 셋을 알면 북유럽 신화를 절반은 이해하는 셈이다.

지혜를 구하는 오딘

그리스 신화에 제우스가 있다면 북유럽 신화에는 오딘이 있다. 오딘은 모든 신의 우두머리로 신화에 등장하는 신들의 맏형 또는 아버지 등 관계의 중심이 되는 존재다. 신들의 세계에서 질서와 정의를 담당한다. 여기까지는 얼핏 제우스와 유사하다.

하지만 떡 벌어진 어깨와 숱 많은 머리칼에 건장한 제우스와 달리 풍성한 수염의 노인으로 그려지는 오딘은 장애가 있다. 눈이 하나뿐이다. 제우스는 기분 내킬 때마다 변신을 하고 인간세계에 들어가 여자를 홀린다. 반면 오딘은 훨씬 철학적이다. 오딘의 목표는 궁극의 지혜를 찾는 것이다. 오딘은 변신 대신 변장을 한다. 허름한 옷차림에 모자를 쓴 채 나그네 차림을 하는 게 전부다. 오딘이 신의 우두머리가 되어 세상을 지배하는 근원은 힘이 아닌 어렵게 얻은 지혜와 지식이다.

고대 유럽의 게르만계 민족, 그러니까 스웨덴, 덴마크, 노르웨이, 아이슬란드 등에서 오딘에 대한 인식은 지역과 계층, 시대별로 차이가 있었다. 오딘을 최고의 신으로 인정하는 지역이 있는가 하면, 노르웨이나 아이슬란드에서는 오딘보다 토르를 최고 신으로 인정하는 분위기였다.

스칸디나비아반도권에서 토르가 최고의 신으로 인식된 다음에도 후대 시인들은 관습적으로 오딘을 칭송했다. 오딘은 거센 바람처럼 질주하는 전쟁신의 면모를 풍겼지만, 늘 지혜를 구했던 신이라는 차원에서 그 인기가 완전히 사그라지지 않았다. 오딘이 한쪽 눈을 잃은 사연을 잠깐 살펴보자.

땅속 깊은 곳에 지혜의 샘이 있는데 오딘의 삼촌인 미미르가 그 샘의 주인이었다. 미미르는 매일 아침 갈라르호른이라는 뿔잔 가득 샘물을 떠 마셨다. 샘물 덕분에 미미르는 세상 누구보다 현명한 판단을 내릴 수 있었다. 오딘은 삼촌에게 혈연을 강조하며 지혜의 물을 한 잔만 마시게 해 달라고 부탁한다. 하지만 미미르는 단호하게 거절한다. 간절히 지혜를 원했던 오딘은 미미르에게 지혜의 샘을 한 모금 마시게 해주는 대가로 무엇을 받길 원하느냐고 묻는다. 미미르는 눈을 달라고 한다. 그러자 오딘은 망설임 없이 칼을 꺼내 자기 눈을 도려내 샘에 담근다. 그리고 갈라르호른 가득 샘물을 담아 들이켠다. 이후 오딘은 평생 눈이 하나인 채로 살게 됐지만, 보지 않은 것까지 이해할 수 있는 지혜를 얻었다.

그 뒤 신들 사이에서 전쟁이 벌어지는데, 미미르의 지혜를 시기한 반대 신족이 미미르의 머리를 베어 오딘에게 보낸다. 오딘은 미미르의 지식이 사라지지 않기를 바라며 미미르의 머리에 약초를 문질러 바르고 지혜의 샘으로 데려간다. 머리만 남은 미미르는 눈을 떠 오딘의 조언자가 된다. 오딘은 미미르가 매일 아침 지혜의 샘물을 떠 마시던 뿔잔 걀라르호른을 신들의 파수꾼에게 준다. 파수꾼이 걀라르호른을 부는 날에 라그나로크, 즉 세상의 종말이 시작된다.

단순한 토르와 짓궂은 로키

앞에서도 언급했지만, 오딘보다 유명한 신이 토르다. 천둥의 신이자 농부의 수호신인 토르는 오딘의 아들이다. 제우스의 아들인 아폴론과 토르를 나란히 놓고 보면 차이가 두드러진다. 태양의 신인 아폴론은 황금빛 머리카락에 월계수 관을 쓰고 일종의 현악기인 리라를 켜고 다닌다. 그리스 12신 중 최고 미남으로 꼽히며 음악과 예술의 신이다. 의술에 능하고 화살도 잘 쏜다.

오딘의 아들 토르는 아폴론과 비교하기조차 민망하다. 지혜를 구하는 아버지 오딘과 달리 단순한 성격이며, 신 중에 가장 힘이 세고 식욕이 왕성하다. 가끔 분노조절장애로 폭발할 때를 제외하면 상당히 믿음직스럽고 무던한 성격이다. 농부의 수호신으로서 천둥을 몰고 다니며 농사에 필요한 비를 내린다. 할리우드 영화에서는 꽤 멋있는 모습으로 등장하지만, 신화 속 토르는 농부의 신답게 투박하고 울퉁불퉁한 이미지다. 헐크나 슈렉과 더 비슷하다.

토르는 겨냥한 것은 무엇이든 명중시킨 뒤 부메랑처럼 돌아오는 망치 몰니르를 무기 삼아 들고 다닌다. 짜리몽땅한 망치를 들고 다니는 토르는 리라를 들고 다니며 음악을 연주하는 아폴론과 천지 차이다. 신화 속에서 토르의 망치는 손잡이가 이상하리만치 짧은 형태로 등장하는데, 북유럽 신화 속 악당 로키가 몰니르를 만드는 과정에 개입해 장난을 쳤기 때문이다. 로키는 툭하면 토르를 속이고 장난을 치는데, 토르는 열이면 열 모두 속아 넘어간다.

만약 북유럽 신들이 죄다 오딘이나 토르 같은 성격이라면 북유럽 신화는 존재하지 않았을지 모른다. 도대체 재미가 없었을 테니 말이다. 북유럽 신들이 사는 곳, 즉 그리스 신화에서 올림포스에 해당하는 곳이 바로 '아스가르드'다. 북유럽 스타일의 전형을 보여주듯 한없이 평화롭고 조용한 아스가르드에 사건사고를 담당하는 이가 있으니 아스가르드 최고의 난봉꾼이자 속임수의 달인 로키다. 로키는 북유럽 신화 속 모든 이야기의 발단이 되는 인물이다. 토르는 "무엇이든 문제가 생겼을 때 로키를 의심하면 시간이 절약된다"라고 자주 말하는데, 그만큼 사건사고를 자주 만든다는 얘기다. 북유럽 신화 속 사건의 발단에는 언제나처럼 로키가 있다.

토르가 성실하게 일하며 농부에게 축복을 내리는 신이라면, 로키는 화려한 외모와 말재간으로 시간을 때우는 오락의 신이다. 오딘과 토르가 상징하는 선한 가치와는 정반대에 서 있는 존재가 로키다.

영화에서 토르의 형제로 등장하는 로키는 신화에서 오딘의 의형제다. 거인의 혈통을 지녔지만 신의 세계에 속해 있다. 질투와 변덕, 교활함의 상징이며 영락없는 사기꾼이다. 신화 속에서 로키가 최고의 난봉꾼일 수밖에 없는 이유는 아스가르드에 로키 말고는 난봉꾼이 없기 때문이다. 다른 신에게는 없는 술수를 지닌 덕에 신들이 로키의 꾀에 의지하기도 하지만, 사실 애초에 모든 문제를 일으키는 인물이 로키다.

로키는 대의나 욕심에 따라 움직이는 존재가 아니다. 그저 악마 같은 장난기를 지녀 무언가 잘되어가는 모습을 보면 망쳐놓고 싶은 심술이 발동한다. 그게 로키의 동기다. 복수도 아니고 어떤 목적이 있는 것도 아닌데, 늘 남을 궁지에 빠뜨리고 아무 가책 없이 생명까지 빼앗는 걸 보면 사악한 존재 같기도 하다.

짓궂은 장난으로 시작한 로키의 악행은 점점 도를 넘어 나중에 걷잡을 수 없는 분란을 일으킨다. 결국 로키는 그동안 자신의 악행을 참아주었던 모든 신과 대적해 전쟁을 벌인다. 아스가르드의 종말을 부르는 전쟁, 바로 라그나로크다.

신마저도 평범하다

요즘은 '북유럽'이라는 수식어만 붙으면 인기다.

북유럽 스타일은 장식이 없고 기능에 중점을 둔 간결하고 튼튼한 디자인, 허례허식 없는 태도, 모든 이가 일정 수준 이상을 누리는 살기 좋은 사회, 평화로운 제도 등을 의미한다. 그리고 이 모든 개념을 관통하는 가치가 있으니 바로 '평범함'이다. 북유럽에서는 하늘을 찌를 듯 높은 건물이나 혀를 내두를 만큼 앞선 서비스를 찾기 힘들다. 하다못해 유명한 사람도 별로 없다. 모두 평범하다. 신마저도 평범하다.

우리 주위를 둘러보자. 오딘과 토르, 로키 같은 사람을 찾는 건 어렵지 않다. 진중한 사람, 영악한 사람, 식탐이 많은 사람, 잘 속는 사람, 장애가 있는 사람……. 그리스 신화에 나오는 완벽한 인물을 찾기보다 노르딕 신화에 나오는 인물을 찾기가 훨씬 쉬울 것이다. 우리 인간은 그만큼 평범함과 더 가깝다. 신마저도 평범한 곳. 북유럽은 그 평범함이 가장 보편적이고 위대한 가치로 여겨지는 사회다.

이케아의 정신, 이케아의 유산

북유럽이 어떻게 잘사는 나라가 되었냐고 묻는 사람이 많다. 노르웨이, 덴마크, 스웨덴, 핀란드 네 나라의 인구를 다 합쳐도 대한민국보다 적다. 그러나 세계를 무대로 경쟁력을 인정받는 알짜 기업이 많다. 이케아, 레고, 볼보, 슈퍼셀, 테트라팩, H&M 등 손에 꼽는 유명 기업이 가득하다. 그중에서도 진짜 알짜 기업, 상장도 되지 않았지만 최고의 자리를 점하고 있는 두 곳이 이케아와 레고다. 이번에는 그중에서도 이케아에 관한 얘기다.

더 많은 대중이
지불 가능한 금액으로

소득의 절반 가까이를 세금으로 내는 북유럽에서 거부가 되기란 쉬운 일이 아니다. 그런데 2015년 경제뉴스통신사 블룸버그의 억만장자 순위에서 세계 9위(2006년 세계 4위)에 이름을 올린 스웨덴 사람이 있었다. 잉바르 캄프라드Ingvar Kamprad다. 2015년 기준 캄프라드의 순자산은 422억 달러에 달했다. 한화로 약 47조 5천억 원이다. 감도 오지 않는 수준이다. 2018년 기준 대한민국의 1년 예산이 429조였으니 대략 캄프라드 9명이 대한민국 1년 예산을 보유한 셈이다.

이 남자 잉바르 캄프라드의 이름은 낯설어도 '이케아IKEA'라는 브랜드를 모르는 사람은 많지 않을 것이다. 이케아는 가구를 비롯한 갖가지 생활소품을 파는 회사다. 자, 이케아를 들어봤다면 잉바르 캄프라드라는 이름을 들어본 거나 다름없다. 왜? 이케아 앞의 두 글자 'IK'를 그의 이름 이니셜에서 따왔기 때문이다. 그럼 뒤의 두 글자 E와 A는? 캄프라드가 어린 시절을 보낸 농장 엘름타리드Elmtaryd와 농장이 있던 마을 아군나리드Agunnaryd의 첫 글자를 딴 것이라고 한다.

캄프라드는 저가 항공사의 이코노미석만 이용하고, 티백은 반드시 두 번 우려 마시는 구두쇠로 잘 알려져 있다. 하지만 어린 시절부터 남다른 경영 수완을 뽐냈다. 1926년에 태어난 캄프라드는 십대 소년 시절 스톡홀름에서 성냥을 헐값에 대량 사서 낱개로 팔았다. 그렇게 돈을 모았다. 이어 장식품이나 씨앗, 볼펜 등 종목을 넓혀가며 돈이 되는 거라면 뭐든 가져다 팔았다. 공부도 잘했는지, 17살 됐을 때 학교에서 좋은 성적을 거뒀는데, 이때 캄프라드의 아버지가 아들에게 금일봉을 수여했다고 한다. 어릴 때부터 자신이 모은 돈에 아버지의 금일봉까지 더해 1943년 회사를 창업한다. 바로 이케아다.

초창기 이케아에서는 스타킹, 지갑, 시계, 보석 등 그야말로 갖가지 물품을 닥치는 대로 팔았다. 이케아를 창업한 지 5년이 되던 1947년, 캄프라드는 드디어 가구를 팔기 시작했다. 역시 자신이 살던 지역에서 생산한 가구를 들여와 싼값에 팔았다. 여러 제품 중에서 특히 가구가 인기를 끌자 캄프라드는 '선택과 집중' 전략을 구사한다.

1953년 캄프라드는 이케아의 트레이드마크인 쇼룸을 열었다. 이케아 매장에 가본 적 있다면 금방 그림이 그려질 것이다. 예쁜 가구가 오밀조밀 모여 통째로 사버리고 싶은 방이 하나의 층에 가득 줄지어 있다. 제품을 종류별로 모아 전시하는 대신 방 하나를 갖가지 이케아 제품으로 채우는 방식이다. 동물무늬 카펫과 장난감이 가득한 어린이방도 있고, 모노톤의 시크한 침실도 있다. 한마디로 이케아 매장은 쇼핑을 위한 테마파크다. 이곳에서는 물건이 아닌 쇼핑 경험을 제공한다.

"100만 원짜리 좋은 책상은 어떤 디자이너도 만들 수 있지만, 2만 원짜리 좋은 책상은 뛰어난 디자이너만 만들 수 있다."

캄프라드는 이 말을 자주 했다. 디자인의 민주주의, 즉 대중을 위해 더 나은 일상을 창조하되 가능한 한 많은 사람이 지불할 수 있는 낮은 가격에 제품을 제공해야 한다는 기업 철학이 잘 압축되어 있다.

그가
존경받지 못한 이유

캄프라드의 재산은 평가 기준에 따라 달리 알려져 있는데, 적게는 750억 원부터 58조 원까지 편차가 크다. 세금 내는 것까지 아까워했던 캄프라드는 이케아를 몇 개의 재단을 통해 단계적으로 소유했다. 따라서 재단 소유자를 누구로 보느냐에 따라 캄프라드의 자산 규모도 달라진다.

오랜 시간 캄프라드 가까이에서 일했던 이케아 재단의 사무총장은 2012년 블룸버그와 한 인터뷰에서 "캄프라드는 돈 자체에는 관심이 많지 않았다. 이케아가 흔들리지 않도록 하는 데 관심이 많았다"라고 말했다. 어느 정도 신빙성 있는 말이라는 생각이 드는 건 보통의 거부들이 부를 축적하는 방식 때문이다. 세계 최대, 아니 멀리 갈 것도 없이 한국의 거부 명단을 한번 살펴보자. 갖고 있던 기업의 주식 가치 덕에 부를 축적한 사람이 대부분이다. 하지만 이케아는 상장도 하지 않은 기업이다.

캄프라드가 네덜란드부터 리히텐슈타인까지 곳곳에 주소지를 둬가며 복잡한 구조로 이케아를 쪼개놓은 이유는 누구에게도 흔들리지 않는 지배구조를 만들기 위해서였다. 복잡한 소유구조를 만들고 최종적으로 모든 권한을 자신에게 집중되도록 만든 것이다. 또 자신이 세상을 떠난 이후에도 특정 개인이나 캄프라드의 후손이 이케아를 단독 소유하거나 좌우할 수 없도록 하려는 목적도 있었다.

2018년 1월, 캄프라드가 세상을 떠났을 때 각종 특집 기사를 내며 북적댔던 외신과 달리 스웨덴 매체는 조용했다. 젊은 시절 나치 모임에 참가한 전력, 세금 회피 목적으로 스위스로 이민 갔던 일 등 발목을 잡는 과거 탓에 캄프라드는 스웨덴에서 그다지 존경받는 인물이 아니었다.

추모 기간에도 실제 이케아 매장에는 구석에 작은 방명록 정도만 둘 뿐이었다. 북유럽에서 가장 큰 괘씸죄에 해당하는 탈세 때문에, 인정은 받을지언정 존경은 받지 못하는 기업인이었다. 그런데 캄프라드의 유언장이 공개됐을 때 사람들은 모두 놀라지 않을 수 없었다.

아끼지 않고 돈을 써야 할 곳

캄프라드는 이런 유언을 남겼다. "전 재산의 절반은 4남매에게 주고, 나머지 절반은 놀란드 발전 기금으로 사용할 것." 유언장은 캄프라드가 2014년 친필로 작성한 것이라고 한다. 재산을 자식에게 넘겨주는 거야 놀랄 일도 아니지만, 나머지 절반을 놀란드 발전 기금으로 내놓을 줄은 아무도 예상하지 못했다는 반응이 쏟아져 나왔다.

놀란드는 스웨덴의 북부 지역인데 한반도로 치면 함경도와 황해도쯤 된다. 우리나라의 어느 거부가 전 재산의 반을 함경도와 황해도 발전 기금으로 내놓았다고 보면 이해가 빠를 것 같다. 그런데 캄프라드는 놀란드 태생도 아니었다.

이익이 나지 않을 곳에는 절대 투자하지 않는 짠돌이로 유명한 캄프라드가 과거 이케아 내부 경영진의 반대를 무릅쓰고 추진했던 일이 있다. 2006년 스웨덴 북부, 그러니까 놀란드 하파란다에 이케아 매장을 세운 것이다. 스웨덴 북쪽은 주로 탄광촌과 목재 산업이 중심이다. 스웨덴 전체 인구의 10~15퍼센트가 거주하는데, 젊은이들은 모두 도시로 떠나고 노령 인구가 대부분을 차지한다. 스웨덴 정부의 주도형 이민자 정착지이기도 하다.

그중에서도 하파란다는 스웨덴과 핀란드의 접경 지역으로 인적이 드물었다. 이케아로 물건을 사러 올 사람이 없다는 뜻이다. 그런데 당시 스웨덴의 환경부 장관이던 스벤 데릭 북트가 캄프라드에게 하파란다에 매장을 내라고 설득했다고 한다. 시골 출신인 캄프라드가 지역 경제와 젊은 층의 지역 이탈 문제에 관심이 많았고, 장관은 해당 지역에 활발한 비즈니스 기회를 만들어주고 싶었기 때문에 성사된 일이었다.

하파란다에 문을 연 이케아는 뜻밖에 대성공을 거뒀다. 스웨덴의 최북단, 그것도 핀란드와 국경을 맞댄 곳에 자리를 잡은 하파란다 이케아는 러시아로 향하는 이케아의 전초기지이자 물류창고 역할을 담당했다. 이케아 덕분에 근처에 거주하던 이민자를 비롯해 고용인구도 크게 늘었다. 도시가 북적대기 시작했다. 하파란다는 스웨덴 내 도시 중 무역수지 3위를 기록할 정도로 활발한 경제활동을 자랑하는 도시가 되었다.

돈은 이렇게 쓰는 거다 싶은 마음이 들어서였을까? 탈세와 절세의 경계에서 경영했던 데 대한 반성일까? 대부분의 자산이 재단에 묶여 있어

캄프라드 본인의 유산 절반이라고 해봐야 고작(?) 수백억 원에 그쳤다고
하지만, 캄프라드 덕분에 차디찬 스웨덴의 북쪽이 활기를 띠게 되었으니
구두쇠 영감의 삶에 약간의 변명거리는 되어주지 않을까 싶다.

평화를 추구했던 정신, 노벨상

많은 사람이 가장 영예로운 상으로 노벨상을 꼽는다. 100년이 넘도록 전통과 권위를 이어온 이력 때문이기도 하지만, 어마어마한 상금도 이유가 될 것 같다. 2018년 기준으로 노벨상 상금은 9백만 스웨덴 크로나였다. 한화로 약 11억 원 정도 된다. 그뿐만 아니다. 수상자에게는 상금보다 더 큰 명예가 따라간다. 노벨상 수상자는 '학계의 록스타'라 불리며 전 세계 유명 학회와 파티, 행사에 초대받는다.

노벨상은 알프레드 노벨의 유지를 따라 만든 상이다. 일반적인 부자라면 대부분 어떻게든 자식에게 재산을 물려주려고 안달인데, 왜 알프레드 노벨은 힘들게 번 재산을 고스란히 남겨 노벨상을 만들라고 했을까?

두려움을 알고
평화를 선택하리라는 믿음

1888년 알프레드 노벨의 형 루드빅 노벨이 사망했을 때, 한 프랑스 신문이 망자가 알프레드 노벨인 줄 알고 오보를 냈다. 부고의 제목은 '죽음의 상인, 죽음을 맞다'였다. 당시 노벨이라는 인물에 대한 인식이 이랬다.

스웨덴 출신의 화학자 알프레드 노벨은 사업가이자 자선가, 기술자이자 발명가였다. 다이너마이트를 발명한 화학자인 동시에 유럽 전역에 다이너마이트 제조사를 차린 국제적 사업가이고, 그 과정에서 축적한 재산을 여러 곳에 기부하기도 했다.

산업혁명과 함께 탄광 개발 붐이 일자 알프레드 노벨은 여러 나라에 다이너마이트 제조회사를 차려 일약 백만장자가 되었다. 다이너마이트는 비단 산업에만 쓰인 게 아니다. 발명가의 의도는 아니었지만, 전쟁에도 쓰였다. 알프레드 노벨이 '죽음의 상인'으로 불린 이유다.

사람들이 자신을 어떻게 여기는지 몰랐던 알프레드 노벨은 (사실은 형의 부고였던) 자신의 부고를 보고 꽤 충격을 받았던 모양이다. 후세에 사람들이 자신을 '죽음의 상인'으로 기억할지도 모른다는 사실은 그를 꽤나 괴롭혔다.

사실 노벨은 다이너마이트가 평화를 가져올 거라고 말하곤 했다. 다이너마이트가 터지는 순간 수많은 군대와 마을이 순식간에 파괴된다는 걸

알면 사람들이 그 파괴력이 두려워 차라리 확실한 평화를 선택할 거라 믿은 것이다. 알프레드 노벨이 이런 생각을 했던 무렵은 원자폭탄이 발명되기 75년 전이었다.

노벨이 예견했던 상황은 핵무기 보유국이 서로 눈치를 보며 얼음판 위를 걷는 지금의 모습과 비슷하다. 핵전쟁은 시작과 동시에 끝이라는 말이 있다. 지구 전체를 날려버릴 만큼 강력한 무기가 상대에게도 있다는 사실을 알기 때문에 누구도 먼저 발사 버튼을 누를 수 없다. 알프레드 노벨은 강력한 무기를 개발하는 일이 다소 위태롭지만 평화를 유지하는 상태로 수렴된다고 미리 간파했던 것이다.

조국에 남긴 노벨의 유산

인류가 자신을 '죽음의 상인'이 아니라 과학기술의 후원자로 기억하기를 원해서였을까? 1895년 알프레드 노벨은 누구도 예상하지 못한 유언장을 작성했다.

나 알프레드 베른하르드 노벨은 심사숙고한 결과 이 문서로써 내가 죽을 때 남기게 될 재산과 관련해 내 유언이 아래와 같음을 천명하는 바이다.

나의 모든 유산은 다음과 같이 집행한다.

집행자를 통해 안전한 유가증권에 투자해 기금을 조성하고, 거기에서 나오는 이자로 매년 그 전해에 인류에 가장 큰 공헌을 한 이에게 시상한다. 이자는 똑같이 다섯 등분으로 나누되 아래와 같이 배분한다.

한 부분은 물리학 영역에서 가장 중요한 발견이나 발명을 한 이에게,

한 부분은 가장 중요한 화학적 발견이나 개선을 한 이에게,

한 부분은 생리학이나 의학 분야에서 가장 중요한 발견을 한 이에게,

한 부분은 문학 분야에서 이상적인 방향으로 가장 뛰어난 작품을 낸 이에게,

한 부분은 나라 간 우호를 위해, 군비 감축이나 폐지를 위해, 평화를 지키고 증진하는 일에 가장 큰 공을 세운 이에게 준다.

물리학상과 화학상은 스웨덴 왕립과학원에서 수여할 것이며 생리학 또는 의학상은 스톡홀름의 카롤린스카 의과대학에서, 문학상은 스웨덴 한림원에서, 평화의 챔피언은 노르웨이 의회에서 5명을 선발해 만든 위원회에서 선정한다.

바라기는 상을 주는 데 있어 후보 국적에 상관없이 할 것이며, 그가 스칸디나비아인이든 아니든 가장 합당한 자가 상을 받아야 한다.

의도했든 아니든 노벨상 제정으로 노벨은 조국 스웨덴에 지대한 공헌을 했다. 나가는 상금이야 어마어마하지만, 스웨덴 입장에서는 전 세계의 가장 앞선 연구물을 앉은 자리에서 받아볼 수 있지 않은가?

노벨상 후보로 추천하기 위해 전 세계에서 매년 해당 연구의 성과와 진행과정, 의의에 대한 상세 자료를 노벨위원회로 보낸다. 노벨이 지목한 심사기관은 아직도 그대로다. 생리의학상은 스톡홀름의 카롤린스카 의과대학, 물리학상과 화학상은 스웨덴 왕립과학원, 문학상은 스웨덴 한림원이 맡는다. 그리고 심사위원으로 스웨덴 주요 대학의 해당 분야 교수가 포진해 있다.

각 심사기관은 그 분야의 연구기관이니 선정하는 수고를 고려해도 얻는 게 많을 것이다. 심사과정을 통해 세계 각지에서 어떤 연구가 어느 정도로 진척되고 있는지 한눈에 볼 수 있다. 물리, 화학, 생리의학 등 주요 기초학문 분야의 패러다임을 바꿀 만한 연구 내용과 평화상과 문학상 후보를 알고 있으면 세계가 어떤 방향으로 움직일지 동향을 미리 파악하는 것도 가능하다.

노벨이 유산으로 노벨상을 제정한 데는 또 하나의 중요한 이유가 있다. 노벨은 결혼하지 않았다. 뛰어난 사업가이자 화학자, 유럽에서 가장 부유한 남자였고, 5개 국어를 구사했으며 문학과 세계 평화에 대해 이야기하기 좋아했던 남자, '유럽에서 가장 탐나는 신랑감'이라 불리던 노벨은 재산을 남길 자식이 없었다. 가족도 친구도 없이 자택에서 일하던 하인만이 노벨의 죽음을 지켰다.

알프레드 노벨은 1896년 12월 10일 63세의 나이에 심장발작으로 세상을 떠났다. 어린 시절 겪었던 북유럽의 추위가 너무 혹독했던지 노벨은 유럽 여러 도시에 거처를 두고 옮겨 다녔다. 그중에서도 마지막 5년을 보낸 곳이 이탈리아 산 레모였다. 1년 내내 온화한 지중해 기후 덕분에 산 레모의 꽃은 전 유럽으로 팔려나간다. 매년 노벨상 시상식과 만찬장을 장식하는 꽃도 산 레모에서 공수한다.

눈에 띄는 건 노벨의 유언에 원래 경제학상이 없었다는 점이다. 노벨 경제학상은 1969년에 신설된 항목이다. 스웨덴 중앙은행이 1968년 창립 300주년을 기념하기 위해 노벨 재단의 동의를 얻어 경제학상을 추가했다. 노벨 경제학상으로 통칭하지만 정확하게는 '노벨 기념 경제학상'이다. 수상금 역시 노벨재단이 아닌 스웨덴중앙은행에서 나온다. 수상자 선발은 물리학상과 화학상을 결정하는 스웨덴 왕립과학원이 맡는다.

모두가 참여하는 열린 축제

노벨상은 스웨덴을 상징하는 행사다. 매년 10월 초 수상자 발표 후 12월 10일 노벨이 세상을 떠난 날 진행하는 시상식이 있기까지 두 달 동안 스웨덴은 노벨상 이야기로 들썩인다. 발표 장면 생중계 영상을 휴대전화로 지켜보기도 하고, 관련 학과에서는 단체로 모여 시청하는 경우도 많다. 수상자의 업적과 이력, 스웨덴과의 연결고리부터 시상식 당일 왕실 가족의 변화, 참석자의 드레스, 음식과 테이블 세팅에 이르기까지 모든 정보가 이야깃거리가 된다. 어지간해서는 뉴스에 등장하는 일이 없는 지구 북쪽 귀퉁이 평화로운 나라가 전 세계 뉴스에 등장한다는 사실만으로도 스웨덴 사람들에게는 여간 자랑스러운 일이 아니다.

노벨상은 학계나 문단, 정치권에 속한 이들만의 관심사가 아니다. 노벨 주간 내내 도시 곳곳에서 다양한 수준의 전시, 강연, 토론회가 열린다. 어린이나 청소년을 대상으로 여는 행사도 많다. 평생을 바쳐 순수한 호기심과 집념으로 무언가를 발견하고 이룬다는 건 누구에게든 가슴 뭉클한 일 아닌가.

노벨상 시상식 이후 스톡홀름 시청에서 열리는 연회에는 총 1천300여 명이 초대받는다. 수상자와 왕족, 노벨상 선발에 참여한 사람들, 정치인 같은 유명인도 오지만 초대 손님 중 250명은 평범한 학생이다. 연회에 가고 싶은 학생이 노벨 연회 입장 복권을 사면 추첨을 해서 초대권을 나눠 준다. 따로 신청하지 않았지만 아프리카 가나에서 유학 온 내 친구도 초대받은 적이 있는 것으로 보아 여러 경로로 초대 명단 구성에 다양성을 기하는 것 같다. "작년에 내 친구도 노벨상 시상식에 갔었어"라는 말이 어느 가수의 콘서트에 갔다는 말처럼 평범하게 들렸다.

과학기술의 발전과 문학을 통한 시대정신 고양, 세계 평화에 기여한 이들을 축하하며 인류의 진보를 일상에서 지켜보는 기회, 수상자와 축하하는 이 모두 평등한 평범한 축제. 노벨상이 더 아름다운 이유다.

권력에 의문을 제기하라

"중간에 궁금한 게 생기면 언제든 질문하세요."

스웨덴에서 수업을 시작하기 전에 대부분의 선생님이 하는 말이다. 같은 반 학생 모두 누군가 질문을 던지면 재미있어 하기도 하고, 내가 궁금했던 걸 물을 때는 더 자세히 듣기도 한다. 그런데 가끔 모두가 아는 내용을 집요하게 묻는 친구가 있다고 치자. 이때 한국의 교실에서라면 어떻게 할까? 다 아는 내용인데 어째서 혼자서만 이해를 못 하고 묻는 거냐고 핀잔을 던지지 않으면 다행이다. 그런데 스웨덴에서는 선생님이 진도를 멈추고 질문한 학생이 이해할 때까지 자세히 설명한다. 재차 질문이 계속되어도 "수업 계속하시죠"라는 말로 은근히 타박하며 흐름을 끊는 학생이 없다.

언제든
의문을 제기할 권리

스웨덴 교실에서는 누구나 질문할 권리가 있다. 이런 모습을 지켜보다 한국에 돌아와 가끔 강의를 하는데, 질문을 던지면 답을 하는 사람이 거의 없다. 강의에 집중하던 이들도 고개를 숙이고 눈을 피한다. 왜 답을 안 하느냐 물으면 "틀릴까 봐서요"라는 답이 돌아온다. 세상 모든 질문에 정답이 있는 것은 아니다. 답을 들으려고 한 게 아니라 의견을 구하는 질문일 수도 있는데 말이다. 적어도 내가 경험한 스웨덴에서는 무언가를 몰라서 질문하는 게 전혀 창피한 일이 아니었다.

2017년에 방송된 한 교양 프로그램에 이런 내용이 소개됐다. 스웨덴에서 학교와 병원은 모두 세금으로 운영되고, 공공기관의 운영 정보는 원칙적으로 공개 대상이다. 그런데 어떤 중학교에서 한 학생이 정보공개 청구에 관해 배웠다. 학교 운영에 관련된 정보가 모두 공개 대상이라는 사실을 알게 된 학생은 교장선생님에게 3년치 이메일을 공개해달라고 요구했다. 그러자 교장선생님이 정말로 1만 건의 이메일을 인쇄해 학생에게 건넸다. 인쇄에만 한참이 걸렸으며 자료 두께가 전화번호부 책자보다 두꺼웠다. 그러면서도 교장선생님은 학생에게 그 자료가 왜 필요한지 묻지 않았다. 정보공개 요청은 당연한 권리이고, 권리에는 이유가 붙지 않기 때문이다.

　2011년 스웨덴 사민당의 대표인 호칸 유홀트가 사임했다. 2011년 스웨덴의 일간지 〈아프톤블라데트〉는 호칸 유홀트가 임대료를 과다 청구했다는 기사를 실었다. 지방의원이었던 유홀트는 의회가 있는 스톡홀름에서 의정활동을 하기 위해 근처에 거처를 임대하고 월세를 청구할 수 있었다. 그런데 〈아프톤블라데트〉는 유홀트가 2007년부터 2011년까지 월세를 부당 청구했다고 썼다. 문제는 유홀트에게 동거인이 있었다는 데서 시작됐다. 동거인과 같이 머물렀으면 집세를 절반만 청구해야지 왜 전액을 청구했느냐, 세금으로 유홀트의 동거인 집세까지 내줄 이유가 없지 않느냐는 문제 제기였다.

　당시 신문이 제기한 부당 청구 금액이 16만 262크로나, 한화로 2천만 원 정도 되었다. 부당 청구가 총 5년간 있었다고 했으니 2천만 원을 60개월로 나누면 대략 월 33만원. 두 사람이 거주했다고 했으니 한 달 월세가 70만 원에 조금 못 미치는 집이라는 얘기다.

　내가 스웨덴에서 머물던 원룸 학생 아파트도 월세가 55만 원이었다. 수도인 스톡홀름의 시세를 볼 때 아파트 월세로 70만 원이면 널찍한 집이 아니다. 그 정도 비용을 지불하는 집이라면 방 하나에 부엌과 화장실 정도 딸린 아파트였을 것이다. 사실 의원 주거비 보조 규정에는 특별히 동거인이 거주할 경우 집세를 나눠서 청구한다는 구체적 내용도 없었다.

　그런데 사민당 내부와 여론은 당의 명예를 심각하게 실추했다며 용납할 수 없는 일이라고 목소리를 모았다. 그게 정말로 의원직을 내려놓아야 할 정도의 비윤리적인 일이었을까. 내 기준에서는 과하다고 느꼈다.

그러나 스웨덴의 인식은 달랐다. 법인카드로 초콜릿을 구입한 의원, 지방 출장 일정 중간에 세금으로 빌린 렌터카를 타고 지인의 결혼식에 참석했던 의원들 모두 의원직을 내려놓았다.

스웨덴에서는 매년 여름 '알메달렌'이라는 정치박람회가 열린다. 매년 27번째 주, 보통 7월 초에 열리는 알메달렌은 '현대판 아고라'라 할 수 있다. 그 주가 시작하는 일요일부터 한 당이 한 요일씩 맡아 각 당의 정책을 설명하고, 해당 정당의 정치인은 곳곳에서 다양한 주제로 시민을 만난다.

하루는 사민당 대표이자 현 스웨덴 총리인 스테판 뢰벤이 '현금 없는 사회'에 대해 설명하고 있었다. 그때 6살짜리 꼬마가 물었다. "현금 없는 사회가 되면 카드가 없는 우리 같은 어린이는 어떻게 사탕을 사나요? 스웨덴에서는 현금도 함께 쓰도록 해야 한다고 생각해요." 일상처럼 권력에 의문을 제기하는 이 어린아이의 패기는 어디에서 비롯한 걸까?

다른 세상을 위해
계속 목소리를 내다

《삐삐 롱스타킹》이라는 스웨덴 동화가 있다. 현재 스웨덴 화폐에도 들어가 있는 국민 작가 아스트리드 린드그렌의 대표작이다. 린드그렌은 매일 밤 베갯머리에서 딸 카린에게 재미있는 이야기를 해줬다. 당시 딸이 가장 좋아했던 이야기가 삐삐 이야기였다. 주근깨

가득한 얼굴에 양쪽으로 묶은 빨강머리가 하늘로 치솟고 늘 짝짝이 양말을 신고 다니는 소녀의 이야기였다.

린드그렌은 삐삐 이야기를 원고로 써서 출판사에 보냈지만, 처음에는 대부분 거절당했다고 한다. 현실성도 없는 데다 삐삐가 너무 버릇없는 캐릭터라 당시 가치관에 맞지 않는 이야기로 보였기 때문이다. 우여곡절 끝에 책이 처음 나온 해가 1945년이었는데 그야말로 논란을 일으킬 만했다.

삐삐는 요즘 가치관에 비춰봐도 평범한 아이는 아니다. 부모 없이 혼자 커다란 집에서 원숭이와 말을 키우며 산다. 집을 온통 어지럽히고, 말도 안 되는 거짓말을 늘어놓고, 어른에게 꼬박꼬박 말대답을 하거나 골탕 먹인다.

그런데 이 삐삐가 스웨덴 사람들이 생각하는 일종의 이상형이다. 재치있고, 감정을 분명하게 표현하고, 활동적이며 적극적인 사람. 스웨덴에서는 그런 사람을 '멋지다'고 표현한다. 햇살이 귀한 나라라 그런지 볕에 그을린 삐삐의 주근깨마저 이상적으로 바라본다.

'부모 없이 혼자 사는 소녀'라고 하면 머릿속에 떠오르는 보편적인 이미지가 있지만 삐삐는 그 어떤 선입견에도 부합하지 않는다. 보호 대상이 아니라 독립적이고 강한 하나의 인격체다. 린드그렌이 쓴 다른 동화에도 부모 없는 아이가 등장하는데, 이 캐릭터도 한결같다. 친척의 구박에도 굴하지 않고 당당히 맞선다. 자신의 권리를 주장하며 화를 내고, 못된 어른이 있으면 나름의 방식으로 대응한다. 린드그렌의 이야기 속에 등장하는 어른과 아이를 조금 확장해보면 강자와 약자에 관한 비유로 읽을 수 있다.

린드그렌은 이야기로 다른 세상을 보여줬다. 우리가 사는 세상을 바꾸는 데도 기여했다. 1979년 스웨덴이 아동체벌금지법을 채택한 배경에는 린드그렌의 노력이 있었다. 린드그렌은 동물학대에 대해서도 목소리를 높였다. 동물학대금지법이 입법되었을 때가 린드그렌의 나이 여든이 되던 해였는데, 스웨덴 의회는 린드그렌의 노력을 기려 그 법을 '린드그렌 동물복지법'으로 명명했다.

삐삐의 유산은 지금도 이어진다. 2019년 스웨덴에서 가장 유명한 소녀가 있다. 15살 그레타 툰베리Greta Thunberg다. 삐삐처럼 양 갈래로 머리를 땋은 그레타는 2018년 9월 스웨덴 총선이 있기 전부터 매주 금요일 의회 돌계단에 앉아 스웨덴이 기후변화에 더 강력하게 대응해야 한다며 시위를 이어왔다. '기후를 위한 학생 파업'이라는 피켓을 들고 학교도 빠진 채 비가 오나 눈이 오나 매주 금요일에 자리를 지켰다.

그레타는 자신의 뜻에 동참하기로 약속한 의원들의 이름을 수첩에 하나하나 기록했다. 그리고 UN 기후변화 총회에 초대받아 연설하기도 했다. 그레타는 10살 때부터 기후변화를 연구했다고 한다. 각종 연구 자료에 등장하는 온갖 수치를 외고 있었는데, 놀라운 건 그레타가 어렸을 때 자폐 진단을 받았다는 사실이다.

그레타는 인터뷰에서 이렇게 말했다. "저는 세상을 좀 다르게 봐요. 저한테는 특별한 관심사가 있거든요. 자폐 증상이 있는 사람에게는 흔한 일이에요. 스웨덴은 온실효과 감축을 위한 여러 제도를 도입했지만 더 단호한 조치가 필요해요. 그냥 내버려두는 사람들도 있지만, 저는 아니에요. 불이 났다고만 외칠 게 아니라 불을 끄기 위해 행동해야 해요." 그레타 툰베리는 2019년 최연소 노벨평화상 후보로 추천됐다.

적극적이면서 합리적인 국민성을 가진 스웨덴 사람들의 머릿속에는 지금도 이런 말이 각인되어 있다. "권리 위에 잠자는 자가 되지 말자." 질문이나 비판받지 않는 권력이 어떤 결과를 낳는지 우리는 충분히 목도했다. 주체적으로 자신의 권리를 지키고 요구할 때다.

제1강 • 자존감의 뿌리를 찾아서 | 전미경 |

- 김태형(2018). 가짜 자존감 권하는 사회. 갈매나무.
- 브랜든, 너새니얼(2015). 자존감의 여섯 기둥. 김세진 번역. 교양인.
- 문요한(2018). 관계를 읽는 시간. 더퀘스트.
- 슈탈, 슈테파니(2016). 심리학, 자존감을 부탁해. 김시형 번역. 갈매나무.
- 이와이 도리노시(2015). 만화로 읽는 아들러 심리학(전3권). 황세정 번역. 까치.

제2강 • 내 길은 내가 간다 | 안나미 |

- 권필(2009). 석주집. 정민 번역. 태학사.
- 서유구(2005). 산수간에 집을 짓고. 안대회 번역. 돌베개.
- 신흠(2006). 풀이 되고 나무가 되고 강물이 되어. 김수진 번역. 돌베개.
- 유몽인(2002). 나 홀로 가는 길. 신익철 번역. 태학사.
- 염정섭 외(2011). 풍석 서유구와 임원경제지. 소와당.
- 유형원(2017). 반계유고. 임형택 번역. 창비.

제5강 • 과식사회 | 이장주 |

- 뮐, 멜라니 · 폰 코프, 디아나(2017). 음식의 심리학. 송소민 번역. 반니.
- 티어니, 존 · 바우마이스터, 로이 F.(2012). 의지력의 재발견. 이덕임 번역. 에코리브르.

• 카너먼, 대니얼(2012). 생각에 관한 생각. 이창신 번역. 김영사.

• 카길, 키마(2016). 과식의 심리학. 강경이 번역. 루아크.

• 카치오포, 존 · 패트릭, 윌리엄(2013). 인간은 왜 외로움을 느끼는가. 이원기 번역. 민음사.

제9강 • 취향의 발견 | 김동훈 |

• 가다머, 한스 게오르크(2012). 진리와 방법(전2권). 이길우 외 번역. 문학동네.

• 도이힐러, 마르티나(2018). 조상의 눈 아래에서. 김우영 · 문옥표 번역. 너머북스.

• 들뢰즈, 질 · 가타리, 펠릭스(2003). 천 개의 고원. 김재인 번역. 새물결.

• 들뢰즈, 질(2004). 차이와 반복. 김상환 번역. 민음사.

• 버드 비숍, 이사벨라(2013). 조선과 그 이웃 나라들. 신복룡 번역. 집문당.

• 벤야민, 발터(2005). 아케이드 프로젝트(전2권). 조형준 번역, 새물결.

• 부르디외, 피에르(2005). 구별짓기(전2권). 최종철 번역. 새물결.

• 아도르노, 테오도르(2005). 미니마 모랄리아. 김유동 번역. 길.

• 프루스트, 마르셀(2019). 잃어버린 시간을 찾아서(전8권). 김희영 번역. 민음사.

• 칸트, 임마누엘(2009). 판단력 비판. 백종현 번역. 아카넷.

제10강 • 뇌로 인간을 보다 | 권준수 |

• 강봉균 외(2016). 뇌 Brain. 휴머니스트.

• 하지현(2016). 정신의학의 탄생. 해냄.

• 허지원(2018). 나도 아직 나를 모른다. 홍익출판사.

제11강 • 현대인을 위한 여행인문학 | 박일호 |

• 고미숙(2012). 동의보감, 몸과 우주 그리고 삶의 비전을 찾아서. 북드라망.

• 고미숙(2015). 고미숙의 로드클래식, 길 위에서 길 찾기. 북드라망.

• 그르니에, 장(1997). 섬. 김화영 번역. 민음사.

• 드 메스트르, 그자비에(2016). 내 방 여행하는 법. 장석훈 번역. 유유.

• 란바이퉈(2018). 돌아온 여행자에게. 이현아 번역. 한빛비즈.

• 루스트가르텐, 아브라함(2009). 중국의 거대한 기차. 한정은 번역. 에버리치홀딩스.

• 문요한(2016). 여행하는 인간. 해냄.

• 박일호(2014). 끌리거나 혹은 떨리거나. 현자의마을.

• 드 보통, 알랭(2011). 여행의 기술. 정영목 번역. 청미래.

• 서효인(2017). 여수. 문학과지성사.

• 이희인(2010, 2013). 여행자의 독서(전2권). 북노마드.

• 이권우(2013). 여행자의 서재. 동녘.

• 정미경 외(2013). 도시와 나. 바람.

• 정지우(2015). 당신의 여행에게 묻습니다. 우연의 바다.

• 후지와라 신야(2009). 인도방랑. 이윤정 번역. 작가정신.

제12강 • 키워드로 알아보는 북유럽 | 하수정 |

• 게이먼, 닐(2019). 북유럽 신화. 박선령 번역. 나무의철학.

• 강유덕 외(2016). 경제구조의 변화에 따른 핀란드 경제의 장기침체와 구조개혁. 대외경제정책
  연구원.

《퇴근길 인문학 수업》 시즌1 | 멈춤, 전환, 전진 편 |

《퇴근길 인문학 수업》은 현대인의 독서생활 패턴에 맞춰 구성된 인문학 시리즈다. 한 개의 주제를 월요일부터 금요일까지 다섯 번의 강의로 나눠 하루 30분씩 5일이면 하나의 인문학 강의를 완독할 수 있다. 시즌1은 인문학의 범위를 '멈춤, 전환, 전진'이라는 방향성으로 나눠 풀어냈다. 다양한 소재와 짧은 호흡, 쉬운 언어로 호평을 받으며 출간 즉시 인문 분야 베스트셀러에 올랐다.

퇴근길 인문학 수업 | 멈춤 |

퇴근길 인문학 수업 | 전환 |

퇴근길 인문학 수업 | 전진 |

───────── 《퇴근길 인문학 수업》 시즌2 | 관계 편 | ─────────

《퇴근길 인문학 수업》 시즌2는 꼭 한 번 다뤄야 할 근본의 질문 '인문학은 어떻게 삶이 되는가'에 초점을 맞춰 기획됐다. 〈관계〉편은 '1인 생활자' '개인과 사회' '소확행'이라는 큰 카테고리 아래 나(개인)와 사회를 탐구하는 주제들로 구성됐다. (전 2권/5권은 2019년 9월 출간 예정)

퇴근길 인문학 수업 | 관계 |

카테고리	강의 주제	월	화	수	목	금
생존과 공존	생태계에서 배우는 삶의 원리	어설픈 변신, 그래도 나는 나다	극한의 압박에서 피어나는 처절한 생명력	암컷은 약자인가	뭉쳐야 산다	전문가들의 고군분투
	너를 이해해	진짜 정의는 무엇인가	그들은 누구인가 : 사이코패스	멀고 먼 무지개 깃발 : 동성애	삶을 원하면 죽음을 준비하라 : 안락사	인권이 없는 곳에서 인권을 논하다 : 학교와 인권
	너와 나 그리고 우리	누구도 그럴 권리는 없다 : 〈더 헌트〉	말없이 실천하는 한 사람의 힘 : 〈나무를 심은 사람〉	쉿! 없는 사람처럼 : 〈아무도 모른다〉〈자전거 탄 소년〉	어린 왕자는 동화가 아니다 : 《어린 왕자》	그들은 왜 남자로 살았을까 : 〈앨버트 놉스〉
대중과 문화	스크린으로 부활한 천재들	'작업'의 신 피카소	고흐가 남쪽으로 간 까닭은?	전쟁 중에 예술을 한다는 것 : 르누아르	세기말, 분열된 정신을 장식한 화가 : 클림트	제자, 연인 그리고 조각가 : 까미유 끌로델
	연극의 발견	당신과 연극 사이를 가로막는 4개의 장벽	부유하면 죽고 가난하면 사는 연극의 비밀	키워드로 읽는 연극의 매력 1 공감·사건·사고	키워드로 읽는 연극의 매력 2 분위기·소통·선택	연극의 기원에서 만난 인간의 본성
	조선의 대중문화	임진왜란, 한류의 시작	조선시대 인어 이야기 : 유몽인의 《어우야담》	조선의 백과사전 : 이수광의 《지봉유설》	조선 최고의 식객 : 허균의 《도문대작》	선비, 꽃을 즐기다
경제와 세계	쉽게 풀어보는 경제원리	첫사랑이 기억에 오래 남는 이유 : 한계이론	이유 없는 선택은 없다 : 기회비용과 매몰비용	전쟁, 금융의 발달을 재촉하다	물류, 도시를 만들다	나도 모르는 사이에 나의 선택에 개입하는, 넛지효과
	역사에 남은 경제학자의 한마디	화폐가치 : 악화가 양화를 구축하다	시장 : 보이지 않는 손	버블 : 비이성적 과열	균형 : 차가운 머리, 뜨거운 가슴	혁신 : 창조적 파괴
	무기의 발달과 경제	전쟁이 무기 기술의 혁명을 가져오다	전쟁의 판도를 바꾼 개인화기의 출현과 진화	제1차 세계대전 승리의 주역, 전차	산업과 숫자로 보는 제2차 세계대전	현실로 다가온 미래무기
철학과 지혜	한국의 사상을 말하다	한국인의 사상적 DNA, 풍류	화쟁의 세계에서 마음을 묻다	마음 수양의 비결, 돈오점수	유교를 통해 배우고 묻다	이치에 다다르다
	철학하며 살아보기	생각에 대한 생각	잘못된 생각을 고치는 철학	전제를 비판해야 하는 이유	생각의 앞뒤 짝 맞추기	철학이 세상을 바꾸는 방식
	고전의 잔혹한 지혜	막장 드라마는 어떻게 고전이 되었나	비극의 원천은 아트레우스 가문의 저주	잔혹복수극 〈오레스테스〉 3부작 읽기	미스터리 추적 패륜드라마 〈오이디푸스 대왕〉	비극 속 악녀 〈메데이아〉를 위한 변명

카테고리	강의 주제	월	화	수	목	금
역사와 미래	마이너리티 리포트 조선	남녀가 평등했던 조선의 부부 애정사	물도사 수선이 말하는 조선의 일상생활사	야성의 화가 최북이 말하는 조선의 그림문화사	장애인 재상 허조가 말하는 조선 장애인사	이야기꾼 전기수가 말하는 조선의 스토리문화사
	천 년을 내다보는 혜안	암흑의 시대를 뚫고 피어난 르네상스의 빛	프랑스, 르네상스의 열매를 따다	계몽주의와 프랑스대혁명	신은 떠났다. 과학혁명의 도달점, 산업혁명	문화의 카오스, 아무도 답을 주지 않는다
	차茶로 읽는 중국 경제사	인류 최초로 차를 마신 사람들	평화와 바꾼 차, 목숨과 바꾼 차	아편전쟁과 중국차의 몰락	차는 다시 나라를 구할 수 있을까?	차의 혁신, 현대판 신농들
심리와 치유	치유의 인문학	내가 나를 치유하다	다 타서 재가 되다 : 번아웃 신드롬	분노와 우울은 동전의 양면이다 : 분노조절장애	불청객도 손님이다 : 불안	더 나은 나를 꿈꾸다
	동양 고전에서 찾은 위로의 한마디	나이 들어 실직한 당신을 위한 한마디	자꾸 비겁해지는 당신을 위한 한마디	언제나 남 탓만 하는 당신을 위한 한마디	불운이 두려운 당신을 위한 한마디	도전을 주저하는 당신을 위한 한마디
	내 마음 나도 몰라	호환·마마보다 무서운 질병 : 비만	F코드의 주홍글씨 : 우울증	인생은 아름다워 : 자존감과 자기조절력	알면서 빠져드는 달콤한 속삭임 : 중독	나는 어떤 사람일까? : 기질과 성격
예술과 일상	미술은 의식주다	단색화가 뭐길래	김환기의 경쟁자는 김환기뿐이다	컬렉터, 그들은 누구인가	세상에서 가장 비싼 그림	화가가 죽으면 그림값이 오른다?
	창의력의 해답, 예술에 있다	미술, 그 난해한 예술성에 대하여	이름 없는 그곳 : 사이·뒤·옆·앞·안	용기와 도발	슈퍼 모던 맨, 마네	먹느냐 먹히느냐, 모델과의 결투
	예술의 모티브가 된 휴머니즘	보편적 인류애의 메시지 : 베토벤의 〈합창〉	함께, 자유롭게, 꿈을 꾸다 : 파리의 문화살롱	슈베르트를 키운 8할의 친구들 : 슈베르티아데	형편없는 시골 음악가처럼 연주할 것 : 말러의 뿔피리 가곡과 교향곡	절대 잊지 않겠다는 다짐 : 쇤베르크의 〈바르샤바의 생존자〉
천체와 신화	지도를 가진 자, 세계를 제패하다	고지도의 매력과 유혹	한눈에 보는 세계지도의 역사	탐험의 시작, 미지의 세계를 향하다	지도상 바다 명칭의 유래와 우리 바다 '동해'	〈대동여지도〉, 조선의 네트워크를 구축하다
	동양 신화의 어벤져스	동양의 제우스, 황제	소머리를 한 농업의 신, 염제	창조와 치유의 여신, 여와	불사약을 지닌 여신, 서왕모	동양의 헤라클레스, 예
	천문이 곧 인문이다	별이 알려주는 내 운명, 점성술	동양의 하늘 vs. 서양의 하늘	불길한 별의 꼬리, 혜성	태양 기록의 비과학과 과학	죽어야 다시 태어나는 별, 초신성

| 커리큘럼 3 : 전진 |

카테고리	강의 주제	월	화	수	목	금
문학과 문장	문장의 재발견	벌레가 되고서야 벌레였음을 알다 : 프란츠 카프카 《변신》	마음도 해부가 되나요? : 나쓰메 소세키 《마음》	겨울 나무에서 봄 나무로 : 박완서 《나목》	사진사의 실수, 떠버리의 누설 : 발자크 《고리오 영감》	일생토록 사춘기 : 헤르만 헤세 《데미안》
문학과 문장	괴물, 우리 안의 타자 혹은 이방인	인간의 경계는 어디까지인가 : 괴물의 탄생	우리 안의 천사 혹은 괴물 : 메리 셸리 《프랑켄슈타인》	내 안의 친밀하고도 낯선 이방인 : 로버트 L. 스티븐슨 《지킬박사와 하이드 씨의 기이한 사례》	공포와 매혹이 공존하는 잔혹동화 : 브람 스토커 《드라큘라》	괴물이 던져준 기묘한 미학적 체험
문학과 문장	나를 찾아가는 글쓰기	말과 글이 삶을 바꾼다	독서, 글쓰기에 연료를 공급하는 일	소설가의 독서법	어쨌든 문장이다	마음을 다잡는 글쓰기의 기술
건축과 공간	가로와 세로의 건축	광장, 사람과 건축물이 평등한 가로의 공간	철강과 유리, 세로의 건축을 실현하다	근대 건축을 이끈 사람들	해체주의와 자연 중심적 건축의 새로운 시도	인간이 주인이 되는 미래의 건축
건축과 공간	시간과 공간으로 풀어낸 서울 건축문화사	태종과 박자청, 세계문화유산을 건축하다	조선 궁궐의 정전과 당가	대한제국과 정동, 그리고 하늘제사 건축	대한제국과 메이지의 공간 충돌, 장충단과 박문사	궁궐의 변화, 도시의 변화
건축과 공간	건축가의 시선	빛, 어둠에 맞서 공간을 만들다	색, 볼륨과 생동감을 더하다	선, 움직임과 방향을 제시하다	틈과 여백, 공간에 사색을 허락하다	파사드, 건물이 시작되다
클래식과 의식	클래식, 문학을 만나다	작곡가의 상상 속에 녹아든 괴테의 문학 : 〈파우스트〉	셰익스피어의 언어, 음악이 되다 : 〈한여름 밤의 꿈〉	자유를 갈망하는 시대정신의 증언자, 빅토르위고 : 〈리골레토〉	신화의 해석, 혁명의 서막 : 오르페우스와 프로메테우스	바이블 인 뮤직 : 루터와 바흐의 수난곡
클래식과 의식	오래된 것들의 지혜	오래되어야 아름다운 것들 : 노경老境	겨울 산에 홀로 서다 : 고봉孤峰	굽은 길 위의 삶, 그 삶의 예술 : 곡경曲徑	고요해야 얻어지는 : 공허空虛	소멸, 그 후 : 박복剝復
클래식과 의식	시간이 만든 완성품	스토리텔링과 장인 정신으로 명품이 탄생하다	그 남자가 누구인지 알고 싶다면 : 말과 자동차	패션, 여성을 완성하다	시간과 자연이 빚은 최고의 액체 : 와인	인류를 살찌운 식문화의 꽃 : 발효음식
융합과 이상	조선의 과학과 정치	백성의 삶, 시간에 있다	모두가 만족하는 답을 구하라 : 수학	억울한 죽음이 없어야 한다 : 화학	하늘의 운행을 알아내다 : 천문학	빙고로 백성의 고통까지 얼리다 : 열역학
융합과 이상	'나'는 어디에 있는가	별에서 온 그대	우주에서 나의 위치는?	나는 어떻게 여기에 왔을까?	나의 조상은 누구인가	마음은 무엇일까?
융합과 이상	제4의 물결	평민이 왕의 목을 친 최초의 시민혁명 : 영국혁명	천 년 넘은 신분 제도를 끝장낸 대사건 : 프랑스대혁명	빵·토지·평화를 위한 노동자의 혁명 : 러시아혁명	나라의 주인이 누구인지 보여준 독립 혁명 : 베트남혁명	민주주의 역사를 다시 쓰다 : 대한민국 촛불혁명

카테 고리	강의 주제	월	화	수	목	금
인문학 코드	인간의 삶과 미래 기술	인공지능 그리고 윤동주	질문하는 인간의 내일	도구의 존재론과 애플의 혁신	일자리의 미래와 또 다른 위험	독일의 번영과 문화적 인간
	이야기는 어떻게 산업이 되었나	이야기가 돈이 되는 세상	스토리텔링 사업의 노하우	기업, 스토리텔링에 주목하다	박물관, 이야기의 보물 창고	당신도 스토리텔러가 될 수 있다
	성공하는 마케팅에 숨은 인문학	카페와 사랑의 차이	동물원에도 통한 디자인	시장을 만드는 기업	로마제국과 열린 혁신	창의력과 공간
	러시아 문학의 생명력	푸시킨과 오페라	레르몬토프와 로망스	고골과 애니메이션	도스토옙스키와 연극	톨스토이와 영화
리더의 교양	세종의 원칙	왜 지금 다시 세종인가	세종의 경청법	세종의 질문법	세종의 공부법	결국 모두 백성을 위한 일
	다섯 명의 영화감독 다섯 개의 세계	지적 유희를 즐기고 싶을 때, 크리스토퍼 놀란	느슨한 일상에 충격이 필요할 때, 다르덴 형제	답답한 공간에서 숨고 싶을 때, 알폰소 쿠아론	우리 사회의 해답을 찾고 싶을 때, 이창동	덕질의 미덕을 쌓고 싶을 때, 쿠엔틴 타란티노
	르네상스 미술의 한 장면	피렌체의 상인들	하늘을 향한 둥근 지붕	다윗은 어떻게 조각되었나	열린 창으로 바라본 세계	바티칸의 영광, 교황들의 찬가
	인물로 이해하는 춘추전국시대	정당한 통치권이란 무엇인가	관중, 말과 감정을 비틀지 않는다	호언, 사람의 본성을 거스르지 않는다	손숙오, 해치지 않고 키운다	유방, 조직이 아닌 사람의 입장에서 판단하다
시장과 문화	키워드로 보는 중국 비즈니스 문화	'차별'의 문화	'꽌시'에 죽고 사는 중국인	같이 '밥'을 먹어야 친구지	'체면'이 목숨보다 중하다	은혜도 원한도 '되갚는' 게 도리
	시간이 만든 명품의 비밀	명품의 조건	감각의 모자이크, 이탈리아	르네상스의 용광로, 프랑스	앵글로색슨 왕실의 자존심, 영국과 미국	간결과 실용 그리고 일상, 북유럽
	명의열전	공식 명의 1호, 편작	명불허전의 명의, 화타	식이요법의 선구자, 전순의	한국형 실용의학의 정립, 허준	의학에 담아낸 혁명 사상, 이제마
	알고 보면 재미있는 미술 시장	미술 쇼핑하기 좋은 날	'호기심의 방'에서 라스베이거스 쇼룸으로	미술품은 진정 그림의 떡인가	알쏭달쏭 미술 게임	미술, 이유 있는 밀당

카테고리	강의 주제	월	화	수	목	금
기술과 행복	디지털과 아날로그	디지털 기술이 펼친 새로운 세계	초연결 시대, 우리의 관계가 바뀌다	'좋아요'에 휘둘리는 리얼 라이프	새로운 세상은 모두를 행복하게 할 수 있을까	두 개의 세상을 현명하게 살아가려면
	소유에서 접속으로	대량생산과 소유의 시대	공유경제, 구독경제, 중고거래의 공통점	새로운 생산방식	접속의 시대를 이끄는 초연결	달라지는 경제 패러다임
	AI라는 동반자	AI의 미래, 선택에 달렸다	챗봇의 미래	미래의 일과 인공지능	AI, 생명 없는 알고리즘	인공지능과 함께 이룰 수 있는 미래
	영화로 보는 인간의 오만	인간보다 나은 인간의 꿈: 인간 능력 증강과 확장이 부딪친 벽	영원한 젊음과 불모의 미래: 생명 연장의 꿈과 누구도 모를 진화의 끝	인간보다 나은 사이보그, 이 세상보다 나은 사이버 세상	한 치 오차 없이 완벽한 예측과 통제라는 정치적 오만	그들이 꿈꾸는 세상: 우리는, 나는 어떤 세상을 꿈꾸고 있나?
우리의 삶	한국인의 미래	인간의 미래	개인과 사회의 미래	일의 미래	한반도의 미래	미래의 돌발변수
	'지구'라는 터전	지구의 기원과 진화	인간의 출현과 발달	인간과 지구의 미래	지구인이 알아야 할 지구	우주, 지구, 인간
	비난과 이해 사이	분수에 맞지 않은 소비: 기회비용	온라인 중고시장에서의 거래: 정보의 비대칭성	학부모 모임에서 소외당하는 직장맘: 시장	화장실 문을 잠그는 가게: 비용	해외 직구족: 소비자 잉여, 생산자 잉여
	100세 시대의 사고	진정한 행복이란	핵심가치에 집중하는 삶	가족을 대하는 자세	품위 있는 죽음	노년에 더 빛나는 것들
생각의 전환	자유와 평등의 미래	자유를 찾아서: 프랑스 혁명	차별화된 자유: 7월 혁명	모든 이에게 자유를: 2월 혁명	자유를 넘어 평등으로: 파리 코뮌	금지하는 것을 금지한다: 68 혁명
	이런 인권, 어떻습니까	인권감수성이란?	내가 당사자일 수 있는 문제들	인권 vs 인권	아는 것과 행동하는 것	인권감수성의 미래
	세대 화합을 이끄는 지혜	중국 명산 탐방으로 시간을 넘다	대를 이은 유언	내가 단서를 열 테니 네가 완성하여라	나의 견해가 잘못되었습니다	어려운 세상을 함께 헤쳐나가야 하는
	무의식이 우리에게 말해주는 것들	무의식을 발견한 프로이트	무의식을 이해하는 놀라운 반전: 상징과 기호의 차이	무의식적 상징이 말하는 것	무의식에 감춰진 놀라운 지혜	종교적 차원에서 무의식이란

퇴근길 인문학 수업 │ 전진 │

─────── 《**퇴근길 인문학 수업**》 시즌2 │ 관계, 연결, 뉴노멀 편 │ ───────

시즌2는 '인문학은 어떻게 삶이 되는가'에 초점을 맞춰 기획됐다. 〈관계〉편은 나(개인)와 사회를 탐구하는 주제로 구성했고, 〈연결〉편은 산업과 문화 속에 스며든 인문정신이 우리 삶과 어떤 연관성을 갖는지에 주목했다. 〈뉴노멀〉편은 포스트 코로나 시대에 요구되는 태도와 재확인해야 할 가치관 속에서 다시 인문학의 가치를 살핀다.

퇴근길 인문학 수업 │ 관계 │